广东华侨史文库

新马粤侨武术与体育运动研究

（1874—1953）

黎俊忻　著

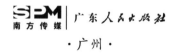

南方传媒　广东人民出版社

·广州·

图书在版编目（CIP）数据

新马粤侨武术与体育运动研究：1876—1953 / 黎俊忻著. —广州：广东人民出版社，2022.12
ISBN 978-7-218-16052-8

Ⅰ. ①新… Ⅱ. ①黎… Ⅲ. ①华侨—武术—体育运动史—研究—新加坡—1876—1953 ②华侨—武术—体育运动史—研究—马来西亚—1876—1953 Ⅳ. ①G853.399 ②G853.389

中国版本图书馆 CIP 数据核字（2022）第 184726 号

XIN-MA YUEQIAO WUSHU YU TIYU YUNDONG YANJIU（1874—1953）

新马粤侨武术与体育运动研究（1874—1953）

黎俊忻 著

版权所有 翻印必究

出 版 人：肖风华

策划编辑：王俊辉
责任编辑：李展鹏
装帧设计：奔流文化
责任技编：吴彦斌 周星奎

出版发行 广东人民出版社
地 址：广州市越秀区大沙头四马路10号（邮政编码：510199）
电 话：（020）85716809（总编室）
传 真：（020）83289585
网 址：http://www.gdpph.com
印 刷：广州市人杰彩印厂
开 本：787毫米×1092毫米 1/16
印 张：16.25 字 数：300千
版 次：2022年12月第1版
印 次：2022年12月第1次印刷
定 价：88.00元

《广东华侨史文库》是《广东华侨史》编修工程的组成部分

由《广东华侨史》编修工作领导小组办公室资助出版

《广东华侨史文库》总序

广东是我国第一大侨乡，广东人移民海外历史久远、人数众多、分布广泛，目前海外粤籍华侨华人有3000多万，约占全国的2/3，遍及五大洲160多个国家和地区。

长期以来，粤籍华侨华人紧密追随世界发展潮流，积极融入住在国的建设发展。他们吃苦耐劳、勇于开拓，无论是东南亚地区的产业发展，还是横跨北美大陆的铁路修建，抑或古巴民族独立解放战争以及世界反法西斯战争，都凝聚着粤籍侨胞的辛勤努力、智慧汗水甚至流血牺牲。时至今日，越来越多的粤籍华侨华人政治上有地位、社会上有影响、经济上有实力、学术上有成就，成为住在国发展进步的重要力量。

长期以来，粤籍华侨华人无论身处何方，都始终情系祖国兴衰、民族复兴、家乡建设。他们献计献策、出资出力，无论是辛亥革命之时，还是革命战争年代，特别是改革开放时期，都不遗余力地支持、投身于中国革命和家乡的建设与发展。全省实际利用外资中近七成是侨、港、澳资金，外资企业中六成是侨资企业，华侨华人在广东兴办慈善公益项目超过3.3万宗、捐赠资金总额超过470亿元，为家乡的建设发挥了独特而巨大的作用。

长期以来，粤籍华侨华人充分发挥桥梁纽带作用，致力于促进中外友好交流。他们在自身的奋斗发展中，既将优秀的中华文化、岭南文化传播到五大洲，又将海外的先进经验、文化艺术带回家乡，促进广东成为中外交流最频繁、多元文化融合发展的先行地，推动中外友好交流不断深入、互利合作不断拓展，成为世界和平与发展的友好使者。

可以说，粤籍华侨华人的移民和发展史，既是中国历史的重要组成部分，更是世界历史不可缺少的亮丽篇章。

站在中华民族更深入地融入世界、加快实现伟大复兴中国梦的历史关口，面对广东全面深化改革开放、奋力实现"三个定位、两个率先"总目标的使命要求，中共广东省委、广东省人民政府决定编修《广东华侨史》，向全世界广东侨胞和光荣伟大的华侨历史致敬，向世界真实展示中国和平崛起的历史元素，也希望通过修史，全面、系统地总结梳理广东人走向世界、融入世界、贡献世界的历史过程和规律，更好地以史为鉴、古为今用，为广东在新形势下深化改革开放、加快转型升级、进一步当好排头兵提供宝贵的历史经验，形成强大的现实助力和合力。

编修一部高质量的《广东华侨史》，使之成为"资料翔实、观点全面、定性准确、结论权威"的世界侨史学界权威的、标志性的成果，是一项艰巨的使命，任重而道远。这既需要有世界视野的客观立场，有正确把握历史规律的态度和方法，有把握全方位全过程的顶层设计，更需要抓紧抢救、深入发掘整理各种资料，对涉及广东华侨史的各方面重大课题进行研究，并加强与海内外侨史学界的交流，虚心吸收国内外的研究成果。作为《广东华侨史》编修工程的重要组成部分，编辑出版《广东华侨史文库》无疑十分必要。我希望并相信，《广东华侨史文库》的出版，能够为广东华侨华人研究队伍的培育壮大，为广东华侨华人研究的可持续发展，为《广东华侨史》撰著提供坚实的学术理论和基础资料支撑，为推进中国和世界的华侨华人研究做出独特贡献，并成为中国华侨华人研究的重要品牌。

是为序。

广东省省长 朱小丹

2014年8月

序："点止武术咁简单"

最初建议黎俊忻博士以近代中国体育和武术史为博士论文题目，是因为她"打得"（粤语，"懂武术"的意思），我不知道她是否"好打得"，但她有学习武术却是可知的事实，而她壮健的体格也是明证。作为她的论文导师，我一直没有提出要参观她平日的武术锻炼，体育不及格的我更没有打算身体力行。直到2013年，我到新加坡参加会议，适逢她在当地搜集资料和做田野工作，我便趁机随她拜访精武会和其他同乡组织。我们都可以想象，21世纪守在这类海外社团的，大多是年迈的成员，他们固然是我们历史学者的最佳访谈对象，但也反映了这些机构的状况已较成立之初发生巨大变化。记得有一晚，俊忻说要参加定期的练功，我也随着去旁观。那位白天坐镇会馆、口头诉说他对过去的理解与诠释的老先生，到了晚上便要起功夫来，用身体表达他对传统的追认和对武术的崇敬。在灯光昏暗的空地上，稀稀疏疏地站了好几个人，都是工余过来习武的。此情此景，与某些动辄千人穿着整齐闪亮的武术制服在运动场上手舞足蹈的盛况，形成强烈对比，但当晚微弱的声影，多年来在我脑海里经常反复出现。

其实，武术史涉及的课题，远远超越武术这个范畴，套用一句20世纪80年代初香港的粤语广告词，真是"点止武术咁简单"！当"中国武术史"加上"近代"这个时段时，需要关注的议题便变得更复杂。最直观的两条主线，自然是"现代化/现代性"和"民族国家"。之所以涉及"现代化/现代性"，是因为近代中国武术的发展不能离开晚清以来西方军操和体育的引入。我们不要忘记，在坊间以霍元甲的故事著称的精武会，全名是"精武体育会"，而非"精武武术会"，其主要成员经常示人的标准照，是披上一张兽皮的健美肌肉男的形象，绘成画像时，又会加上一件乐器和一支笔，以示文武双全。精武会、中央国术馆和其他同乡组织与"民族国家"相关的议题，更是俯拾即是，也是近半个世纪以来最常见的中国近代史研究课题。俊忻这部著作，把我们的视野拓宽至新马地区，通过体育和武术这个主题，将我们耳熟能详的"现代化/现代性"和"民族国家"的关怀，延伸至海外。她的眼光也不只集中在几位主事者身上，而是通过与当代社团成员相处，去理解在海外做中国人（或华人）的身体经验。与此同时，由于新马地区曾是英国的殖民地，有其独特的政治、法律、制度和族群环境，武术会或体育会这类有动员能力甚至武装潜力的华人团体，也让统治当局觉得可疑。所以，尽管俊忻这部作品研究的是"中国武术和体育"，但地域是新马，时段起始也因而与"中国近代武术史"不一定相同，由是也讲出一个不同又相关的故事。

俊忻这部著作，还有一个亮点，就是一般武术或体育史较少触及的龙狮活动，其中对华人在海外的情景尤其是精武会的叙述中，北狮被赋予的正统性以及因地制宜的实践，最令人眼界大开。我还记得俊忻跟我说过舞狮的精粹：那个罩上狮头的人，从黑漆漆的狮头内部看出去，必须忘却自己是人，必须当自己是一头真正的狮子，必须感觉自己有制服这个世界的力量，让锣鼓的节拍带动自己的舞步，把情绪耍动出来。我从在幽暗的空地上目睹那几位练武人士的情景，以及耳闻俊忻这段有关舞狮精神的叙述，明白了要写好一部武术史，一个"体"字，最是关键。研究者要身体力行，方能全身心体验和体会过去与当下。我们可以想象，俊忻博士会毕生练功，终能打通任督二脉，贯穿内外真经，将个人的身心体会、国家制度、区域关联，层层连接起来，最后成就的就不只是一部武术史，而且是对她在新马碰到的那群武术朋友感同身受的再认识。

程美宝

2022年5月22日草于大埔蜗居

前　言

　　本书从西式体育、华侨中式武术、中西兼备跨地域体育武术社团、龙狮运动四个方面，系统梳理1874—1953年七十余年间，马来西亚西部及新加坡这一地理范围（旧为英国海峡殖民地、马来联邦及属邦，本书中多称"马来亚"）广东华侨的武术与体育活动。这一时段马来亚华侨社会中因应近代民族主义影响、西式体育传入、新兴体育社团与比赛模式的发展，体育活动从无到有，并发展出比赛十分丰富且备受关注、大量体育团体在社会活跃的局面。与此同时，同样带有身体训练特点的传统武术、龙狮运动也并行不悖，在从秘密社会、商业互动，到新加坡、马来西亚建国后华族文化建构等多个层面和场合表达着华侨的凝聚力与身份认同。这几个方面之间既有相对独立的机制，亦有交织、竞争与相互促进。从早期殖民地到20世纪初受近代民族国家模式影响，再到日本南侵及后来新马建国，体育武术运动及相关团体一直适应华侨社会变迁，被不同群体赋予政治与家国的含义，是华侨身体锻炼、休闲娱乐和社会交往的重要组成部分，后更纳入官方系统，成为建构华族文化的元素。

　　本书特别强调广东华侨在此过程中的特殊地位。马来亚华侨社会本就以闽粤人为主，20世纪初重要商埠如新加坡、槟城、马六甲等地均有同乡会馆、医院等大量广东人的组织，吉隆坡、芙蓉、怡保、金宝等地更是广东人密集聚居之地。他们赞助并参与体育活动，其中精武体育会、国术馆的主要组织者表现尤为突出。今天马来亚所见的华侨中式武术与龙狮活动——亦为本地体育强项，大多数得益于广东人南下传播或出于特定文化策略的创造。可以说，广东华侨改变并构筑了今天马来亚的体育文化面貌。

相信本书中所引用的大量报刊信息、社团内部刊物资料，田野调查所得口述历史材料，以及对特定门派或社团技艺及运作机制的观察描述，能展现出与此前武术体育著作所不同的特色：不但更贴合新马华侨社会的历史脉络，而且能揭示出体育武术活动的丰富性和广阔的研究前景；同时对于深化对海外华侨社会的认识，进一步开展东南亚国家民族独立后华人文化的走向、东亚地区近代体育发展等论题的研究，也起到个案呈现与铺垫的作用。

目　录

总　论

　　本书从西式体育、中式传统武术、中西兼备的跨地域体育武术社团活动、龙狮运动四个方面，系统梳理1874—1953年七十余年间，新马地区（包括现时新加坡、马来西亚西部）广东华侨的武术与体育活动。

　　"体育"是一个晚近才出现的中文词语，受到西方兴起的"sport""physical culture"的影响，经过在东亚文化圈内翻译、传播、再诠释，成为一个描述与身体训练、运动教学、竞技比赛、休闲体育有关的活动的词语。追溯关于体育的历史，则在中西方，乃至许多过去较少受关注的原住民，都有悠久的身体训练传统。19世纪末借希腊传统复兴的现代奥林匹克运动会，与军事训练关系密切、同样在19世纪传播到东亚的兵式体操，以基督教青年会及教育机构带动推广的美式休闲体育，以及众多到20世纪初逐渐标准化、竞技化的体育项目，均可看作是西方体育的组成部分。在中国国内以及随华人迁徙脚步延伸而成的广大华人文化圈，有可笼统称为"武术"的技击训练、以传统龙狮运动为代表的各种拟兽舞蹈、武科举及冷兵器时代的各类军事训练等等。原住民以马来亚为例，当地亦有许多与身体相关的休闲娱乐运动，比如后来见诸华文报刊的"马来舞蹈""马来武术"之类。

　　在19世纪下半叶及20世纪上半叶，体育活动在全球多地与现代性及民族主义产生了复杂的关联。从现代性的角度看，体育是知识与制度转型的重要体现：观看体育比赛、参与体育活动及集会，在新的社会模式下逐渐演变为人们日常生活的一部分；体育的教学、研究、实施及其制度化过程，影响到人们对于身体和健康的观念；体育设施的出现，改变了一个城市公共空间的构成；体育所带来的两性关系、公共卫生等方面的讨论，都是现代社会变迁的重要议题；体育受到现代国家制度话语的影响，也会成为传播意识形态、体现国家或政权统治的工具。①

体育与民族主义的紧密联系，在东亚地区是非常明显的。在西方殖民势力入侵的刺激之下，东亚各国人民积极寻找自强之道，体育活动由此与"强国保种""尚武精神"等等话语紧密相连。如何倡导体育锻炼，令社会大众特别是青少年摆脱不良嗜好，塑造良好的体魄和积极向上的精神面貌，不独在中国国内，在整个东亚文化圈中，都是非常受人关注的问题。②在西式体育迅猛发展的挑战之下，如何发掘并发扬"中国固有体育"，使之跻身于世界体育之林，成为在海内外表达"中国性"的重要途径，亦是当时有志者长久奋斗的目标。

在这一大背景下，东南亚的体育运动发展又有其特殊性。近代东南亚大部分地区处在西方殖民统治之下，当地人很早已经接触到西方人带来的赛马、赛狗和各类球类运动。一些受过西式教育的土生华人，甚至可以参与其中。个别华侨领袖进入议会等殖民政府机构，倡建专门面向华侨的体育场地。放在整个东亚体育发展的历程中看，这在当时是非常先进的。在清代中后期中国国内动乱之时，不少会党背景、参与反政府武力斗争的人逃至东南亚殖民地，带来了他们习得的武术、龙狮运动，以及背后相应的一系列组织机制。这些都成为他们在殖民地环境生存发展的有力武器，也维系着华侨社会内部的联结。今天海外华人社会保留了极其丰富的中国传统武术体育遗产，甚至有不少为国内所鲜见。东南亚多民族并存带来其文化多样性，西方

---

① 参看Andrew D Morris. *Marrow of the Nation*: *A History of Sport and Physical Culture in Republican China*. Berkeley and Los Angeles: University of California Press，2004. 黄金麟：《历史、身体、国家：近代中国的身体形成（1895—1937）》，新星出版社，2006年。高嶋航：「帝国日本とスポーツ」，塙書房，2012年。

② Robert Culp. *Articulating Citizenship*: *Civic Education and Student Politics in Southeastern China*，*1912-1940*. Harvard University Press，2007. 相关研究对于19世纪末至20世纪上半叶近代国家模式下的身体与政治关系已讨论得较为透彻。本书希望呈现在大体相当的历史时段下东南亚殖民地的个案，其特殊的政治与社会结构导致武术体育活动与已有研究所表现的存在较大的区别。

殖民政府对本地社会的管理多是间接性的，这意味着东南亚华人体育活动有很大发展的空间。这些活动所反映出来的身份和政治认同，有很多模糊不确定的地方。[①]其中许多细节都颇堪玩味。

由此可见，东南亚华侨在近代华人文化圈乃至整个亚洲的体育发展上，扮演着举足轻重的作用，具体体现在以下几个方面：

一、东南亚与中国距离较近，华侨在居留地与原乡的流动，带动了体育技术、观念、教学在这些地区的传播，使很多侨乡成为体育先进地区。

二、华侨在娱乐缺乏的环境下，对体育比赛抱有极大的热情，加上当地经济较为发达，是国内很多体育团体比赛筹款的渠道，因而他们也资助并参与建设中国国内体育事业。

三、中国的第一部国籍法于1907年颁布，其以血统主义为原则划定中国人之定义："1. 生时父为中国人者；2. 生于父死后，其父死时为中国人者；3. 生于中国国境，父无可考，或无国籍，其母为中国人者；4. 生于中国国境，父母无可考，或均无国籍者。"[②]这一法例承认海外华侨拥有中国人的身份，民国时期也基本沿袭这一思路，直至20世纪50年代印尼"万隆会议"后才有所改变。在此之前相当长一段时间华侨可以参与中国国内的体育比赛，如全国运动会、省际运动会，甚至代表中国出席国际运动会，帮助国家取得成绩。

四、不少华侨领袖关注体育事业，致力于引进国内体育教师、资助体育团体，促成了体育事业的发达。

五、华侨在居留地以学校、社团等为基础形成内部体育比赛圈子，促进了与中国国内及其他东亚国家的联动。

六、从体育活动可以看到华侨在近代的身份转变，对于理解他们的身份认同，以及民族主义指向，乃至中国与东南亚的关系，都有一定的帮助。

---

① 身份认同问题一直是海外华侨华人研究一个重要的议题，关于新马地区的结论大体可以表述为：20世纪中叶随着民族国家独立以及各种国族建构的浪潮，新马华人从"落叶归根"转变成"落地生根"，逐渐完成从"华侨"到"华人"的身份转变。这在许多华人研究领域都可成立。本书一方面借体育武术活动具体的人与事，体现这一过程；另一方面亦指出许多在地化的趋势在二战前已经出现，是为应对马来亚内部共同面对的经济、社会问题而来。
② 李恩涵：《东南亚华人史》，五南图书出版公司，2003年，第173页。

随着本研究展开，我们也可以看到广东华侨在其中扮演的重要角色。过去讨论新马华侨体育活动，经常聚焦在胡文虎、陈嘉庚等几位福建籍侨领身上，他们对体育活动的热心，以及福建帮在20世纪30年代雄厚的财力都促使他们在体育领域多有建树。不过，正如本研究所呈现的，广东华侨在传播发扬中国传统武术、龙狮活动上起决定性作用，并且透过粤商网络或同乡组织，建立起一些跨地域的体育会，这在当时是开创性的做法，遗泽遍及今日新马各地，为前人所未及。①

在华侨研究现有的成果中，可以很容易看出体育武术方面并没有受到很多关注与重视。②以新加坡、马来西亚为例，当地研究者除了着力梳理早期华侨移民东南亚的历史外，到近现代的时段则更多关注到华侨社团、华侨学校、华侨报刊，谓之传统"华侨三宝"，以及各个方言群著名侨领的生平。在社会文化风俗方面，也可见对华侨宗教信仰、生老病死、婚姻家庭、社会问题等方面的研究成果逐渐面世。然而"文化"受到相当重视，"武化"却容易被遗忘，对比武术、体育、龙狮在当地华侨日常生活中的作用与分量，相应的研究成果实在非常缺乏。

本书选择今天新加坡及马来西亚西部（以下简称"新马"）这一地理区

---

① 以往学者研究近代城市中的地缘组织，特别提到以"网络"视角，理解这些人复杂的社会关系，见［美］顾德曼著，宋钻友译，周育民校：《家乡、城市和国家：上海的地缘网络与认可（1853—1937）》，上海古籍出版社，2004年；宋钻友：《广东人在上海（1843—1949年）》，上海人民出版社，2007年。马来亚的族群关系和政治环境与中国有所不同，当地商人由地缘联结带来的跨地域商业网络，以及由此带来的文化人员交流，尤其值得注意。相对而言，广帮（史料中亦称粤人、广府）较之海南、潮州、福建、客家几个方言群，在历史文化研究与史料发掘方面是比较薄弱的。

② 梁君夷编著《新加坡华族武术史话》（新加坡全国国术总会，1990年），是此领域开创性著作。在新加坡全国国术总会的推动下，作者搜集了当时可找到的武术团体资料，访问了许多当时尚健在的武术家，对于武术社团组织方式亦有自己的观察。只是限于当时条件，关于二战前的信息较少，书写范围也只在新加坡。近年来有学者提倡华侨体育研究，如马明达：《重视对华侨华人体育的研究》，《体育文化导刊》2006年第9期。对于新马个别拳种和组织，亦有一些成果出现。如龚鹏程：《马来西亚精武门的故事》，《武艺丛谈》，山东画报出版社，2009年；李秀：《遗留新加坡的海南琼派武术探析：兼谈新加坡最早的琼籍华人武术团体光武国术团》，《搏击（武术科学）》2012年第3期。这些成果是相关题材研究的先河，但限于当时的研究条件，对于相关团体的史料发掘和田野调查，以及其存在背景，尚有许多可以深化的空间。历史上，新加坡、马来西亚西部同属英属海峡殖民地及马来联邦、属邦，探讨其历史文化亦宜整体处理。总体而言，学界对于马来亚华侨的体育武术活动缺乏全面系统的研究成果，针对广东华侨体育活动的梳理更是罕见。

域作为东南亚华侨体育史研究的个案，有其历史与现实原因。该地区位于马来半岛南部，经历过葡萄牙人、荷兰人的统治，于1826年成为英属东印度公司海峡殖民地（Straits Settlements），包括新加坡、槟城、马六甲三州府，其后由英国殖民地事务部直接管辖。英国殖民统治陆续拓展到雪兰莪、森美兰、霹雳、彭亨组成的马来联邦，以及玻璃市、吉打、吉兰丹、登嘉楼和柔佛组成的马来属邦。整体称为"英属马来亚"（British Malaya）。这一地区在二战期间曾经历日本殖民统治，此后为英国重新接管。20世纪50年代东南亚殖民地相继走上民族独立道路。1957年马来亚联合邦宣布脱离英国统治，1963年与新加坡、婆罗洲（今加里曼丹岛）的沙巴和砂捞越组成马来西亚。1965年新加坡退出并自组独立国家。基于以上历史，本书涉及19世纪末至20世纪50年代的尽量使用"马来亚"，涉及20世纪60年代至今的尽量使用"新马"，有时表述混用，读者能明确所指地理区域即可。至于马来西亚东部婆罗洲部分地区，由于历史上与西部差异较大，加之研究目力所限，暂不列入本书书写范围。

在此区域范围中，本书着重讨论的开发较早、经济发达的西部海岸，其政治经济在历史上有较高的一致性。一方面，在殖民地时期英国的管治有重商重利、以华治华的特点，对华侨社团虽设立了相关的法律法规，但只要不影响治安则没有过分限制。早期的华文报纸、殖民档案得以在网络上公开，为20世纪以还的华侨社会动态留下生动记录。另一方面，新马地区在中文出版方面仍相对宽松，当地保留了完整的华文教育系统，不少团体热衷于出版特刊和各种纪念册，构成了本研究重要的资料来源。当地华人乐于分享的开放心态，也为本研究田野调查提供极大的便利。至于新马独立后两国华人社会文化的差异，在本书相关部分中亦将有所体现。

本书研究时段为1874年至1953年，起始阶段约为马来亚北部拉律战争结束，《邦咯条约》签订，英殖民政府对马来亚秘密社会管治与控制进入新阶段的时期。本书追溯马来亚华侨中式传统武术及龙狮运动的历史，均以华侨秘密社会活动为源头。1953年为研究下限，为马来亚华侨体育组织战后复原、运动会重新组织开办、本地涌现更多运动强项并汇入世界潮流的时间，此时精武体育会组织"全马精武联合会"，本研究认为这为体育社团本土化的标志性事件。在此70余年时间跨度之中，本书涵盖了西方人与土生华人主导的西式体育、华人学校运动会出现、中西兼备的体育社团发展壮大、大型运动会及其层级组织形态产生，以及本地华侨中式传统武术的流派和组织、龙狮运动的不同种类与特点等等内容，体现了新马广东华侨体育活动从无到有，从萌芽到兴盛，以及历经战火后恢复，从与中国国内关系密切到走上自主独立发展道路的过程。此时间划分并非绝对，视乎事件脉络而有所延伸，特别是本书有大量当代田野调查的内容，意在历史文献缺失的情况下"以今鉴古"。至于新马进入民族独立与建国时期，情况非常复杂，华人的政治地位和生存状态发生较大改变，亦作用于体育、武术、龙狮领域上，暂时未可涵盖于本书之中，留待日后另行讨论。

在研究方法上，本书特别强调文献史料与田野调查相结合。马来亚由于其政府档案机制问题，有相当数量的社团内部资料散落于民间，尤其是与体育、武术、龙狮运动相关的史料，需要实地走访才能搜集。[1]武术、龙狮运动口耳相传的特点、个别从业者对技艺及业内事件秘不示人的做法，也决定了研究者必须有参与式调研甚至长久浸淫的经验。近年陆续有研究者提倡"体育人类学"研究[2]，与本书旨趣有部分重合。不过经验性的事件描述，亦需置之于长远的历史时空之中，对其中的结构性变化有所分析，才能突出其意义。因而本书部分内容立足于当下，取材于田野，但更多还是希望反映其背后的历史渊源及结构性变化。对于研究方向、学理的探讨可以多样，最终还是需要具体成果去实现。希望本书能成为抛砖引玉的作品，为华侨体育研究引来更多关注和深入讨论。

---

[1] 参看拙文《海外华侨文献搜集与当地历史脉络关系探讨：以马来半岛近代广东华侨文献整理为例》，李庆新主编：《海洋史研究》（第十五辑），社会科学文献出版社，2020年。

[2] 戴国斌：《武术人类学研究：概念、议题与展望》，《体育学研究》2021年第3期。笔者认为，武术的人类学研究除了继承以往人类学的理论与方法，亦需因应中国武术的特点以及其传承的社会环境，摸索出自身的关注点和论述体系。

第一章　马来亚华侨的西式体育活动

　　体育活动从无到有，是近世亚洲许多地区步入近代化的体现，对于东南亚处于西方殖民环境下的华人群体，意义尤为重大。近代体育的观念和相应的组织方式，均是西方传入的。"西式体育"是一个比较笼统的概念，从早期的赛马、赛狗等带有娱乐休闲性质的活动，和以军事训练为主要目标的兵式体操，到后来田径、球类比赛及群体性肢体表演等，这些汇集欧美不同体育文化的身体训练活动，都在西方殖民统治势力进入东南亚后，逐渐出现在马来亚。

　　在运动硬件上，西式体育较本书后面篇章所回顾的华侨中式传统武术、龙狮运动，有更多场地、器械上的要求，因此研究这段历史，需要在有限的史料中发掘并弄清这一问题：运动场（当地人经常称为"草场"）以及其他运动装置如何被建设起来，并成为马来亚体育事业长期积累的基础。在软件上（或可理解为运动团体的组织和运作机制上），马来亚早期有华人体育会、华人义勇军等带有官方性质的团体，后来逐渐出现一些公开活动的从事西式体育的社团；此外，学校体育广泛开展、大型运动会出现在马来亚各地，都是需要关注的。

　　历时性的考察，在呈现马来亚华侨西式体育活动发展上非常重要，不仅能看出不同时代体育组织方式上的差异，还能够展示政治与社会环境变化在体育界的影响。华侨的身份认同与政治取向，随时代不同而变化，在体育领域有或明或暗的表达。由体育折射出的华侨社会的变化，由此亦得以呈现。[①]

值得注意的是，这些西式体育活动至少在史料层面，看不出明显的地域区分。这一点与华人武术、舞狮有所不同，后者往往传承过程有明显的地域性，也较能区分广东华侨与非广东华侨专属的技艺。鉴于马来亚华侨体育历史研究长期缺失，本章采取的方法是，能说明或体现马来亚华侨体育发展的内容尽量纳入，对于其中能够追查、影响较大的广东籍人士则加以强调，如此较为贴合实际。

第一节　19世纪末20世纪初马来亚早期华人体育

早期的体育运动及其相关的活动，较少系统地专门化地见诸时人报道，反映了在当时人的知识结构和生活习惯中，"体育"尚未形成一个独立的重要的门类。后来学者整理人物传记、华人史等资料部分涉及体育活动，亦为马来亚早期体育的重要史料。

一、以军事训练为主体的西式兵操

19世纪欧洲兵操兴起，相关的技术与宣扬尚武精神的话语，影响到亚洲体育的发展，马来亚亦不例外。很多后来可归结为体育活动的内容，早期更多是在士兵训练与检阅中进行，也相应地带有浓重的军事色彩。这也是马来亚华侨最早接触到的西式身体训练术。当地报载：

夫兵者，所以务职守之需也。太平之世，无事于兵，然则操演一

---

① 对于"华侨"与"华人"之别，学术界普遍认为，19世纪以前海外移民不存在国籍问题，自近代颁布国籍法至1955年万隆会议之前，拥有中国血统而侨居于外者，称"华侨"；在此以后取消双重国籍认定而称"华人"。不过本章所讨论西式体育参与者，在20世纪之前大多是在新马地区出生的海峡华人（或称"土生华人""侨生"，为早期华人移民与当地人通婚所繁衍的特殊群体。他们有融合中西文化的特殊风俗习惯，普遍受英式教育并精通英语，部分跻身殖民地上流社会），其组织称"华人体育会""华人足球会"，亦为当时人用语。中国出生的第一代华侨移民（或称"新客"），以及其子女家人真正能参与体育活动并在史料中有所呈现，基本要到20世纪以后，以20世纪20—30年代为多。因此本章对"华人""华侨"的称呼，大体因应此规律。体育界早期资料大多含糊，无法对个体情况加以深究，望读者知悉。

事，不容或疏。盖兵非操而不精，则为敌困矣。刻阅本坡防军，日定于本日下午四点一刻钟时，在丹戎巴葛以至甘峇汝一带大操。其操法比寻常所练者不同，盖分其兵为二，一作来攻叻地之状，一作防守敌人之状，两相角，胜以视为得锦标。此等操演，最□□矣，且又最为可观。[①]

阅兵被大量应用在政府庆典之上，这类庆典多与英国殖民统治有关，以表达本地对宗主国的效忠。在新加坡归英国管辖纪念日，有记载曰："昨廿三日乃本坡归英管辖之期，是日驻叻防兵均调至距坡十四英里之章夷地方操演。"[②]又如英王诞辰，报载：

> 二十九日下午大阅兵军以祝英皇千秋令诞之期……是日早六点半，本坡义勇队诸军即至抛球场中祇候……未几制军驾到，诸兵乃鸣炮相迎。宪节已至亭中，诸军乃在亭外周行一匝，而后复还原处。制府即命义勇炮队出迎，将前者军中人士号□所购之快炮四门，当众颁给。迨然开操而军乐复演奏以和之……早操至七点余钟始散队。[③]

此时一些带有军事性质的团体也相继出现，新加坡华人义勇队是其中具有代表性的组织。早期的义勇队主要是西方人参加，是为日常军事操演、补充兵丁不足、减轻政府开支而自行组织：

> 本坡亦有义勇，由营造司麦加林统之。盖以麦君曾隶行伍之中，保至游击职衔，争战之事，最为谙熟，故诸人特推之为首也。此等义勇以时操演，其技亦均有可观……盖泰西民数甚稀，若使多养兵军，则大有不敷之虑，且军饷甚昂，亦有断难支给。惟设义勇一端，则可收其用而免耗其财。[④]

---

① 《大操定期》，《叻报》1891年10月27日第2版。
② 《庆典操兵》，《叻报》1896年2月8日第2版。
③ 《开操志略》，《叻报》1891年5月30日第2版。
④ 《勇丁说》，《叻报》1891年1月22日第1版。

又载：

> 本坡新集之义勇队，均以西商为多。要皆年富力强，在各洋行中执事者为之，不受国家之饷，自行操练，以备有事时所用，大抵亦如中国之有乡团等也。现因西人令节，所有银行洋行等均已停工，诸义勇以公冗有闲，因约定全队至本坡勿刺港马池地方操演，以资练习，计其队长则西人麦加林为之云。按麦君曾充武员，娴于兵法，现在叻地各炮台均为麦君所筑，是以诸义勇举之充当队长，夫亦以君久历戎行故也。[①]

由此可见，负责军事训练的麦加林有长久的军旅生涯，熟悉军事工程和训练方式。

据现有记载，参加过义勇队的华人有佘正裕（1879—？）、陈丙荣（1878—1955，步枪射击手）、陈佛元、陈俊杰（？—1903）、陈秋金（1883—？，射击手）、陈祀安（1899—？，商人）、陈思敏（1882—1939，福建永春，步枪射击手，亦参加海峡华人体育会）、陈武烈（1874—1934，福建海澄，商人）、陈正端（1864—1902，商人，德美公司）、陈宗祺（网球手、商人，约克产业有限公司）、李庆杰（1842—1888，福建南安，商人，实得力轮船公司）、林坤泰（1866—1921，写作人，牙直利公司）、林坤扬（1860—1933，公务员、律师馆职员）、林振兴（步枪射击手，新加坡义勇军步兵团华人连队）、吴文灿（？—1911，商人，和和饼干厂）、谢庆振（1865—1919，商人，谢安乐公司）、徐清海（步枪射击手）、杨瑞喜（1861—1909，广东汕头，商人，辖典目洋行）、张振衡（广东中山，牙医，张氏兄弟牙科诊疗业、义勇军步兵团华人连队）、曾五珠（军人）、钟存命（？—1913，商人、军人，协发公司）。[②] 当时参与者以银行洋行职员、医生、商人、军人等职业人士为主，为当时中上层华人，各处籍贯者均有，与中国国内同时期一些港口城市出现的商团有一些相似之处。

---

① 《义勇团操》，《叻报》1888年4月2日第2版。
② 柯木林主编：《新华历史人物列传》，新加坡教育出版私营有限公司，1995年。参考新加坡国立大学图书馆对该书所涉人物的整理目录。

二、赛马、赛狗活动

赛马是19世纪西方人之中常有的娱乐消遣运动，社会参与度很高。报载：

> 西国于赛马一事，视之甚重，自古已然。上而王公大臣，下而士商黎庶，莫不好之……然骑马之人要皆精壮男子为之，不意愈出愈奇，竟有雌伏而与雄飞争胜者。近美国竟出有妇人乘马之法，竟能往赛，与男子争雄。由是观之，可见美人之事，愈出愈奇矣。[①]

在当时马来亚一部分报界文人的认知中，女子参与赛马活动，与男子同场竞技，是非常新奇的事情。

马来亚早期的赛马主要见于殖民统治的政治中心——新加坡与槟榔屿。新加坡赛马起源于何时，仍待考证。不过赛马活动形成正式组织，应在19世纪中期，名为新加坡赛马会（Singapore Turf Club），其前身可追溯至1842年的新加坡运动俱乐部。赛场地点在新加坡岛北部，今天克兰芝地铁站附近。

新加坡赛马活动到19世纪末已经成惯例，形式也渐趋多样。报载：

> 本坡赛马之事，每年举行二次，是为当例，无须赘述者矣。现在赛马会内诸人议定于六月初六日在赛马场内开赛一次，而其赛法则有殊为新奇者，西语名曰兼加拿，兼加拿者，译言马上游戏也。所赛之法与平常相赛不同，先由会内择定灵捷驯熟之小马若干，以备诸人相赛。赛法计有数种，一则先于距起马处三百码之远置桌一，桌上列酒杯、吕宋烟等物，诸人跑至此处即均下马，将其鞍卸去，而后就桌饮酒，复吸吕宋烟一口再骑裸马而驰，以先到者胜……以上数则不过略为拟定，其余杂剧不能胜录，有兴者不妨薄往观焉，亦可以一新眼界也。[②]

---

① 《妇人善骑》，《叻报》1888年6月27日第2版。
② 《赛马新奇》，《叻报》1891年6月23日第2版。

槟榔屿亦有赛马活动，报载：

> 前日为春季赛马首日……政界中参政司布的安君，亦有应时而至……是日赛马七次，首次由三点一刻钟起，三马竞驰，走六花郎路（按每花郎即英里八分之一），首名为居君及列地君……①

所用马匹多为洋行、公司所有，参与者亦为西方人及少数海峡华人，取得名次之马匹得银三百至五百元作为奖赏。是为当时社会上流人士的娱乐活动。

到了20世纪，随着各类体育活动发展，赛马不再像此前那样作为少数仅有的体育娱乐。而且围绕赛马发行彩票和赏银，带来了颇高社会的关注度。报载：

> 赛马场一周计一英里零八十三码之遥，是日观者人如山海……第一次未犇庇力（译音）值银六十元，第二马获赏银五十元。跑一周得彩之马名花士［般］，马主人柯士宾跑一分钟零五十二，息近每票银十九元。……如投得一千五百元以上者，其银拨入赛马会。②

赛马会到此时已经发展成较为完善的组织，对于竞赛成绩优异者，参赛人和马主均有赏银，并且对于每票的计算均有规定，形成良好的资金周转。

赛马会有时还负责其他博彩业务。20世纪初报载：

> 本坡红十字会军债彩票开彩后，获中之票号，经载前报，而各地所中之票，昨赛马会正式通告，兹录如下……③

中奖所包含的地域涵盖英国多处殖民地，为当时募捐款项的又一形式。

赛马对于政府收入尤其重要，有谓"马来亚之赛马素有第三种实业

---

① 《春季赛马纪事》，《槟城新报》1916年1月8日第3版。
② 《赛马余谭》，《总汇新报》1908年10月14日第2版。
③ 《赛马会军债彩票通告》，《总汇新报》1917年12月21日第3版。

之称"，20世纪30年代曾有报道讨论地下赛马下赌，给政府与俱乐部造成损失：

> 此番提供马场中之款项，包括大彩、现款彩票、单赌马及双赌马等，总数约在三百万元左右……而非法之赌注，则为赛马俱乐部之重要问题……因此之故，已间接使政府、赛马俱乐部、马主、养马者及骑马师遭受损失，殊非应该之举。①

二战后，赛马成为当地最早恢复的体育运动之一。1948年新加坡赛马公会恢复并重新组织比赛，当时赛马参加者异常踊跃，不少权贵阶层开小汽车进入马场，赛场边中西民众熙熙攘攘，极其热闹。②

除了赛马外，西方人圈子中还曾流行过赛狗。20世纪初有记载：

> 斗鸡走狗之风，相沿已久，不独齐俗悍强，民竞以走狗为尚，如今日泰西诸国，亦莫不畜养且藉为玩弄之资。故于赛马外复添设斗狗一项……近日槟榔屿公馆广告订五月廿四日举行赛狗……西人性情好动，凡踏球、斗走、赛马等事无不乐而为之。盖所以舒畅气体，怡悦性灵也。吾想开斗之日，青衫红袖，当无不掌击肩摩，咸乐争先快睹焉。③

此时报道提到西方人球类、跑步等活动，记者认为是"舒畅气体，怡悦性灵"的事，与此前对西人运动好奇但又鄙视的心态已经非常不同。

赛马、赛狗虽然与后来以人为运动主体的体育活动有所区别，不过在19世纪体育运动尚未成熟之时，这些活动提供给本地人娱乐观摩的机会和氛围，促进了彩票业的发展，增加了殖民地西方人与华人的交往，为后来组织体育比赛积累了经验。

---

① 《马来亚之赛马素有第三种实业之称》，《总汇新报》1936年6月4日第2页第3版。
② 《赛马在新加坡》，《南岛画报》1948年新年特大号，第15页。
③ 《定期赛狗》，《槟城新报》1906年5月4日，版次不清。

三、马戏

马戏与今天体育的范畴似有差距，但在19世纪早期体育比赛未成风气，观赏者为社会少数的情况下，马戏满足了大众娱乐的需要，也衍生出后来的游艺会等诸多与体育有关的活动，在此亦不妨简要回顾。

早期报纸对马戏演出情况的报道，写得甚为详细：

> 计廿六晚所演之剧，俱属奇巧异常得未曾有。共演十二出……其一出则以文绣饰驶马四双，类皆雄伟。男女各半，皆衣文采而骑之，始则分为四队，一男一女并缰徐行。继则错综而驰，已别男女为两队，忽离忽合，操纵自如。……忽又合连九马并驰，团团疾转，令观者目为之眩……其二则有日本人二名，其装束如其旧制，对列两桌，约距六尺有奇，两人分卧于其上，翘双足承木器一具，形如水鼓，能于足上圆转横竖反侧，无不妙极自然……后有西人涂面而出，如梨园中之丑脚者，以笑话科诨。[①]

可见当时的马戏表演有不少杂技，有小丑插科打诨，亦以电光声色供人娱乐。

其时报纸中有不少马戏的广告，是当时可见的少数图像资料之一。如图1-1，1891年班主郁列士所刊广告。

图1-1　19世纪末马来亚马戏广告

资料来源：《马戏开演》，《叻报》1891年3月16日第6版。

　　　　《非里士大马戏开演》，《叻报》1891年5月6日第6版。

---

① 《观车尼厘马戏纪略》，《叻报》1887年10月17日第2版。

早期的马戏多为西人戏班演出，但在后来的史料中也能发现一些华人戏班的活动：

　　　　昨日十一点余钟，丹戎吧加律，华人马戏厂，有上海人某甲，往丁律起，有做马戏衣物等件一箱，雇一闽人手车某乙，着其车返马戏厂内，不料该乙将其箱车往别处，甲无从追访，即往捕房报案请缉……[1]

可见在新加坡活跃的马戏厂有上海人在其中活动，而且似在本地能制造马戏衣物。马戏在此时当有较为广阔的消费市场。

正由于马戏在马来亚颇受欢迎，直到20世纪30年代尚有新式团体通过组织南下马戏团筹募经费（见第三章关于中华马戏团部分）。马戏的娱乐性和表演性也为一些团体所借鉴，成为他们组织游艺晚会的参考。

四、体育场地与器械建设

19世纪80年代，随着英国在马来亚统治加强，处理族群之间的关系、改善公共设施、增强各族群对英国统治的向心力，成为殖民地当局日益重要的任务。一些针对华侨群体的有关体育的提议和举措，很可能是此时已进入殖民地当局管理层的土生华人极力争取的结果。1883年10月，《海峡时报》刊载一封致编辑部的信，内容是提议把旧监狱改造成向华侨、阿拉伯人等非英籍群体开放的休闲场所，可以建设游泳池、健身区等设施，让他们从事健康的娱乐活动（healthful recreation）。信中特别强调，海峡殖民地不能只顾及英国籍人士，华侨等其他族群也是此地的建设者，应享受相应的权利。健康的娱乐活动能增加他们的归属感，使之免于懒散或陷于不正当娱乐之中。[2]

进入20世纪，马来亚多个重要商埠都陆续兴建体育场。有越来越多教育界人士讨论公共体育场的建设问题。当时报章评论曰：

---

① 《赃证确凿》，《总汇新报》1917年3月26日第3版。
② The Old Gaol Site. *Straits Times Weekly Issue*，4 October 1883，p.12.

有某西人说运动场，是社会伦理的试验场，又说运动场，是一种
　　"万能药"，无论什么人格，都可以造成的，利益很大，流弊也有。若
　　是运动场的运动员，有欺负、诳骗等举动，就是不好的东西，所以要有
　　人来监察，更要使得运动员有正当的举动。①

可见，时人对于运动场的教化作用是非常看重的。
　　一些学校也逐渐购置体育器材：

　　　　柔佛宽柔学校，于本月十号行毕业礼，兹悉其次日闻开成绩展览
　　会，时于校前纪念园中，即平日教员所指导，学生所栽培之各种花草，
　　陈列五十余种……继之为图书室，罗列至七百余种，皆属有用之书。体
　　育器械室中，则儿童之武器备置焉。②

类似记载比较简略，尚不能明确"儿童之武器"具体指的是什么东西，但也
显示出此时学校已有了"体育器械室"这样的配置。
　　西式体育与华侨中式传统武术活动较大的区别，在于前者对体育设施与
场地的要求更高。当时所看到的公共体育场、学校体育场以及专门面向华侨
的体育设施，都为后来的运动会、游艺会提供了发展的基础。一些大型的公
共体育场后来更成为华侨团体演讲、集会、宣扬民族主义的公共空间。

五、早期华人体育组织

　　马来亚早期的体育组织，主要是在西方人之中建立。比如殖民开发较早
的北部槟榔屿，在20世纪初出现名为"泅水会"的游泳竞技会。参加者从其
姓名（如耶路君、叻逊奴君、非里路科路君）可知均为西方人。③踢球会（可
能指英式足球）在槟城关仔角操场时常举办比赛。不过这些组织现存资料不
多，具体情况尚不明确。

---

① 《今后之体育教育》，《新国民日报》1921年6月25日第14版。
② 《宽柔学校成绩展览会志盛》，《总汇新报》1917年2月27日第3版。
③ 《泅水会竞赛续闻》，《槟城新报》1916年3月21日第3版。

华人体育会最早是在土生华人群体之中开设的。1885年1月，新加坡成立海峡华人体育会（Straits Chinese Recreation Club），标志着海峡华人从事西式体育项目，有了正式的组织和更多可用的设施。报纸报道该体育会将改变华侨中的年轻人声誉不佳的状况，使海峡殖民地的网球和板球活动能够联结成网络。该会一开始是在珍珠山下的平地上活动，后来在市政委员会支持下移至芳林坪。[1]据宋旺相记载，海峡华人体育会早期创立人包括许长远、许锡天、谢庆振、陈周锦、王锦超等人。后人整理出参与的著名华人计有：蔡心义（歌手、棋手）、陈合盛（商人）、陈季騳（1880—？，福建海澄人，商人）、陈景华（广东潮安人）、陈祀恩（1886—1948，律师）、陈周锦（亦参加华人骑术会、海峡殖民地义勇军）、刘清坤（秘书）、邱汉阳（侨生）、佘应佐（1884—1949，广东澄海人，工程师）、佘正裕（1879—？，军人）、宋旺裕（1877—1962，福建南靖人，侨生）、孙叔玉（1886—1964，福建闽侯人，商人）、王德霖（1896—1912，福建南安人，太平局绅）、萧保龄（1883—1941，福建晋江人，银行家，和丰银行、联东保险有限公司、华商银行，亦参加新加坡义勇军）、谢佛珊（1864—1925，西洋棋棋手，出纳员，莫实德洋行）、谢庆泰（网球手）、许长延（网球手）、徐敦青（西洋棋棋手）。[2]现有资料之中，籍贯较为明确的是福建人以及部分广东潮汕地区华人，职业方面则以商人、律师、工程师等为多。

该组织于1891年底成立专门的足球俱乐部，在芳林坪开展活动，同年亦成立海峡华人国家足球协会。次年新加坡足球协会成立，[3]据说为亚洲第一个正规足球组织。此时新加坡足球比赛参加者有新加坡记忆俱乐部、欧洲警察队、国民工程师队等等。1911年华人足球协会诞生，为华人运动员足球活动增添了活力。据载，早期参与者有殷雪村（江苏常州人）、宋旺相（福建南靖人）、陈武烈（福建海澄人）、林祈祝（1881—1942，福建人，商人，亦

---

[1]　*The Straits Times*，14 January 1885，p.2.

[2]　据柯木林主编《新华历史人物列传》（新加坡教育出版私营有限公司，1995年）整理。参考新加坡国立大学图书馆对该书所涉人物的整理目录。

[3]　*Straits Times Weekly Issue*，7 June 1892.

参加海峡华人体育会）等。①除此之外，新加坡尚有海峡健身体育俱乐部、华人骑术会等组织。

类似的在侨生群体兴办的体育会，后来还有在马来亚多地逐渐组建的中华体育会。中华体育会早期的情况较少记载，仅个别地区情况见于史料，如森美兰中华体育会，于1918年组织建立，"是侨生的总集团……对于提倡体育不遗余力，历为森美兰华人足球代表，常角逐于马来亚运动场上，颇有相当成绩"②。不过到了20世纪20年代以后，很多组织是否由侨生构成，不见明确的记录。

上述以土生华人为主要参与群体的体育社团组织，在殖民地的社团管理体系中得到明显的优待，大多数是豁免注册的。③而土生华人与新客在体育场地使用上亦泾渭分明，比如网球活动，只有少数身份地位较高的中国人可以突破此种界限：

> 中国出生的华人很少到该会场地打网球，最明显的例外是道台刘毓麟。当时他担任中国驻新加坡总领事。他对网球兴趣很浓，数年来总是按时到该会场地打网球，一直到他调任中国驻英公使馆秘书为止。④

第二节　20世纪前30年马来亚华侨体育发展

20世纪早期，特别是20—30年代，是马来亚体育运动的发展时期，此阶段以学校为单位的体育竞技十分突出，显示着该地在教育理念上、身体健康观念上的长足进步。其中女子体育活动又是女子教育蓬勃发展带来的影响之一。体育运动逐渐普及到大众层面，有助于马来亚的人们获得更健康有益的休闲娱乐锻炼。由于20世纪民族主义日渐兴盛，又受到遍布东亚的尚武思

---

① 据柯木林主编《新华历史人物列传》（新加坡教育出版私营有限公司，1995年）整理。参考新加坡国立大学图书馆对该书所涉人物的整理目录。
② 《森美兰中华体育会十七周年纪念盛况》，《南洋商报》1935年7月12日第8版。
③ 关于殖民地华人社团注册条例，参见本书第二章相关内容。
④ 宋旺相著，叶书德译：《新加坡华人百年史》，新加坡中华总商会，1993年，第183页。

潮的影响，一些体育活动的报道也牵扯到许多民族情感，因而这一时期的体育活动表现出与过去以土生华人为主体参与者、以娱乐为目的的运动不同的特点。

一、学校体育活动普及

20世纪初中国国内学制改革，影响到海外华人社会，新式学校组织运动会成为一时风尚。报载：

> 星洲向例新年，我华侨举行运动会，为赏春之乐。经于昨岁底，在义勇队俱乐部内，举定各任事员，并议定元月初十日打钟，在小坡海傍，海南会馆前之草坡地为会场，开游戏运动会，现已通知各学校学生，请其届时莅场赛演，且预备多数赏物，以奖励各首选云。①

学校运动会在北部槟榔屿亦十分多见。槟城华校举办运动会，在20世纪第二个十年已经见诸报端。以当地名校钟灵中学为例，20世纪20年代曾在三角仔华人体育会操场，召开国庆日运动会。比赛项目计有不同距离的赛跑、低栏赛跑、接力赛跑、跳高、跳远、撑竿跳远等田径运动，有哑铃徒手体操、柔软操、棍棒、叠罗汉、唱歌游技等表演项目，有当时流行的自由车比赛。此外又有国技表演，如脱战、潭腿等拳技项目。南部如麻坡亦有麻属学校联合运动之组织，成员有什廊中华学校、东呷启时学校、麻坡基督学校、中华学校、化南学校、斑卒爱华学校、玉射培英学校等，运动项目有竞争游技、国旗操、徒手操、百码赛路、脱战拳、群马觅食、行进徒手、高跳、潭腿、童子对拳、花竿、优美操、唱歌游技、跳远、拳术、哑铃操等。②这些材料之中的"脱战""潭腿"等国技，当为精武体育会所授北方拳术。③精武体育会从上海南下马来亚开设分会，影响了不少学校体育教学和运动表演项目的设置，详见第三章内容。

---

① 《新年行乐》，《总汇新报》1913年2月13日第3版。
② 《麻坡之国庆日》，《南洋商报》1923年10月13日第12版。
③ 《国庆日钟灵中学开运动会》，《新国民日报》1926年10月12日，版次不清。

此时马来亚各地学校，经常在双十节等重要节日会召开运动会以助兴。如在北部城市务边（当时亦称为"毛边"），即有记载："各社团及男女学校等，已纷纷筹备提灯游行以伸庆祝。更有文明学校，届时又开运动会以助庆。"①新加坡亦载"南洋、中华、华侨三女校，筹备于双十节运动会"，并言明：

> 此次运动会并非欲比赛成绩，评判优劣，其用意乃在于藉运动会以表示最有意义的庆祝及国民之精神。西洋各文明国，亦尝有此项举动……双十节为中国唯一的国庆日，而历年来侨胞之对于双十节，除提灯会外，别无何种有价值的表示。犹有日里的运动会，是则今年双十节的庆祝，可谓独放异彩矣。②

此时华侨心向中国的民族主义情绪联结，逐渐通过运动会一类带有近代化意味的活动显露，亦为当时社会转型的又一面相。

从上述材料不难看出，此时的学校内部或者各属校际运动会，竞技与表演并存。田径赛属于竞技类，而游艺、体操、拳术，均为表演项目。1925年新加坡举行星洲华侨学校联合运动会，也把这两项截然分为"比赛门""表演门"两种。其中"比赛门"包括徒手赛跑、替换赛跑两种径赛，高跳、远跳、持竿高跳、三级跳、掷铁球铁饼几种田赛，队球、足球、篮球三种球类，单车赛快、赛慢、障碍比赛。"表演门"则有国技、柔软操、游戏、舞蹈四种。③

学校运动会可以说是后来马来亚各区华侨运动会，乃至全马华侨运动会的先声，其举办也意味着体育运动的社会参与度大大提升，从原来西人、土生华人的圈子拓展到更多华侨青少年。

---

① 《预开运动会庆祝双十节》，《南洋商报》1923年9月28日第12版。
② 《双十节的运动会》，《新国民日报》1922年10月4日第6版。
③ 《星洲华侨学校联合运动会章程（二）》，《南洋商报》1925年9月11日第4版。

二、马来亚女子体育

马来亚女子体育事业在此阶段取得长足进步。20世纪20年代女子学校在马来亚各大埠都有所开展，也带动了女子体育教育。报载新加坡一次女校联合运动大会，节目丰富，也可看出当时女子参与运动的广泛性：

> 此次本坡南洋、中华、华侨三女校，于国庆日举行破天荒之联合运动大会。此举不独可以示庆祝国庆大典之隆重，并以示女界独立创作之精神。于女校发展前途，实有无穷之希望。[①]

此次运动大会，以体育表演为主。其节目为：

（一）开始运动（奏乐）　（二）运动员进场　（三）国旗操

（四）轩轩霞举　　　　　（五）总统开操　　（六）混合操

（七）天孙织锦　　　　　（八）徒手　　　　（九）数学游戏

（十）工力拳　　　　　　（十一）国技　　　（十二）表情

（十三）上大战　　　　　（十四）新棍棒　　（十五）下六路潭腿

（十八）飞鸟舞　　　　　（十九）表情操　　（二十）下大战

（廿一）风云变态　　　　（廿二）竞技　　　（廿三）讽迷信

（廿四）花年操　　　　　（廿五）露花刀、八卦刀

（廿六）躲避球　　　　　（廿七）余兴　士农工商

（廿八）闭会[②]

此运动会上表演项目占多，竞技项目较少。表演项目除了一些可能是情景剧外，以体操、国技、舞蹈为主。

专门针对女子体育的组织亦出现。吉隆坡于1921年出现雪兰莪华侨女子体育会。1922年报载：

---

① 《南洋、中华、华侨三女校联合运动大会消息详志》，《叻报》1922年10月9日第3版。
② 《南洋、中华、华侨三女校联合运动大会消息详志》，《叻报》1922年10月9日第3版。

该会举行周年纪念游艺会，各会员所演各技，极为娴熟，且振振然有尚武精神。各界之到场参观者，啧啧称善不已。……忧时之士，徒耗精力于无聊之奔走呼号中，曾不思谋挽救之策，又何怪其每况愈下……时与吾女界人士相切磋，数年以还，本经验以成事实，确知非积极以谋体育之普及，断不足以救精神之破产。①

此番提倡，由女子体育延伸到救国挽民，带有强烈的民族主义情绪，与当时国内思潮如出一辙。

　　女子体育活动与学校教育的兴起，使女子体育教学人员出现巨大的缺口。培养女子体育师范人才也成为当地迫切的需要。南洋女子体育学校应运而生，成为体育界又一里程碑。20世纪20年代末新加坡出现关于该校的募捐信息：

　　本坡南洋女子体育专门学校募捐委员团，进行募捐以来，成绩颇佳，认月捐者已有数十人，特别捐资者亦不少……华南印务公司报效广告、简章一千张。②

　　筹备工作持续四年，几经辛苦，直到1932年该校才正式开办，其组织和课程原来只重体育有所扩大。报载：

　　为遵照教育法令，合适教育系统计，将校名修正（南洋女子体育学校），及为适应社会之需求起见，特扩大组织。除续办体育科，及附设前后期小学外，更增设艺术科，其主要科目为绘画、刺绣、音乐、缝纫、中英文等，以造就中小学艺术科之师资。③

该校得到社会广泛的欢迎，"日来到校报名者，甚为踊跃，尤多英荷各属远

①　《雪兰莪华侨女子体育会征求会员》，《叻报》1922年7月1日第3版。
②　《赞助女子体专者之踊跃》，《新国民日报》1929年5月20日第8版。
③　《女体不日开课》，《新国民日报》1932年1月5日第7版。

道而来学者"①。该校所聘教师，亦多在教育界有相当经验之人：

> 昨又聘定丁瑞华、郑葆真二女士，担任英文、音乐、体育等科。闻丁瑞华女士，江苏武进人，上海爱国女校体育专科毕业，曾任进武芳军中学等校教职多年。郑葆真女士，广东番禺人，本坡美以美会女子学校九号毕业，在密斯斐尔麦处专研钢琴教授法。②

从这些记录可见，当时的体育专门学校非常重视师资，多从中国国内引进女校毕业的教师，她们具有女子教育经验以及专业的学科知识，而体育教学亦是其中重中之重。

不过马来亚女子体育发展亦并非一直顺遂，报载槟城华人游泳会在20世纪30年代初曾就是否接纳女子会员有过讨论和投票，最终否决了女子入会的动议：

> 本屿华人游泳会，于本月十一日在槟城丹立武亚之会所内举行会议……首由谢清如动议，认为女子应准其加入为会员，谓女子对于游泳运动甚为需要，为一种良好之运动。槟城女子不如祖国女子进步。当此社交公开……吾人应引起女子对于游泳之兴趣。彼继谓一班守旧会员，认为女子多怕羞故不入会，但彼敢保证不亚如此。彼并引证新加坡欧人游泳会已准女子加入为会员，故槟城游泳会亦应效行云。陈嘉松拥护谢氏动议，谓在现代男女平等时期，若不准女子入会，未免有自私之观念。各方面对于所谓守旧会员及自私观念大加驳斥。最后举行投票解决。结果二十三票得七，女子入会动议遂不能通过。③

相比之下，此时中国国内女子游泳已经相当普及，特别在南方城市，出

---

① 《女体不日开课》，《新国民日报》1932年1月5日第7版。
② 《女体不日开课》，《新国民日报》1932年1月5日第7版。
③ 《本屿华侨社会男女间尚深画鸿沟，女子无加入游泳会为会员之权利》，《槟城新报》1921年1月18日第24版。

现杨秀琼等著名游泳运动员。但在槟城尚有守旧势力不允许女子加入游泳会。

整体而言，在20世纪初的马来亚，随着女子教育普及，女子体育得到提倡与推广，并出现专门的女子体育学校，为本地体育教学培养师资。但从时间上看，尚较中国国内为迟，早期聘用师资，亦多赖国内输出。在观念上，男女大防的惯性也体现在体育活动上，显示本地华侨社会较中国国内更加保守的一面。

三、体育组织的强化

20世纪20年代体育组织较早出现并完善，主要是在新加坡、槟城等经济发达、较早发展体育活动的大埠。这些体育组织方式多样，是此阶段华侨体育活动的主要体现形式，也为本地大规模的比赛组织打下基础。

（一）海外体育组织在马来亚设置的分会

一些体育组织的模式自西方传入，以开设分会的方式在马来亚立足。如基督教青年会在亚洲地区开设分会，即以体育运动及各类培训，吸引青年进行健康的进修及娱乐，同时予以宗教熏陶。在新加坡开设的青年会，1924年"会员总数七百七十二人，其中华人占四百零五人，西人占一百八十八人……去年本会中游泳池，各人游泳回数，达六万一千一百七十七次。其他诸种消遣游戏，亦极形热闹云"。[1]可见此时华人的参与度相当高。

类似的组织还有伦敦体育研究会，报载：

闻该会于前星期六、日下午假座直落亚逸街青年励进社内，举行开幕式，到会者甚众。于开会之前，各会员在外面网球场摄影。是日亦蒙美得亚弦乐队莅场助庆……首由该会主席张瑞贤君宣布该会以前经过情况，大致谓从前南洋群岛亦曾设立此分部，成绩颇佳。惟星洲分部在1908年成立，而在十三年间因经济困乏，不能继续进行，是以将该会解散。遂至今年，再成立此会。然主要者以联络总分会会员感情……次

---

① 《本坡青年会常年报告摘要》，《南洋商报》1924年4月29日第15版。

体育团开始表演技艺，吴定贵表演身体运动，卢锡华、林广成两君表演棍棒，及胸前运动器具等件。次该会司理宣读体育术一纸。复由会员表演笑剧，是由郑平海、苏全、水内群所编者，亦甚有趣。但最后之表演者，为大力士陈金福君，奏其曲钉术技艺云。[①]

不过伦敦体育研究会后继报道不多，影响力或不及青年会大。

（二）地缘性体育会

以地缘结合的体育会也在此时出现，比如1929年成立的琼崖体育会。报载：

> 琼崖各界所组织之琼崖体育会，目的在唤醒一般民众于体育知所注意，是城强国强种之唯一方法也。该会自日前各界代表大会公推林卓忻、莫克耐等八人为筹备员……琼山县党部、海口总商会等三十余人。[②]

并言"我们要提高国家的地位，打破一切的敌人，不讲求体育，对外力量实嫌不足"，又推举蔡廷锴、张徽五为名誉会长。[③]1936年南洋英属琼州会馆联合会在马六甲举行大会，仍发函致国民党琼崖绥靖公署，问询全琼运动大会举行时间，以便派员参加，一切筹备工作亦已经就绪。[④]同年11月全琼运动大会在海口举行，马来亚琼侨不但积极挑选运动员前往，[⑤]还派遣人员参与筹备，捐出款项。由此把包括槟城、马六甲、新加坡等地琼州会馆全部动员起来。

琼崖体育会，是在南洋多地琼州会馆呼吁寻求在海南岛成立琼崖特别市的背景之下成立的，其成立虽在中国国内，但却是团结海内外海南人的重要

---

① 《伦敦体育研究会星洲分部消息：举行开幕式》，《新国民日报》1928年6月13日，版次不清。
② 《琼崖体育会成立会》，《新国民日报》1929年2月22日第9版。
③ 《琼崖体育会成立志盛》，《南洋商报》1929年2月22日第15版。
④ 《马来亚琼联会，昨函琼崖绥靖处，询问琼运会举行日期》，《南洋商报》1936年4月11日第7版。
⑤ 《马来亚琼州会馆联会促各埠琼侨挑拔田径选手》，《南洋商报》1936年5月26日第8版。

举措。①后来琼籍人士在马来亚亦热衷举办运动会，而同时段其他帮群暂时未发现有相类似的举措，可见其特殊性，亦可见其对体育的重视。

（三）其余综合性体育会

马来亚本地自发的、面向全体华人的综合性体育会，20世纪20—30年代大量出现在新加坡、槟城、吉隆坡几处大埠。这些体育组织很多在今天已经不存在，只有在个别报刊报道中可找到他们活动的痕迹。以下分而述之。

1. 华人体育会

华人体育会在马来亚多地建立，现可考者有吉隆坡与槟城两处。雪兰莪华人体育会在1920年已经成立，五周年时召开纪念运动会。②会内有多种不同运动，比如钩球队，曾在新加坡与华人网球队、混种体育会钩球队比赛。③槟城华人体育会成立于20世纪20年代初，及后则在一些重要体育比赛扮演组织者角色，如1930年香港南华体育会足球队来访槟城，即由华人体育会筹备、接待及送行，相互赠送各种纪念银杯、奖牌等礼物，加强了彼此联系。④

这些名为"华人体育会"者，究竟是彼此作为同一系统的分会，还是仅仅有名称上的相似，尚待考证。

2. 尚武体育会

尚武体育会开办于1925年，原址在新加坡鲁敏逊律，20世纪30年代曾一度迁往丝丝街。早期在筹赈、游艺等事务上有所建树。报载，济南惨案之后，尚武体育会联合侨生弦乐队表演游艺：

> 特于小坡新世界，联络本坡侨生弦乐队，表演各种游艺。所得券资，尽交山东惨祸筹赈会，转汇赈济。闻该会此次义举，深得当地人士赞许，并承坡督夫人、李俊源夫人及诸名流之赞助，益形光荣云。⑤

---

① 《请一致主张改琼崖为特别区之快邮代电》，《南洋商报》1929年4月24日第7版。
② 《体育运动会近讯》，《南洋商报》1925年8月24日第12版。
③ 《雪兰莪钩球队》，《南洋商报》1932年12月22日第7版。
④ 《华人体育会昨晚饯别南华队》，《南洋商报》1930年8月11日第6版。
⑤ 《尚武体育会之赈济热》，《新国民日报》1929年6月13日，版次不清。

20世纪30年代，尚武体育会在乒乓球、足球等项目上成绩颇佳，报载该会足球队曾出战英商足球队，记者更称："本坡尚武体育会足球队，战将如云，实力非常强大。"①1939年，在中华足球协进会主办的足球循环赛中，尚武体育会夺得冠军。②尚武体育会乒乓球队亦有相当的竞技水平，30年代新加坡乒乓球总会在尚武体育会讨论乒乓球公开比赛事宜，1934年尚武与工商校友会举行友谊赛。

3. 崇武体育会

崇武体育会于1931年元旦成立于新加坡，主理者为周启芳、王盛治、孙庆星等。成立初期经过改组，以部股的方式推进体育活动。③该会面向华人，其篮球活动尤其受欢迎。报载该会篮球队与华商篮球队于大世界游乐场比赛得胜。④1941年崇武体育会篮球队夺得男子甲组篮球锦标赛，时任会长陈庆星（1903—1965，福建同安人，星洲火锯有限公司董事，木商总会、建筑材料商公会、中华游泳会等机构均有任职）勉励球员继续努力。⑤会内篮球运动员黄锦元，还被选为马来亚华侨参加第七届全运会篮球代表。⑥20世纪30—40年代，崇武体育会足球队、篮球队、乒乓球队多番出战，到50年代仍十分活跃。

4. 友联体育会

友联体育会于1932年见筹备消息于新加坡，有胡昌耀（星洲日报社社长，胡文虎侄子）、林登才、李佩文、林庆年等侨领捐助用具及经费。另有以团体、组织报效者，如马来亚体育画报、大世界游乐场，捐助铁床、乒乓球桌等物。会址定租于牛车水呢律（今亦称尼律）。⑦20世纪30年代曾组织乒乓球淘汰赛并征求会员。1934年友联体育会主持男子十英里越野赛跑，报名参加者男子有二十余名，女子亦有十余名，是当时新加坡较少见的越野赛跑

---

① 《足球：尚武体育会本日出战英商》，《南洋商报》1934年8月30日第6版。
② 《尚武体育会》，《南洋商报》1939年2月2日第11版。
③ 《崇武体育会全体会员大会纪》，《新国民日报》1932年1月6日及7日第7版。
④ 《崇武体育会篮球队大胜华商》，《新国民日报》1932年3月15日第7版。
⑤ 《崇武体育会昨晚设宴祝捷，会长对球员勉励有加》，《南洋商报》1941年3月12日第7版。
⑥ 《崇武体育会昨欢宴陈黄两位参加全运会》，《南洋商报》1948年4月29日第6版。
⑦ 《友联体育会积极进行筹备》，《新国民日报》1932年5月30日第6版。

比赛。①

5. 维扬体育会

维扬体育会约在20世纪30年代活跃于新加坡，会址在丝丝街。曾组织篮球循环赛，在华侨银行后面有自己的体育场馆。②在当时篮排球锦标赛上，对战同时期的崇武篮球队。亦曾举办象棋淘汰赛、乒乓球友谊赛等。

6. 醒狮体育会

醒狮体育会，会所位于新加坡北京街，约创办于1934年6月。③会内设有篮球队、游泳部、乒乓队、羽球队、健身组、足网健队、象棋股等。该会主要负责人有何碧璋、陈文彬、林福寿、许嘉材、苏圻挞、许丕显、苏仲甫、施纯彪等。1934年曾组织三十余人乒乓球循环赛，激发会员对于乒乓球的兴趣。1936年该会参加各团体联合欢迎世运会选手队大会。参加全星乒乓球协进会发起的循环赛。④

（四）专业性体育会

马来亚亦有一些专门针对某项运动而组织起来的体育团体。如华人乒乓俱乐部，据载其1924年时为应付本地日本人乒乓俱乐部挑战，努力为乒乓大会做练习准备。⑤又如新加坡华人游泳会，在嘉东建起游泳会场，主席钟坤成、书记李振坤勉励会员注意卫生，保持成绩，⑥后与上文提到的槟城华人游泳会举行比赛。⑦该会日常亦组织会员练习。从现有史料观察，此类组织以游泳、球类活动为多，大概因其场地设施要求较高，需以成为会员作门槛。

（五）小结

以上对体育社团的回顾虽远未能全部涵盖，但从时人记载大概可知这些体育界的活动情况。其中尤以新加坡体育团体相关记载较为多见，划分也比

---

① 《友联体育会主持之男子十英里越野赛跑所经路线经已划定，并得三州府警察总监批准》，《南洋商报》1934年5月11日第5版。
② 《维扬篮球循环赛今日我队战维扬队》，《南洋商报》1936年2月28日第8版。
③ 《醒狮体育会一周纪念》，《南洋商报》1935年6月24日第3版。
④ 《本坡醒狮体育会开本届职员首次会议》，《总汇新报》1936年7月1日。
⑤ 《华人乒乓俱乐部将与日人决战》，《南洋商报》1924年2月19日第16版。
⑥ 《华人游泳会消息》，《新国民日报》1929年2月20日第6版。
⑦ 《华人游泳会消息》，《南洋商报》1929年3月30日第6版。

较细致。这有可能是因为新加坡经济发达、体育活动需求大，亦有可能是报刊报道较多，带来今天研究者在目力所及的史料中呈现的偏差。

在当时殖民地注册条例之下，这些公开活动的体育会多已直接豁免或注册备案，由侨领担任会内要职。这些团体组织的活动以篮球、排球、足球、乒乓球等球类公开比赛为主，可见当时马来亚华人极喜此类活动，因其具趣味性与观赏性。亦有些体育会设有游泳、羽毛球、象棋等项目。此时许多体育会都有自己的会所与操场。在当时媒体的简单记录之中，大部分体育会的人员构成和会员规模并不十分明确，但从个别提到的负责人名单中，可见以福建籍华侨为多。这与当时福建社群财力雄厚且热衷体育有关。

需要注意的是，在这一时期，一些以中国传统武术为主要活动、带有秘密社会性质的华侨社团，亦热衷于以"体育会"为名包装。所以光从名字上看，未必能知道该团体的性质。这与中国国内20世纪初的情形是相似的。不过，观察其从事的体育活动，以及相关活动是否能公开见诸报端，还是可看出明显的区别。

四、体育机制的完善

上述体育组织的出现加速了体育各项机制的建立。20世纪20年代许多球类比赛逐渐成为社会关注的热点，为了更好地组织比赛，相应组织应运而生。比如排球比赛有相应的组织，可以更科学合理地安排比赛排期。报载："昨星洲排球比赛会，曾编定各学校各团体比赛之时间，此后排球进步，可预卜矣。"该报道提到四场比赛，参赛队伍计有精武、英华、养正、工商、华侨中学、圣安列、青年，比赛场地有礼佛操场、青年会操场、圣安得列操场、英华学校操场。[1]1923年新加坡已经有二十余支足球队，以赈灾为名，举行比赛卖入场券。[2]1929年新加坡华人足球队与威尔士球队作友谊比赛，"威队初抵星洲时，曾两次与华队比赛，结果一负一和，胜利终属华队"[3]。新加坡羽球会也组织不同类别的公开比赛，如在"本坡恳喜道，中华女学校，举

---

① 《星加坡排球比赛会举行正式比赛》，《南洋商报》1923年9月29日第6版。
② 《踢球筹款助赈》，《南洋商报》1923年9月19日第6版。
③ 《体育消息》，《新国民日报》1929年2月1日第6版。

行新加坡公开单人羽球决赛。凡往观者，须凭券入场。其定价如下，坐位五角，站立三角，会员半价"①。

一些特殊群体单独组织的运动会也在此时出现：

> （吉隆消息）本月十一日，本坡各警察，在大巡捕房附近之草坪开大运动会，兼有茶点款待。运动技术极多，如"棍棒""赛跑""掷铁球""跳远"等，在场记录成绩分数者有警察长。技术最优者则赏之。闻此种运动，每年举行一次，其费用则由各警察一年中之失职者，将其被罚之小款拨为开销云。②

类似的警察、军人、消防员运动会，此时亦多见于报端，除了加强他们的群体认同外，亦起到提升他们体能，让他们更好履行职务的作用。

20世纪前三十年是马来亚体育走向普及化的阶段，主要表现为学校体育活动的高速发展，以及大量面向华人的体育组织的产生。这些都奠定了后来马来亚本地大型运动会组织的基础，也使比赛机制逐渐完善。此时女子的参与度明显提升，与国际潮流大体一致。

除此之外，媒体对于体育活动的关注也明显提升。在报刊上可见，到20世纪20年代初，更大范围的运动会如远东运动会、广东福建等地省际运动会的消息渐渐得到更多传播。这些比赛并非在马来亚本土进行，更加反映此时体育活动受到华侨社会关注，相关的观念、知识和新闻也在华侨社会普及。比如1922年世界户内六项运动会选拔，报载："吾粤方面成绩，经已完全选出，备战往沪。"此次运动会每项取前六名，项目有六十码拾薯竞走、一百六十码拾薯竞走、跳高、跳远等。③报纸此时渐渐在固定的栏目报道体育比赛，甚至出现"体育消息"之类的专栏。

此阶段印刷媒体的发展也加强了体育消息的传播。如1932年在新加坡出版的《马来亚体育画报》，有赖于此时渐渐普及的图片印刷，像体育比赛这

---

① 《羽球会今日公开比赛》，《星洲日报》1929年11月16日第6版。
② 《警察运动会》，《新国民日报》1921年6月17日第3版。
③ 《六项运动完全选出》，《新国民日报》1922年2月15日第10版。

样的时事，得以有影像直观地呈现出来，无疑比单纯的报纸文字更能引起观者的兴趣。不过由于种种原因，该画报在现时公私藏书机构并不多见，尚难知晓更多细节。

第三节　20世纪30年代马来亚华侨大型运动会

20世纪30年代是马来亚体育二战前十分繁盛的阶段。经历了30年代初世界经济危机，体育在筹款、娱乐、动员民众等方面的作用日趋明显。在社会经济得到恢复后，体育活动在人们生活中的比重加大，体育消息在各类纸质媒体中报道很多，而且细节生动，有些还带有图片。华侨对体育的热忱可见一斑。

体育发展的繁盛一方面受国际潮流的影响，此时体育运动与比赛已在世界各地形成网络，在马来亚亦是如此。各种校际、洲际综合性运动会，篮球、足球等项目多种赛制的比赛，共同构成20世纪30年代精彩纷呈的局面。另一方面，马来亚华侨的身份和经济地位又使他们有更便利的条件发展体育，比起中国国内战乱不断，马来亚的环境更加稳定，华侨的经济能力也更佳，更有条件去经营对器材、场地均有要求的西式体育活动。很多在中国国内的球队或体育团体，亦热衷于到马来亚与当地团体比赛，达到联谊和筹款的目的，所到之处亦十分受欢迎。与此同时，由于中国血统主义国籍法的机制，马来亚华侨运动员既可作为英属殖民地代表参赛，亦可作为侨界代表参加中国境内举办的省际及国际比赛。马来亚华侨在这些运动会中显示出高超的运动水平，亦间接促进了国内体育的发展。

一、马来亚华侨运动会

全马来亚运动会大约在20世纪20年代开始出现，称为"巫来由联邦运动会"。参赛者来自新加坡、彭亨、雪兰莪多地。选手名称有"美路士君""摩厘君"，应为西方人，并未见华人参与其中。[①]

---

① 《运动会之结果》，《新国民日报》1922年9月28日第12版。

20世纪30年代开始出现华侨大型运动会，较早的是马来亚华侨运动会（简称"马华运动会"）。该运动会首届于1931年在新加坡举办，名为"马来亚群岛华侨运动大会"。当时报道可见，运动员中有不少是在校学生，男女均有。比赛项目有田径、球类等等。新加坡总督、中国驻新加坡总领事等高官均前来观赛，甚至直接担任裁判等职务。现场吸引大量群众冒雨围观。[1] 当时有来自雪兰莪、柔佛、霹雳、槟城、星洲的运动员参加，涵盖了殖民地五州府。[2]

此后马来亚华侨运动会每两年一届，于马来亚各地举行。如果说第一届马华运动会尚未成熟，得到的社会关注还有限，那么1933年吉隆坡举办的第二届马华运动会，影响力与关注度都有很大的提升。此次运动会在吉隆坡安邦实地典运动场举行，参赛选手增加到七区（包括马六甲在内）。球类比赛亦以区为单位。观者谓："观众与选手，盈千累万，均视已往为踊跃广盛。此又足征民众意识对体育已发生兴趣而注意关怀，好运动者已年复增加，故能砥砺出如许人才也。"[3] 参加运动员亦表现出不俗的竞技水平。据报道，女子田径选手邓银娇五十米跑打破全运会纪录，百米、二百米跑步及跳远亦超过全运会选手成绩。陈亚九一百一十米跨栏超过远东运动会纪录。[4] 男子总分第一为傅金城，傅长居雪兰莪，[5] 后来作为短跑运动员进入国立暨南大学，并代表中国田径队出席1936年德国柏林第十一届奥林匹克运动会。第三届运动会为1935年在槟城（庇能）举行，由彭亨、马六甲、森美兰、雪兰莪、柔佛、霹雳、新加坡、槟榔屿各区代表参加。[6] 三届马来亚华侨运动会，每一届均有华侨体育团体、学校热烈参与竞技，或作大规模表演。

20世纪30年代的马来亚体育，遵循当时世界体育的潮流，倡导业余运动，即运动员是非职业性的，不以体育比赛赚取额外收入。在当时马来亚的

---

① 《马来亚群岛华侨运动大会：举行于新嘉坡之马莱亚华侨运动会开幕礼司令台前摄影》，《良友》1931年第59期，第9页。

② 《第一届（1931）马来亚华侨运动大会成绩》，筹备处竞赛部、秘书处编：《第二届星洲华侨运动大会秩序册》，1933年，原书无页码。

③ 《对马来亚华侨运动大会之希望》，《侨务月报》1933年第1卷第3期，第5页。

④ 《马华运动会之佳音》，《侨务月报》1933年第1卷第3期，第8页。

⑤ 吴中和：《第二届马来华侨运动会开幕时之情形》，《勤奋体育月报》1934年第1卷第6期，第16页。

⑥ 《第三届马华运会开幕及闭幕礼秩序》，《南洋商报》1935年8月1日第9版。

运动会、比赛印刷品上，经常可见确认运动员业余资格的条款。与出现在香港、南京等地的组织相类，新加坡亦设有"业余体育会"，以促进业余体育发展。该体育会始建于何时暂未能确知，但20世纪30年代已经非常活跃。报载：

> 本坡寅杰律业余体育会，经于昨日廿九晚八时假座大世界内咏春园酒楼开第四次宴会，慰劳该会健儿出席星华运动会与荣膺本届篮球锦标赛盟上，为该会增光不少。故该会事前曾发出请柬，邀请坡中体育界闻人、社会名流，暨华字报记者作陪，计到会人士数百人，济济一堂，情形极为热闹。①

在20世纪30年代后期，运动比赛的细化和规模化促使本地体育界寻求更多联合协调的可能。体育界倡办马华体育总会，以主办华人球类埠际赛，是二战前体育界大联合的一次尝试。1939年马来亚各地中华体育会代表在吉隆坡商讨组织马来亚华人体育总会，参与代表来自槟城、吉礁、瓜拉毛达、瓜捞江沙、太平、霹雳、森美兰、瓜捞庇捞、昔加、峇株巴辖。②不过这一大联合尚未完善，就被日本入侵所阻，等到二战后才有重新复办的机会。

二、其余区域性运动会

与马华运动会构成配套的还有马来亚的多个区域性运动会，比如新加坡所办的星华运动会。据报道，该运动会首届开办于1931年，当时有来自和丰、华友、崇正、精武等团体的代表前来参加。1933年第二届由胡文虎担任正会长，林文田、林庆年等任副会长。其余筹备人员有林金殿、郑连德。比赛项目有篮排球、田径和全能运动。参与选手来自南洋女子中学校、木兰女子学校、香祖学校、崇武体育会、逸士盾体育会、华友体育会、业余体育会、华人体育、友爱社、工商校友会、崇正校友会、中南学校、正修校友

---

① 《本坡业余体育会欢宴出席星运夺魁健儿》，《总汇新报》1936年7月31日，版次不清。
② 《马华体育界大团结，体育总会成立》，《南洋商报》1939年7月31日第7版。

会、浯声励进社、精武体育会、健华体育团、晨星排球队。①

　　槟榔屿州际运动会的最初形态为以学校为基础的联合比赛。1928年举办首届槟属华校联合运动会，据当时人记载："这回联合运动会，既然得了当地政府补助，又正在进行捐款……场所又借得〇二操场的广大。"②时人誉为"破天荒之创举"。此后槟属华校联合运动会每年举行一届，至1936年已经是第七届，有当地华校钟灵、福建、辅友、新江、商务、同善等十四校，男女选手共二百七十余名参赛，其间有千人操表演，以分组比赛得出个人及团体锦标。③

　　其余区域性运动会还有柔华运动会，选拔南部柔佛州麻坡、马六甲、峇株巴辖、居銮等地比赛选手。④该区多有地方闻人筹备，以促进侨胞注重体育，并为马华运动会输出比赛选手。麻坡张开川多次任总领队。⑤南部地区体育活动组织较迟，主事者亦曾谈及"盖本区体育方面素极散漫，而人才亦不集中，种种进行实较他区为难"⑥。不过到20世纪30年代末第三届柔华运动会，已经看到多个华侨社团参与其中：

　　　　麻坡中华公会会长张开川君，召集柔属各体育团体代表，于昨四日下午二时在峇株巴辖中华体育会，举行联席会议……出席者有：峇株中华体育会代表王季銮、高有德，广肇会馆体育部张启初，居銮华侨公会李国华，麻坡精武体育会黄吉甫、郭诗善，麻坡中华学校黄芳奎、刘桑楚，麻属武吉巴西育人学校李新来，昔加也中华体育会陈文渊，利丰港中华体育会赵超，峇株爱群女校许亦歧。⑦

由此可见柔华运动会对柔佛华侨社会强大的动员力。

---

① 筹备处竞赛部、秘书处编：《第二届星洲华侨运动大会秩序册》，1933年，原书无页码。
② 《槟属华校联合运动会之我见》，《南光》1928年第1卷第2期，第34—35页。
③ 《第七届槟属华校联合运动会举行详情》，《外部周刊》1935年第79期，第13—14页。
④ 《柔佛区华运正在积极进行中》，《南洋商报》1933年3月30日第7版。
⑤ 《第二届柔华运会今日在麻坡举行》，《南洋商报》1935年6月21日第6版。
⑥ 《第二届柔华运会筹备进行之先声》，《南洋商报》1935年3月7日第10版。
⑦ 《柔属体育团体代表会议决组柔华运会筹委会》，《南洋商报》1937年4月7日第10版。

相比起新加坡、槟城等地，马六甲体育发展相对落后，直到20世纪30年代中期，始见组织大型埠制运动会。时载：

> （马六甲华人体育会）此次筹备中之华校学生庆祝英皇登极银禧纪念运动大会，可说是破天荒的创举。时年假使能够继续开下去，此次也可说是甲属华校学生，第一届的运动大会。因此各华校当局对于此次具有重大意义的创举，莫不认真筹备。向友联及华群两商店购买体育用具及赶制运动员服装者，为数众多。至于各校经已挑选之运动员，亦多高兴地活泼地跑进公共体育场去练习。[1]

20世纪30年代华侨运动会在马来亚各地陆续推行，并逐渐形成自下而上的层级关系，即由各区组织赛事，选拔人员参加全马来亚华侨运动会。这样增强了体育活动的组织性和规律性，保证了比赛的公平，也使运动员有充分的成长空间，促进了马来亚华侨体育本土性的发展。

三、马来亚体育界与中国国内互动关系

20世纪30年代中国国内与马来亚体育界均处在飞速发展期，大型运动会层出不穷。马来亚华侨既可参加中国国内举办的全国运动会，也可代表中国参加世界运动会。在此机制下的频繁交流，也使马来亚华侨体育界与中国国内体育界相互促进，相得益彰。

马华运动会除了是代表马来亚华侨最高水平的运动竞赛外，也在20世纪30年代中期成为本地选拔全运会选手的比赛。在1935年槟城举办的马华运动会上，正会长林连登发言即明确提到："马华运动会闭幕后，选派选手，出席全运。出席全运不惟于体育上中得善果，亦可得一考察祖国种种机会，则获益之大，从可知矣。"[2]马来亚华侨一直积极参与中国全运会，并取得不错

---

① 《甲运会筹备声中各校体育顿形活跃，经营体育用具的商店生理甚旺》，《南洋商报》1935年4月10日第9版。

② 《体育空气弥漫全槟，巾帼英雄、须眉豪杰开始角逐，林会长阐扬体育真义》，《南洋商报》1935年8月3日第6版。

的成绩。

中国国内报刊亦出现关于马来亚运动员的报道：

> 邓银娇女士，原籍粤，侨居南洋槟城，年十八岁。第二届马来华侨运动会中，一鸣惊人，获得女子个人总分第一。本年东亚体专女子田径及篮球队南征，女士复创三项全国新纪录……压倒钱行素及陈淑卿。闻女士现积极锻炼，准备出席全国运动会。[1]

图1-2 女子跳远邓银娇破全国纪录

资料来源：《东方杂志号外·第六届全运会画刊》1935年第5期，第9页。

此后在第六届全运会中，邓银娇以五公尺零六新纪录夺得跳远冠军，该纪录保持近二十年之久。[2]除此以外，雪兰莪女子精武体育会篮球会队长萧秀良亦曾代表马来亚华人参加全运会。

中国全运会办理办法，成为马来亚华侨运动会的比赛标准。1935年第六届全国运动会举行，马来亚多地华侨社团、体育团体要员除组织运动员参加，亦观摩学习了运动会的架构、设备与组织方法。参与观摩的华侨事后报告：

> 运动场之建筑壮丽，该场之建筑全用现代最新式之方法，使人觉得非常伟大，堪称东亚独步……至于运动员方面，亦较往昔为多，计参加单位包括辽宁、蒙古、新疆、青海、西藏以及马来亚、菲律滨。选手方面，亦较往者进步，单女子制服一项，在杭州举行时尚一人一样，不

---

[1] 《体育家与运动家（七）》，《勤奋体育月报》1935年第2卷第8期，第51页。

[2] 《东方杂志号外·第六届全运会画刊》1935年第5期，第9页。

合体裁，今则一律颜色矣。他如运动项目，亦多破以前纪录，亦诚堪喜慰。①

图1-3　雪兰莪精武女会篮球队

资料来源：《精武》1937年第2卷第10期，第8页。

其后柔华运动会呈上提案，建议"第三届马华运会竞赛办法，应请照第六届全运大会竞赛规程办理"②。运动会组织办理的方法、规则，运动员着装，体育场馆的设置等，均为马来亚华侨体育工作者所观察、学习，并在当地运用。

　　1936年中国体育代表团参加德国柏林举办的奥林匹克运动会，是中国运动员参与奥运会规模空前的创举，也体现了海外华侨体育界与国内的互动关系。由于当时国民政府财政紧张，无力全部负担代表团赴德的旅费，相差的五万余国币，惟通过足球队提前月余赴南洋各地比赛方可凑齐。中国国家足球队赴南洋比赛，得到当地侨胞的热烈支持。1936年5月中旬在新加坡比赛，击败星联队。此后赴当时为荷属殖民地的爪哇岛，先后在巴达维亚、万隆、泗水、马浪等地进行八场比赛，均以大比分胜出。③

　　7月2日中国代表团途经新加坡，受到当地华侨热烈欢迎。时人载：

　　　　驻星总领事刁作谦夫妇登轮执行，施正领事、李副领事暨侨胞近千人，各持小国徽挥摇欢迎。十一时始登陆，舞厅应"星洲各团体联合欢迎我国出席世运代表团大会"之公宴，该会系驻星总领事馆、中华总商会、星洲篮排球总会、星洲华人田径促进会发起，联合马来亚各埠数十华侨团体组织而成。首由大会主席总商会会长林庆年、《星洲日报》

---

① 《麻坡第二届柔华运会筹备会前日开慰劳出席全运选手大会》，《南洋商报》1935年12月5日第8版。

② 《柔华区运会覆马华运会函并及提案三件》，《南洋商报》1935年7月21日第9版。

③ 《我世运足球队将于六日飞返本坡》，《总汇新报》1936年6月3日第2张第3版。

总理兼篮排球总会会长胡昌耀致词，劝勉有加，并赠"海外扬威"锦旗一方……是日与宴者约三百余人，侨胞对于祖国之热忱，殊可感也。下午四时，篮球队与星联队作练习赛三十分钟。结果以二八对二五小胜。国术队在场亦表演三十分钟，田径队则另赴星洲体育会田径场练习一小时。[①]

马来亚华侨除了为祖国运动健儿的奥运之行筹款，为中国代表团往来接洽外，所派出的运动员在代表团中亦占有一席之地。前文提及的傅金城为短跑名将，除参加一百米等个人赛跑外，还与程金冠、戴淑国、刘长春一起参加短跑接力。马来亚华侨黄社基参加举重次轻量级项目，为举重队三人其中之一，过去比赛成绩与同时期欧美选手不相上下，与国内选手相较亦保持全国纪录。[②]来自新加坡的蔡文礼为足球队后卫。[③]他们以一己之力，支撑着当时竞技能力尚弱的中国代表团。

代表团赴德之旅成绩并不理想，据后人记载，运动员舟车劳顿，只能在船上稍作练习，到达赛场上尚未适应时差和比赛现场，只有一人进入复赛，其余均在首轮遭遇淘汰。不过此次参会极大地开阔了参会运动员和组织人员的眼界，带回了许多值得参考的信息，亦借此传播民族主义、爱国主义，团结了海外尤其是东南亚华侨。

第四节　马来亚沦陷时期及战后的体育活动

二战时期日本入侵马来亚，带来当地三年零八个月的黑暗岁月。华人一方面在经济上人员上支援中国国内抗日，一方面在马来亚本土组织武装力量保卫家园，是抗日的中坚力量，自然受到日本侵略者仇恨。马来亚沦陷以

---

① 中华全国体育协进会编：《出席第十一届世界运动会中华代表团报告》，1937年11月，前编第18—19页。
② 《体育家与运动家（二十一）：黄社基》，《勤奋体育月报》1936年4月第1期，第95页。
③ 《全国足球名将录》，1936年，第10页。亦有部分内容参考《奥运选手中的华侨健儿》，《人民日报（海外版）》2007年8月10日。

后，市面萧条、金融混乱。华人侨领有些被迫充任伪职，支付日本政府高昂的奉纳金，有些则流亡他国，隐姓埋名。日本人在马来亚多地实施针对华人的大屠杀。据亲历者叙述，新加坡进行大检证，"不加诘问，即行滥捕"，数万人被杀害。[1]马来亚沦陷后，华人原有社会组织、学校、商市无法正常运作，各类体育社团的设施也受到极大破坏。

日本人近代以还热衷体育，对马来亚实行殖民统治期间，为了粉饰太平，亦经常举办体育比赛。比如在新加坡（沦陷后被改称"昭南岛"），《昭南日报》（*Syonan Shimbun*）（原《海峡时报》[*The Straits Times*]）报道，1942年12月8日由昭南运动协会（Syonan Sports Association）组织举办马拉松，纪念日军"大东亚战争"。该马拉松每年举办一次。[2]也有阿拉伯人团体在海军日组织学校运动会。[3]在马来亚其他地区，不时可见日本人举办的运动会，如吉隆坡本地日本人运动会。[4]

此时亦可观察到日本人建立的一些体育组织。如昭南体育会（Syonan Sports Association），在新加坡组织足球、网球等比赛，参与者从姓名来看以日本人为主。[5]另一重要商埠槟榔屿，亦在1943年组建"体育协会"（Physical Culture League），由当时日本殖民当局倡议，计划包括田径、足球、篮球、曲棍球、排球、棒球、羽毛球、橄榄球、乒乓球、游泳和网球。每一项运动都由一日本人主持并组织委员会。[6]

日本人以在沦陷区开展体育活动为自豪，指出运动能建设更加健康幸福的社会。[7]1945年6月一则曲棍球比赛与拳击比赛的报道中，明确提出，即使在战争的关键时期（当时日本正处于投降前夕），只要昭南本地的工人全心全意与政府合作，他们也可以参加体育娱乐活动。文中还表示，本地人很高兴见到马来本地最厉害的拳手在家门口比赛。[8]此时体育活动显然都是为了彰

---

① 赖秉强：《沦陷后的马来亚》，《华侨先锋》1943年第5卷第2期，第19页。

② Syonan Marathon，*Syonan Shimbun*，28 October 1943，p.1.

③ Arabs' Navy Day Program，*Syonan Shimbun*，25 May 1945，p.2.

④ Sport for Nippon-Jin，*Syonan Shimbun*，21 July 1943，p.2.

⑤ Tennis Gaining in Popularity in Syonan，*Syonan Shimbun*，23 March 1943，p.2.

⑥ Pennang Physical Culture League To Be Formed，*Syonan Shimbun*，15 April 1943，p.2.

⑦ Sport in Syonan，*Syonan Shimbun*，9 March 1944，p.1.

⑧ Sport Playing Big Part in Daily Life of Syonan，*Syonan Shimbun*，19 June 1945，p.2.

图1-4　全星运动会

资料来源：《南洋商报》1946年8月10日第1版。

显日本人统治的成效，也是为了笼络人心，加强沦陷地区意识形态浸透。

1945年8月，日本宣布无条件投降，日本军队撤出，马来亚由英军重新接管。该地日本人的黑暗统治宣告结束，日本人在此地的体育活动，亦随着日军撤出而停止。

二战后，马来亚一些体育比赛逐渐复办。1946年全星运动会，为战后英国人重新回到新加坡后第一次较为全面的运动会，比赛以田径赛为主。[①]同年马来亚空军在新加坡主办国际运动会，中华体育促进会派员参加一英里接力赛，计有傅金城、戴宗庄、卢金虎、黄两正、叶约越等五位。[②]槟城亦举行庆祝胜利活动，建起牌楼，准备花车巡游及各项海陆运动竞赛，特别提到"欧

----

① 《全星运动会》，《南洋商报》1946年8月10日第1版。
② 《本坡国际运动会中华体育促进会派员参加》，《南洋商报》1946年10月3日第4版。

亚混种人举办跳舞会，各界人士均能参与"[①]。麻坡则有各族运动会出现，报载：

> 计参加者有中华、化南两校，官立英文男女校，亚女学校，印度学校等，选手百余人，观者千余人……运动节目，田赛除外，各项都有，最后并有民众自由参加之节目，为二百码竞赛……荣获一二三之健儿，莫不兴高采烈，跳跃而归，当运动开始时，并有饮品、饼干，招待各族儿童，看热闹并有得食，小朋友们，更大快朵颐云。[②]

此时的运动会，旨在庆祝胜利，抚慰战争带给社会的伤痕，财力有限，规模不大，以各族联合为多。

此后，一些华人体育组织相继恢复，加以整合，马来亚的体育活动也随之而活跃。1946年新加坡华人体育代表决议筹备业余体育总会，以加强各体育会之间的联络，参与者有中华体育促进会、华人游泳会、华人足球会、羽球总会、乒乓总会、华人举重业余体育会、华人网球、棒球公会等代表人员，可见此时体育会的兴盛。[③]1947年新加坡华人业余体育会召开理事会议，胡蛟、吴佛吉、吴再兴、曹桂流、梁维苏、陈梓桐、苏义显、颜纪典、黄裕福等人参加，准定举行星华运动会，并授权中华体育促进会全权办理。同时发出马华运动会决议，联络马来亚各埠体育机关，推动马华各项竞赛。[④]同年星洲华校联合运动会举行，由新加坡教育局主办，参加赛事的有中正中学、崇正学校、养正学校、南洋女中、南侨中学、南华女校、端蒙学校、道南学校、工商学校九所华校。地点定于惹兰勿杀体育场。[⑤]此时男女运动员已经达到140余人，主办者对于此次运动会的象征意义十分在意，认为虽然人数不算多，但"在战后贫弱情形，各国皆然，本无过事失望，要在能于仅有人材之

---

① 《槟将盛大庆祝胜利，建筑牌楼及举行海陆运动会》，《南洋商报》1946年8月17日第5版。

② 《麻校联运会，儿女显身手》，《南洋商报》1946年3月27日第3版。

③ 《星华体育代表会议决组业余体育总会，筹备委员业已选出》，《南洋商报》1946年12月22日第3版。

④ 《体育总会决派员赴各埠推动马华运会》，《南洋商报》1947年4月27日第5版。

⑤ 《华校联运会改期九月初旬举行》，《南洋商报》1947年7月30日第5版。

中，造出惊人纪录及发挥运动最高道德精神，则此会不虚其名，而收其实，于星洲及马来亚体育前途，当能投射万道辉光，以发扬民族尚武精神"[①]。与之相近的时间，雪兰莪中华体育协进会主办的第五届雪兰莪华侨运动大会，于吉隆坡维多利亚书院运动场举行，侨领黄重吉为大会会长。[②]1948年第八届星华运动会，有田径、体操等项目，由南洋女子中学、友爱社等团体参加。[③]同年新加坡华文教育局还主办了第七届全星男女华校联合运动大会，在惹兰勿杀运动场举行，合共55个单位988名选手参与，亦为华校体育界盛举。[④]此时，一些原本体育相对不发达的州份也开始有了更多大型运动会，如彭亨、居銮、森美兰等地。至于体育组织自发举办的运动会，随着这些组织的人员恢复，也逐渐出现。1949年雪州精武体育会组织田径运动会，场地在以美教会草场。[⑤]

战后马来亚还参加过"大英帝国运动会"这一活动，其以英国统治下殖民地为主要参与者，在马来亚各地则通过业余运动会组织。项目有田径赛、拳赛、游泳、举重及单车等等。以新加坡为例，帝国运动会委员会邀请其派两名运动员参加，并承诺支出二百英镑作为费用，同时新加坡草地网球公会亦受邀请参加新西兰业余网球竞赛。[⑥]帝国运动会后来更名为"大英帝国和联邦运动会"，在战后至殖民地独立的特殊时期，扮演重要的角色。1954年温哥华举办第五届时，已经有18个国家和地区参加。[⑦]

在对马来亚殖民地前途的考量上，参加帝国运动会体现了政治对体育活动的影响。时人倡议组织"泛马业余体育会"，即合并星洲业余体育会和马来亚业余体育会，以参加帝国运动会，亦期待日后以"联合邦"之名参加奥林匹克运动会。[⑧]但此时新马的地位尚未能确定，故也产生一些尴尬的局面。新加坡1948年曾参加奥运会，后来却被国际奥委会取消会员资格，因当时对

---

① 《昔日英雄体坛新生，百余健儿显露头角》，《南洋商报》1947年11月11日第6版。
② 《雪华侨运动大会定七月十一十二日举行》，《南洋商报》1947年7月4日第8版。
③ 《第八届星华运动会》，《南岛画报》1948年新年特大号第18页。
④ 《全星华校运动会》，《马来亚少年》1948年第40期第2页。
⑤ 《雪精武体育会决于七月卅日开田径运动会》，《南洋商报》1949年6月15日第7版。
⑥ 《星奥林匹克运会决筹备欢迎马出席汤杯羽球选手》，《南洋商报》1949年4月10日第5版。
⑦ 《马来亚决派选手出席帝国运会》，《星洲日报》1953年10月5日第4版。
⑧ 《星业余体育会、马业余体育会将合并俾进跻国际体坛》，《南洋商报》1949年8月5日第7版。

其定义为一个城市而非国家。①此种问题一直延续至新马复杂的民族独立和建国运动中。

20世纪50年代马来亚的体育活动相当活跃，羽毛球运动在此时异军突起。尽管羽毛球运动在20世纪20年代已经出现在马来亚，但受到社会广泛关注是始于战后1949年马来亚羽毛球队参加国际羽联在英国举办的第一届汤姆斯杯世界羽毛球男子团体锦标赛。此项比赛由英国著名羽毛球运动员、世界

图1-5　世界羽毛球冠军马来亚羽毛球队返抵新加坡，领队林泉玉捧"汤姆斯杯"携全体队员出席欢迎大会

资料来源：《南洋（吧城）》1949年第44期，第1页。

羽联主席乔治·汤姆斯捐赠奖杯，目标是打造为世界最高水平的男子羽毛球赛。第一届即由马来亚男子运动员获得桂冠，报载星洲领队林泉玉捧杯归国出席欢迎大会。

在马来亚多地可见关于羽毛球运动广受欢迎的记载，如麻坡：

> 体育方面有新加坡的篮球队、羽球队来比赛，羽球Thompson杯在新加坡王秉顺打败美国队的所谓"秘密武器"后开始风行，美国哈林篮球到星表演后为更多人知晓爱好，篮球运动也随之踊跃。我和同伴琼虎等几个人也在琼崖会馆旁边的空地上打起羽毛球和到学校去练乒乓球。琼虎后来成为羽毛球运动员并到大陆、台湾和泰国等地去比赛。②

---

① 《新嘉坡将被取消参加世界运动会》，《南洋商报》1949年4月9日第5版。

② 景庄：《麻坡杂忆》，侨友网，http://www.qiaou.com/uqiaou109/34290–503379.aspx，最后访问日期2019年6月8日。

羽毛球运动在东南亚国家广泛开展，亦成为马来西亚最有代表性且具有世界水平的运动项目。

对于此时的马来亚运动员来说，东南亚广大的华人社会是他们赴外比赛的平台，特别是在中国国内形势未明朗之时。雪兰莪精武篮球队远征印尼，到苏门答腊岛巨港，之后到爪哇岛雅加达、泗水、三宝垄，再到苏门答腊岛棉兰。其间政治的影响已经隐约影响到运动比赛：

> 当时印尼华人社会分为左右两派，斗争激烈。邀请他们到印尼比赛的是支持左派的团体。印尼是与北京的中国共产党建立邦交，中国驻印尼大使馆的职员有到场观看他们的比赛，他们也有到大使馆观赏电影。[1]

二战后是马来亚西式体育的转型时期，战争带给社会人心的伤痛，因体育比赛得以抚慰。战后的民族关系、国家归属、社会矛盾，既对体育活动施以影响，又通过体育得到表达与整合。

结　语

华侨作为马来亚的重要开发者，人数上对比西方殖民者占有优势，受教育程度亦较高，近代许多华侨领袖，也有改善社会的热望。在西式体育进入马来亚后，华侨由最初的观望者，到后来广泛参与，其体量与成效都非常可观，是当地体育事业发展的中坚力量。

马来亚西式体育的发展历程，与东亚多个港口城市、殖民地有相似之处。19世纪"体育"尚未成为一个成熟、独立的活动门类，常由休闲娱乐、动物比赛、军事兵操等共同构成，参与者以西方人及本地土生华人为主。虽然经过一些上层华人争取，渐渐出现面向华人的体育场地，不过社会整体参与度尚比较有限。大量土生华人的存在可能是马来亚与中国国内港口城市比较大的区别，他们也是本地最早参与体育事业的华人群体。

---

[1]　《雪兰莪精武体育会九十周年纪念特刊》，2011年，第83页。

20世纪初，由于华人学校发展以及体育在学校的普及，可以观察到以学校自身、多校联合的方式举办的运动会呈增长态势。此时的运动会团体表演与竞技体育并存，慢慢多见于报端，女性的参与明显增多。马来亚多地也出现地缘性、区域性、综合性体育社团，以及针对个别项目的组织。这些社团组织的出现，对于马来亚华侨体育的提倡，以及协调、商讨比赛机制与赛程，都有可观的促进作用。

20世纪30年代是战前马来亚体育的全盛时期，在体育观念、竞技组织模式上，已经逐渐与中国乃至其他东亚国家接轨。马来亚本地亦出现纵向的体育比赛制度，由各地区域性大型运动会选拔参与马来亚华侨运动会的选手。由于此时中国实行血统主义国籍法，马来亚华侨运动员也可以参与中国国内全运会，甚至代表中国参加远东运动会、奥林匹克运动会。由于马来亚华侨经济状况较优，不少中国球队、体育组织南下比赛筹款，一些侨领热衷于在家乡资助体育，这也成为华侨对国内体育事业的助推力。

沦陷期间日本殖民当局在马来亚组织过不少体育活动，目的是粉饰太平、笼络人心，将意识形态和效忠精神渗透进本地社会。华人热心抗战，一直遭受日本人屠杀和打压，他们的社会组织与体育活动受到极大破坏。由于现时观察到的沦陷期体育活动多由日本人主持，暂时难以确认华人在此中的参与度。

战后马来亚本地的体育逐步恢复，华侨文化意识上的本土化倾向对体育事业产生了深远的影响。与中国国内的互动不如战前频繁，也使他们面向的圈子转向东南亚与英联邦其他地区。马来亚体育在战后发展出本地特色项目，比如羽毛球等等，后来也成为本地问鼎世界一流的体育积累。

西式体育在马来亚，并未如后文探讨的武术活动、舞龙舞狮一样，显示出强烈的地域性和方言群界限。这一方面是由于近代体育源自西方，拓展路径大致从土生华人到学校学生，再到社会大众，并没有如武术龙狮一样带有地域性和民俗性地传承；另一方面亦由于西式体育标准较为统一、规则简单明确，易于在不同群体中传播。据现有史料观察，19世纪新加坡部分以土生华人为主的体育组织以福建籍人士为多，广东潮籍人士亦有之，这有可能是由于当时潮闽人经济上较为优越，也多为史料的整理者。但到20世纪，现时可见的相关的运动员报道中，很少提及他们的籍贯。这在方言群界限明显、不同籍贯华侨经常冲突的马来亚，亦是较为特殊的，或可视为体育活动弥合社会界限的表现。

此外，从现有史料中观察，在西式体育早期进入马来亚过程中，我们可以看到上层华人在市政建设上争取更多面向华人的体育设施，但整体并未如中国国内那样出现华人与西人之间的体育话语权之争①。这可能是由于马来亚的殖民地中，西方人是统治者，社会地位上居于绝对优势。而华侨社会内部以侨领为首，以华治华，但并没有如中国国内存在以军事力量为基础的政权统治。华侨因其人数上的优势，以及社会文化上较其他族群的先进性，得以在体育界大放光彩。虽在个别比赛上有与其他种族交流比试的机会，但如华侨运动会一类的大型比赛，基本还是在华侨内部进行。如果以中国国内为参考系，马来亚华侨的西式体育运动尽管发展和兴盛的时段与中国国内似乎相对一致，但内在的差异其实甚大。海外华侨社会既先进又保守的特点，亦在体育活动上时常体现。

---

① 关于中国国内华人与西方人体育话语权的争夺，可参看拙文《运动竞赛背后的竞赛：1924年全国运动会及其引发的争端》，程美宝、黄素娟主编：《省港澳大众文化与都市变迁》，社会科学文献出版社，2017年，第223—233页。

第二章　新马广东华侨中式武术与体育

　　马来亚华侨中早期流传的与身体训练有关的活动，主要仍是中国传统社会所流行的技击、军事训练、乡间子弟工余舞龙舞狮之类的娱乐活动，都是随华侨移民的脚步带到此地的。不过到了马来亚，环境的变化在这些技艺和活动上亦有所体现。首先中国传统社会或多或少有重文轻武的文化倾向，但到了海外华侨社会，这些束缚相对减少了。其次是中国历次动乱，远至明末易代，近至小刀会起义等晚清时期动乱，有不少参与者在失败后逃到海外。在近代社会治安不稳的时期，亦有人因在国内惹出人命官非而远走避祸，这使马来亚民间聚集了不少具备技击技术的人。再次是在"下南洋"大潮之下大量华人劳工定居马来亚，他们为求自保，又受英国人间接统治、分而治之的政策影响，加入不同的会党势力。会党之间为争夺马来亚获利丰厚的锡矿场，或在华侨集中的街区争地盘，经常发生斗殴。与今天武术相类的肢体训练，在相当长时期内是华侨社会特别是底层人士必要的生存技能，这意味着武术的传承有很庞大的市场。

　　由于本研究主要关注广东华侨，在此原乡地域范围下广府人、客家人、潮州人、海南人这些方言群流行的武术都在叙述的范围。福建社群中尽管亦有不少武术龙狮活动，暂时不作过多关注。早期的记载很多是针对整个华侨群体，而没有具体到个别方言群，这类材料本研究也予以纳入。武术技击传播与其他活动相类，广泛存在方言群的边界，但并非绝对，所以一些拳种只要在近代可考的范围出现广东籍重要的传承人，也列入本章内容。

第一节　马来亚华侨早期武术活动

　　会党内部是否存在与今天武术相类的肢体训练，在文献中无法找到确切的证据。不过关于他们冲突械斗的资料，可以间接显示马来亚华侨社会中暗藏的武装力量。

　　马来亚会党的源头天地会组织，一直被认为与洪拳等多种拳术流播有极密切的关系。天地会文件谈及该会起源于少林："武艺出在少林中，洪门事务我精通。洪拳能破西鞑子，万载名标第一功。"在天地会的绘画之中，有不少兵器摆设的图案。所谓"洪门五祖"，多有使用大刀、长矛等兵器的形象。[1]天地会文献之中，谓东南亚地区属于天地会二房，在今天马来西亚南部柔佛、槟城和新加坡等地的义兴公司，亦可追溯至此渊源。

　　会党之间的武力斗争在马来亚历史上绵延不断，其中持续时间最长、伤亡人数最多的，当属19世纪60年代开始、持续十余年的拉律战争。这是由于1840年左右在当时称为"拉律"（即今天马来西亚北部霹雳州太平）的地区发现锡矿。早期华侨移民参与开采，亦加入帮派以求自保，各帮派之间都有自己的矿场。他们彼此之间争夺矿苗与水源，成为武装冲突的源头。其中最具实力的帮派分别为郑景贵为首的海山派，以及陈亚炎为首的义兴派。[2]

图2-1　洪门文献中的武术元素

　　资料来源：萧一山：《近代秘密社会史料》，岳麓书社，1986年，第41页。

---

[1]　萧一山：《近代秘密社会史料》，岳麓书社，1986年，第41页。

[2]　巴素（Victor Percell）著，刘前度译：《马来亚华侨史》，光华日报有限公司，1950年。Wilfred Blythe. *The Impact of Chinese Secret Societies in Malaya: A Historical Study*. Oxford University Press，1985.

郑景贵（1821—1898），字嗣文，号慎兴，广东增城人，海山派领袖。该派之中亦以客家人为多。郑氏中国出生，十余岁随父到马来亚，投资锡矿并成为大矿家。他对华侨事务亦十分热心，倡设增龙会馆，在多州埠捐办华侨学校。郑氏次子郑大平继任成为甲必丹，是包括精武体育会等社团在内的支持者，在今天霹雳州客家人组织如怡保闲真会馆及多地增龙会馆可寻得他的踪迹。①

陈亚炎（？—1899），原名圣炎，字崇直，广东台山端芬人。自中国南来槟城，原为和合社成员，因率领党徒攻打海山派而成名，成为继苏亚昌、李亚勤之后的义兴派首领。其矿场主要在甘文丁。②后来为粤东古庙及古冈州会馆的发起人，亦参与倡建鲁班古庙和广东会馆。

两派于1861年因为矿场水源问题开始第一次拉律战争。此后十余年间，两大会党斗殴不断，据以往学者研究，他们有一次械斗导致数百人丧命，凡此种种，令霹雳州北部乃至整个殖民地经济大受影响，也迫使英国采取更积极的态度插手马来亚事务。1874年，海峡殖民地总督克拉克爵士在邦咯岛上召集霹雳马来酋长和两大会党首领签订条约，称为《邦咯条约》。双方达成和解，马来亚北部拉律地区锡矿生产恢复正常。条约签订标志着拉律战争终结，也意味着交战多方势力分配重新达到平衡。③

拉律战争中，交战双方在多大程度上依赖身体格斗？打斗的过程现时不得而知，不过会党中人使用兵器的记载还是存在的：

> 义兴公司和白旗会在人数上占绝大多数，各拥有25000和3000人。而建德党则有6000人，红旗会1000人。即便如此，建德堂和它的盟友无可否认地是这次动乱的胜利者。第一，它在事前已经充分作好后勤的对策。第二，对打胜仗、阵亡和伤残的党员，它有更明确的奖惩规条。第三，它的军事资源丰厚，一些重要的干事是军火枪械商。④

---

① 廖小菁：《"仙居古庙镇蛮邦"：拉律战争与何仙姑信仰在英属马来亚的开展》，《"中央研究院"近代史研究所集刊》2018年第100期。
② 《马来华人领袖陈亚炎》，《马来亚古冈州六邑总会特刊》，2012年。
③ 李恩涵：《东南亚华人史》，五南图书出版公司，2003年，第192—196页。
④ 陈剑虹：《走近义兴公司》，自费出版物，第142页。

其中第三点，说明热兵器在战争后期占据主要地位，但是华人社会之中的暴力冲突是如此之多，我们相信技击术必然为这些团体所需，善于技击者也能在这些团体之中谋得一席之地。

为了避免会党冲突过分影响殖民地的治安与经济，英殖民政府进一步加强对华人会党的控制。一方面设立华民政务司，专门负责管理华人事务；另一方面则制定社团管制法令，加强对华人团体的控制。为了防止会党活动影响殖民地统治，1869年殖民政府通过《危险社团法令》，标志着马来亚乃至英国对待殖民地社团活动的管理进入有法可依的新阶段。该法令明确规定，十人以上的团体即需要注册，向政府提交所有参与者的职业、姓名，社团的主要活动、资金、章程，以及社团内部的标志物、各种活动的信息。法令亦规定社团若举行集会，必须提前报告并由政府官员前去监视。如若当局发现该社团存在危险，可以下令实施更严厉的监管、罚款甚至解散之。[①]不过有研究指出，在法令颁布的同时，仍然有大小会党通过改头换面得以注册，或不注册仍作地下活动，所以此次法令颁布后，会党问题并未根除。

此后殖民政府再一次修订社团管理法，于1889年颁布《社团管制法令》。其条文关于社团登记、合法社团与非法社团界定、各管理机构的职责等，似乎都是行政命令。但条文较此前由明显针对秘密社会，拓展到所有华人社团。[②]这不仅反映了英人对华人社会内部的监察治理手段日趋完善，亦从一个侧面反映此时华侨社团的繁多与复杂。

《社团管制法令》对会党有一定的遏制作用，也导致不少会党被解散。报载："阅去年廿九日宪报云施制府，现经核定，已将麻六甲之新义兴会为之撤去，即将会徒遣散等情。从此阴霾队中或可重见光天化日矣。"[③]类似的管制到20世纪仍强力作用于海峡殖民地，报载：

> 昨日宪报载本坡各社会，如会馆行头公馆等，目下仍有注册者，

---

① An Ordinance to provide for the Suppression of Dangerous Societies. Straits Settlements Government Gazette，Friday，24th December，1869.

② An Ordinance to amend the Law relating to Societies. Straits Settlements Government Gazette，22nd February，1889.

③ 《遣散会党》，《叻报》1891年1月13日第2版。

共二百二十一间，经已取消注册者，一百九十三间，槟城各社会，目下仍有注册者，共二百十五间，经已取消注册者，七十八间，马六甲各社会，现下仍有注册者，四十八间，经已取消注册者，三十一间。[①]

材料所涉及的会馆与行业公会等社团组织，经常是带有会党色彩的团体，也是武术、龙狮等活动在马来亚华侨社会的主要组织形态。在20世纪初期，被取消注册的社团与已经注册的社团数目非常接近，间接反映了当时殖民政府社会控制之力度。

不过与这些措施相对的，是19世纪末到20世纪初，仍经常有会党背景的纷争与打斗见诸报端，而且涉及不同背景、不同籍贯的广东华侨。比如下列新闻：

> 昨夕十一点余钟，兰街某妓院门前，忽闻人声鼎沸，行路者纷纷走避，各妓院关闭门栓……旋见有琼人十余名，分作两队，各率党羽，互相鏖战，两下势均力敌，正在酣斗之际，六百四十号、七百九十三号两岗警及暗差奔至，立获琼人符红连、石亚扶、陈章垣三人以去。[②]

> 实得力有数十人纠党互斗，各以三五人结一队，分伏数处，相机而作，互战数围，如临大敌。至晚六句钟始鸟兽散。中有一人负伤颇重，被差拿获数人逮□□。若辈分二党，此次恶剧因党见起，勇于私斗，夫亦何益之有。[③]

> 粤人侯子元于壬辰年关因为飞龙阁会党头人之事经护□将其踩缉，诇侯闻风遁潜，嗣复潜至叻中混迹，至去年又因私结会党打架滋端，为官所闻，正查办间，诇又被其遁匿。乃近日又潜至叻，遂于十八日在牛车水丁加劳街，为第二十三号暗牌华戎将其执获，转送华民政务司查

---

① 《注册社会之存亡》，《总汇新报》1917年5月12日第3版。
② 《勇于私斗》，《总汇新报》1913年5月21日第3版。
③ 《私斗获凶》，《总汇新报》1908年10月16日第2版。

办……讯杂役将其带送光成号映相存档，犯尚在羁留。[①]

由此可见，处于英属海峡殖民地统治中心的新加坡，社会并不太平，私会党相互斗殴的情况此起彼伏，尤其以华人聚居区牛车水最为严重。

虽然没有直接的文字证据，可证明马来亚的会党之中，存在我们今天所认知的武术活动，比如拳脚技击的门派、教学训练方法，以及带有特定秩序的师承关系，但在田野调查之中，可以观察到马来亚开发初期社会冲突严重，擅长武术者能得到重用，在社团、矿业公司等机构发迹，或开始教拳生涯。槟城义兴公司首领、甲必丹许佬鹤第五世孙许进宝（广东潮州人，约1960年生），谈到家中有习拳的传统，他亦教授并传承舞狮技术。[②]马来亚中部森美兰州芙蓉甲必丹李三（广东梅县客家人）生平事迹，亦记载其因擅长武术受到赏识。李三二十三岁（其时约为19世纪中期）南下马来亚谋生，初时在杂货店任厨师。"由于赏识李三的干劲，同时他又精通武术，能防卫劫匪，保护主人的立业，后来他被店长擢升为助理。"李三在亚沙曾想投靠梅江会馆，却误闯与客家人敌对的海陆会馆，差点被处决，逃脱后靠开矿发迹，成为当地闻名的华人甲必丹。[③]后文关于吉隆坡联胜国术团的部分提到，咏春拳叶坚师傅，南来初到马来西亚，在矿场中打响了名声，之后受到另一铁船公司东主赏识，雇佣为工头，打点公司内事务，后来则在吉隆坡广府同乡组织中教拳。[④]坊间亦有流传，海峡殖民地早期华人苦力所住的工人宿舍（称为"咕哩间""估俚间"者），经常出现打斗。"长久以来，大家把它当作私会党'开片'（大格斗）的代名词——拼估俚间。"[⑤]此类故事与俗语，在马来亚多个地区都有流传，远远不止于已形成文字的材料。这正好反映了武术与当地华人社会冲突、会党活动的密切关系。

---

① 《会党候办》，《叻报》1896年4月2日第6版。
② 许进宝先生口述，2018年2月。
③ 《芙蓉梅江先贤甲必丹李三其人其事》，《森美兰芙蓉华济公会110周年纪念特刊（1903—2013）》，2013年，第187—189页。
④ 《咏春拳术流传到马来西亚吉隆坡简史》，《马来西亚咏春武术会二十五周年银禧纪念特刊》，1985年，原书无页码。
⑤ 梁君夷编著：《新加坡华族武术史话》，新加坡全国国术总会，1990年，第29页。

时至今天，新马地区不少武术社团或从事武术训练有关活动的会馆之类的组织，多以文化社团的形式重新包装自己，在管理教学上也适当吸取了新式社团的办法，变得更为开放透明。不过在田野调查之中仍可了解到，新马地区直到20世纪90年代，会党社团之间的打斗在华人聚居区仍十分常见，地盘的划分，打斗时"认衫不认人"的习惯（即穿上所属社团的制服作为打斗时区分敌我的唯一依据），武术社团之间通过舞狮、武术表演所呈现出来的交往模式，都隐约显示其会党背景的历史遗留。只有少数公开教学的社团，或是建立时间较晚的武术团体，可以部分地脱离会党的条框。总体而言，新马地区的武术活动、武术社团相互交往的模式，带有相当强烈的会党色彩，这是由本地华侨社会历史传统所决定的。

武术传承亦有以个别武师为依托，并不一定依赖于组织或社团的。正如下文所呈现的那样，这些武师因为各种原因南下来到马来亚，扎根在此谋生。不过无论是何种情况，新马华侨社会对武术的需求与历史上长期存在会党冲突打斗、华侨社会弱肉强食的氛围是离不开的。

以下试就新马地区所保留的中式传统武术，以不同地域分而述之（同一区域里排序不分先后）。

第二节　槟榔屿及周边

槟榔屿为马来亚西北部小岛，岛屿面积近三百平方米，因历史上盛产槟榔得名。18世纪末因莱特船长与吉打苏丹签订合约，代表英国东印度公司接收其管辖权，成为马来亚最早开埠并受殖民开发之地。1826年槟榔屿与马六甲、新加坡组成英属海峡殖民地。其中槟城主城区即今天所说乔治城，位于岛屿东北部。岛上尚有一些小型城镇，以及目前用于种植的大面积山区。与槟榔屿相隔一海峡为大山脚，两地之间过去有渡轮往来，现在则有大桥联结。

该地区历史悠久，武术资源丰富，至今仍经常举行武林大汇演一类活动，是考察马来西亚中国传统武术的绝佳地域。

一、周家拳

现时香港、新加坡与槟城广为流传的周家拳，在新马的传承历史可追溯至20世纪初，以周龙为首，余者周协、周彪、周海、周田五兄弟，前往南洋谋生。这对后来周家拳的传播，起到很大的推动作用。

现有资料记载，周龙，广东新会沙富乡人，早年以务农为生，曾跟随叔父学习洪家拳。后来遇一老者，自称肇庆高要人氏，为蔡九仪后裔，在机缘巧合之下传授予周龙蔡家拳。周龙二十岁时（约在1910年），家乡五谷失收，周龙因同乡介绍到南洋谋生，后又返乡传授技艺：

> 当时周龙到马来亚吉隆坡当矿工，因仗义除害而搞出人命，不得不逃入山中，幸得山中一寺院住持弘一大师收容，并将所擅的北少林拳技，悉数传于周龙……一别三年，吉隆坡已面目全非，恍如隔世，举目无亲，只好投入广东会馆居住，不久由会馆同乡资助买棹经港返乡。此时乡中的诸弟也已成长，在其二弟周协的教导下，将自己传授的武技再传予各人。[①]

此后周龙约于1915年返回广州，在军旅之中教习技击，也应商家资助开设武馆。20世纪20年代初，周龙因感染霍乱过世，其弟数人（后来与周龙并称为"周家五虎"）及门徒在香港、澳门、广州授拳。周家拳也因此广为流传。

从周龙的个人经历看，他与许多20世纪早期的马来亚华工相似，参与矿业开发，得到同乡会馆的帮助。他似乎参与了吉隆坡一些暴力冲突，也因避难而习得北派拳技，对他后来"将在南洋谋生时所学得之北派与蔡家之拳术脚法，共冶一炉，于是遂创出洪头蔡尾之拳术，自成一派"[②]，有实际的帮助。周龙在马来亚时间不长，周家拳真正在此地兴起，是周龙兄弟及门徒南下才开始的。不过，从南洋的经历使周龙的武术真正成熟，也已经可以看出其时广东地区与南洋密切的人员来往，以及武术在华侨社会里的传播。

---

① 《中外周家拳创兴发展史》，《槟城龙艺武术龙狮体育会主办国际龙艺之夜》，原书无页码。
② 《周家五虎昆仲简史》，《槟城龙艺武术龙狮体育会主办国际龙艺之夜》，原书无页码。

周家拳结合了洪家拳、蔡家拳、北派少林拳及其他多种拳术的特点，有"洪头蔡尾"之称。有习者总结，周家拳60%是拳，40%是腿，实与周龙本人的学艺经历有关。[1]后来周龙回到广州，与其昆仲及门徒在省港澳及周边地区开设拳馆，授徒甚多，基本是依托军旅及城市环境传播的。

周家拳在马来亚进一步发展，得益于李昆师傅甚多。据资料载，李昆（1915—？），广东佛山大湾乡人，生于武术世家，早年随父亲李盘石学习黄山派拳法，在广州受教于周馆的周家嫡传拳师林卓垣，深得周家拳精粹。[2]此后加入十九路军为武术教习，也曾向不同门派的武术家习技。抗战胜利后南渡槟城（亦有一说是20世纪30年代已南下），担任敬乐进智社和顺德会馆教练，在马来亚北部吉打州、霹雳州等地授徒。后来新加坡成立禅山六合体育会，亦为李昆之徒传播，详见下文新加坡部分。

二、槟城义兴公司所授拳术

正如上文所言，义兴派与海山派的武力冲突，成为影响槟榔屿历史、促进殖民政府加强社团管制法的重要事件。当时持续十余年的拉律战争，死亡数百人，战事非常惨烈。也正是当时华人打斗严重，刺激了对技击术的需求，会党之中习武者众，这也使华人早期的武术传习活动，与会党紧密地捆绑在一起。

义兴派在今天的槟城仍然存在，既保存有洪门旧有的仪式与对人的规范，亦有现代社团参与政治、社会活动的特点。社团中有四个大日子：清明节、五月十三（关帝）、七月廿五（拜五祖，是火烧少林那天）、九月初九（道宗和尚忌日，道宗号为万云龙，据说其在长林寺发起洪门）。[3]据今天义兴派的成员介绍，清明节要祭拜社团中逝去的好兄弟，有排阵，门向东坐西。五月十三面对关帝神位，拜的是他的正义与忠气。仪式都是过了门的兄弟才教，每次办仪式有另外的人从旁指导，叫"内传的先生"。一天堂内

---

① 槟城冯义贤先生口述，时年六十八岁，2019年10月。
② 《李昆先师简史》，《新加坡禅山六合体育会成立廿周年纪念特刊（1963—1983）》，1983年，第21页。
③ 陈剑虹：《走近义兴公司》，自费出版物，第91页。

巡，会有几百人参与。活动过程中每一个关口都有人把守。①义兴保留了洪门很多歌诀、符、图等，都不允许外人拍照。现时义兴公司在槟城尚保留有很多产业，比如供奉义兴前辈牌位的名英祠，在当下义兴的大日子中扮演重要的角色，祭拜活动即在名英祠进行。义兴中人谈到东南亚的洪门保留了五祖，与中国内地和香港地区、美洲等地不一样。他们认为马来西亚在洪门系统中拥有很高的地位。

义兴公司早期以潮州人居多。据义兴前辈、甲必丹许栳鹤第五世孙许进宝介绍，以往他们家很大，开演潮州戏可以连续一周，把门打开，让外面的人观看。义兴公司内有许多习武之人，他本人通拳术、擅舞狮，至今仍从事教学活动。②

义兴允许各个籍贯的华人，甚至允许其他种族人士进入他们的开放区域，拳术传承也变得越来越透明。据今天义兴公司的人员介绍，义兴里面本来是学洪拳，到十多年前因为周家拳的人很多在义兴里面，所以转教周家拳。现在周家拳在义兴开班，学的人比例很高，很多十六七岁的少年参加，男女均有。他们并不一定要进入洪门，而可以在义兴属下的英寿堂龙狮体育会参加学习班。会中人表示，这是一个机会，让年轻人接触华人历史与文化，纠正社会对义兴组织的一些偏见。③

三、岳家拳

岳家拳是流传于马来西亚的又一重要拳种，传播过程与广东人有密切的关系。据资料记载，岳家拳最初于20世纪30年代进入马来亚，由拳师刘才从江西人刘炳章处学得拳术，因到马来亚锡矿公司工作，又教授予该公司老板儿子叶观华。叶后来传予名拳师张福。张福，广东东莞人，他开创了槟城岳家拳的传承。

笔者2013年田野调查采访到槟城岳飞国术健身社总教练张汉雄先生。张汉雄为张福次子，早年经过艰苦的学习，从父亲处习得岳家拳精粹。他谈

---

① 沈涌耀先生口述，2018年2月。
② 许进宝先生口述，2018年2月。
③ 李汶洺先生口述，2019年9月28日。

到，岳家拳为抗金英雄岳飞所创。槟城岳飞国术健身社在1976年正式注册，该组织的成立较槟城岳家拳流传，实际上晚近许多。

图2-2　张汉雄师傅演示金刚步拳

资料来源：庄震辉：《岳家拳》，2010年。

岳家拳资料整理者谈到该拳属于内家拳，拳理上要求以心意作用于肢体，使意识集中，气沉丹田，以意领气，以气发力。岳家拳有名为"吊行功"的站桩基本功，从其总结的二十一式中可见，大多是腿、马步，结合上肢，做大量伸展动作，以舒全身筋骨经脉，同时配合呼吸和意念，内家拳的特点非常明显。其手形有平拳、凤眼拳、折叶掌、指、勾，步法有弓步、马步、虚步和弹腿。代表性的拳术有金刚功、金刚步拳。从其拳照上看，马步较低，一些特殊步法如蝴蝶半马、腾空转体也有使用。手型变化较多，拳变掌，变镖子手、缠丝手等。[①]岳家拳有十多式连环招式，有进无退，以短打为主，手指打不到手腕到，手肘、肩头，无不运用，甚至以额头敲对方鼻梁亦有之。[②]

除了拳术外，岳家拳的兵器使用也很有特点。棍法灵活，攻击快速，有双龙棍、大旗棍、五尖棍、十八罗汉、中栏棍、猫仔棍、十门椿等。从张汉雄先生演示的棍法上看，使用的棍长度近于六点半棍，速度较快而且绵密，动作幅度较小，但有较多下蹲和小范围腾跃，讲究脚步的灵活性，有猫形的特点。[③]

岳飞国术健身社也教授传统南狮技艺。张汉雄先生曾多次担任龙狮运动的国际裁判，在马来西亚乃至国际比赛中都享有声誉。此外气功教学也是该会的一大特点，铁头功、举石环、胸口碎石，都是岳家拳运气练习的成果。

---

① 关于岳家拳的历史与特点，参看庄震辉：《岳家拳》，2010年。
② 《槟城岳飞国术会》，槟城武术龙狮总会主办：《武术村》，2007年，第22页。
③ 《岳家拳》，《槟州武术龙狮总会40周年（1977—2017）纪念特刊》，2017年，第40页。亦见槟城张汉雄师傅演示，2013年4月。

岳家拳起源于江西，经过广东特别是东莞地区华侨带到马来亚，于20世纪30年代开始在马来亚锡矿工厂中传播。南派武术重外家拳，但岳家拳重运气与意念，明显具有内家功夫的特点，拳术与兵器均有所长，为马来亚武术增加了不同的色彩。

四、朱家中家

朱家中家是活跃在槟城地区的一个重要拳种。据朱家中家传承人、拿督李杜深师傅口述，朱家中家本称"朱家教"，但因20世纪60年代马来西亚的环境所限，称"教"易被人疑为私会党，遂改名，加了"中家"意思是要应付各种各样的情况。该派拳术源自广东省揭西河婆，在客家人中相当流行，初由邱井师傅以朱、李、洪、凤阳等四家拳种精华汇聚，后来传至吴文钦师傅。吴文钦，广东揭西客家人，于20世纪60年代来到槟城教拳，再传至李杜深。现时田野调查所见朱家拳传人李杜深师傅之所在，为槟城东南部山区巴力布劳镇对上榴莲园，据说该片山区为客家人聚居之处，朱家中家也最早在此传播。

图2-3　李杜深师傅（左）早年习武情形及李杜深师傅小像

资料来源：2019年9月笔者翻拍于槟城。

朱家中家很注重基本功的训练，比如练习铁板桥，用颈抵在支撑物上，这叫练颈不练肩。比如练拳时要咬牙切齿，提肛，增强人的精神气以及对对手的威胁力。"铜头铁脚金吾身，千拳万脚不侵身"是朱家中家强调气功与基本功，增强耐力与抗打性的做法。临战时灵活应对，也是朱家中家的特点，对于硬桥硬马和柔软灵活的拳法有不同的应对方法。[①]朱家中家的特征是"桥马扎实、桥手多变、桥行劲随"，"而桥马则以三角马为主要步法，并有穿、裁、拙等主要手法"。早期客家人在磨豆腐中得到灵感，创出"磨盘手"的拳术，以轻柔的手法化解对方进攻，再以内劲反击，在一呼一吸之间发出寸劲。[②]朱家中家的手法，尤以虎爪、双龙、抢头手为特点。总体而言，朱家中家硬功较多，有比较明显的南少林拳特点。

五、朱家拳

与朱家中家不同，朱家拳是槟城另一拳种，目前有钟清龙师傅在传授。钟清龙（1940— ），福建同安人。此一脉朱家拳，追溯为少林寺门人了法师姑，创于广东白鹤洞，传与泉氏姐妹，结合各种禽兽搏击之法，杀伤力强，亦以"凤眼拳"之名著称于世。

据称1930年朱家拳第四代传人李雄彪师傅下南洋，在槟城亚依淡垄尾区居住，教习朱家拳。李雄彪（189?—1961），广东揭西河婆客家人，在中国国内做过军医，南下时先到婆罗洲，再到槟城，在观音庙医治跌打损伤，早期所收徒弟为广东人与客家人，福建人本不收，但因为钟清龙年幼时家在附近，当时又是小孩子，才把拳术教与他。李雄彪师傅当时没有教过印度人或马来人。钟师傅约自1964年开始教拳，有二三十个学徒，不同族群均有。[③]

朱家拳现存拳术二十四套，起初由李雄彪师傅分别教给不同的几个门徒，后来经过钟师傅的搜集整理，方渐齐备。其中高级拳术有虎、鹤、龙、蛇、豹、狮、象、彪、马、猿十形拳，增深内劲，保养体内真气。凤眼拳分

---

① 根据2018年3月1日，对李杜深先生的访问。
② 《朱家中家拳源史及特点》，《槟城武术龙狮总会成立30周年纪念特刊（1977—2007）》，2007年，第29页。
③ 《槟城朱家拳体育会简介》，《槟城武术龙狮总会成立30周年纪念特刊（1977—2007）》，2007年，第67页。亦参考钟清龙师傅提供资料。

"上四门"与"下四门"之分，俗称"上家""下家"。上家拳法几乎每一手出招的同时，另一只手会反手以掌侧击打自己腹部，发出"嘭嘭"声响，脚步在开合时常会出现拍打声。上家凤眼拳有直拳，下家则尽量保持手臂微曲。朱家拳的马步虽类南拳，但出拳时会坐正马并以下半身侧身向敌，上半身拧腰出拳，减少受对方打击的机会。[①]从现场演示及现有录影中观察，朱家拳有很多短打寸劲的招式，长于近身搏击，全身比较松活，讲究发劲。[②]

北美武术家Draeger曾在20世纪70年代系统调查过朱家拳，当时他据钟清龙师傅拳法演示，大量拍摄拳照并整理招式。[③]他在书内分别介绍手法、腿法、马步，并把所有招式名翻译成英语，比如"水中捞月"译作"Plucking the Moon from the Sea"，给海外读者理解拳法带来极大的便利。此后在20世纪80年代，他更在多本海外功夫杂志上介绍名为Phoenix-Eye Fist Art（凤眼拳）的武术，加速了朱家拳的推广。据钟清龙师傅介绍，他曾在Draeger的邀请下赴北美教授拳术两个月，但由于饮食习惯不洽，很快回到槟城。尽管如此，在此机缘之下朱家拳仍开启了海外推广之先河，而且一些文化内涵已经突破了语言障碍为西方世界所了解。

图2-4　凤眼拳拳谱书影

资料来源：钟清龙师傅提供。

---

① 《朱家拳拳术》，《槟城武术龙狮总会成立30周年纪念特刊（1977—2007）》，2007年，第25页。
② 根据对钟清龙师傅的访谈及其武术演示，2019年9月。
③ Cheong Cheng Leong, Donn F Draeger. *Phoenix-Eye Fist, A Shaolin Fighting Art of South China*. John Weatherhill，Inc. of New York and Tokyo, 1977. 此外亦有作家Mark V. Wiley曾系统介绍朱家拳，见Cheong Cheng Leong & Mark V Wiley, *The Secrets of Phoenix-Eye Fist Kung-Fu, The Art of Chuka Shaolin*. Tuttle Publishing, 2000.

六、洪拳社团

槟城洪拳有多个传承脉络，现时可考的有卢振威、黎振华所传授的一脉。据振华体育会载：

> 先师（黎振华）祖籍中国广东省顺德县逢简乡，公元1916年生于槟城。少时（约1934年）拜在卢振威师父门下学艺。当时卢师父在汕头街英才学校内座设馆授徒。由于黎振华聪敏勤奋，好学不倦，深为卢师器重，许为门下最得意首徒。先师并不以此自满，再追随梁业、陈启明、刘裕祖等名师，深造舞狮技艺及跌打医术，直至二次大战才止。战后，先师联同洪家名师徐坤，组织维扬武术研究会于汕头街。联合黄应梓、田致安等复兴战前已成立之顺德会馆醒狮团。[1]

洪拳及狮艺传播，与槟城当地广东社群有很深的联系，顺德会馆只是其中一个侧面。更多例子尚待日后补充。

七、槟城少林国术健身社

高参禅师南来，为马来亚带来丰富的少林武术。高参禅师（1886—1960），福建惠安人，早年南来游历，机缘之下受佛理感化，受戒于莆田寺微嘉大和尚，又在浙江定海（今舟山市）普陀山普济寺受教于慧精大师，习少林技击与针灸之术。年长南游东南亚各地，倡建佛寺，宣扬佛法。1940年于棉兰主持镇元宫。据槟城少林国术健身社载：

> 法师尝于清光绪丙午年及民国十八年之间，重作南游，足迹遍及暹、缅、印尼、马来亚各地，到处倡建佛寺，宣扬佛法，南天宝刹，经师手倡募者凡九座，获法功宏，佛山增色。民廿九年师年五十六，在棉兰主持镇元宫廿一年，广植教徒，辄致废寝忘餐，虽历经挫折，而护法

---

[1]　《槟城振华（洪家）体育会简史·先师黎振华传略》，《槟城武术龙狮总会成立30周年纪念特刊（1977—2007）》，2007年，第70页。

图2-5　高参禅师罗汉拳

资料来源：《马来西亚槟城少林国术健身社十九周年纪念特刊》，1975年，原书无页码。

之志益坚，发扬佛法技击益广。

　　1947年由星双林禅寺松辉方丈，聘法师来星让予主持方丈之位，法师除佛理高深外，且精拳击医术，故即于1954年组少华山、少雄山、少镇山等国术健身社，复于1955年来槟筹建双庆寺于霹雳律，阅一载而成，1956年始再组本社，在法师辛苦耕耘之下，再于1958年组南洋少林国术总会于星双林禅寺内。[1]

　　现时槟城少林国术健身社由总教练方再钦先生主理。他善于著述，注重理论总结。他提到少林技击学习需循序渐进，首先练习马步，务求腿脚有力，易于趋避闪躲。手法上擒、拿、抛掷需相互配合施展。拳可分为正面、拳背、拳底和虎口拳。掌可分为正掌、反掌、阴掌、阳掌。此外还有短肘、虎爪、钩手等手法。脚和腰的力量练习亦十分重要。该馆比较强调小腿胫骨的抗打练习，常以踢沙包等法使胫骨刚硬。[2]方再钦亦擅长中医跌打之术，对于骨伤、痛症均有独到之处，有多种少林独门药方，可见医武同源的传统。[3]

　　该社保存有高参禅师留下的多种拳照，有关于手型、步法的基本功，以及整套罗汉拳的演示。从照片上看，他十分注重武术的精、气、神，特别

---

① 庄克福：《释高参禅师遗略》，《马来西亚槟城少林国术健身社十九周年纪念特刊》，1975年，原书无页码。
② 方再钦：《少林拳技击初步入门法》，《马来西亚槟城少林国术健身社十九周年纪念特刊》，1975年，原书无页码。
③ 方再钦先生口述，2013年3月。

是表情，时而嗔怒，时而咧嘴龇牙，增加对对手的威慑。学员表演有单人搏击、双人对练，包括合掌连环手、伏虎拳。兵器方面有刀、枪对拆，比较注重实用。另外亦有不少硬功技能，如铁布衫气功、徒手劈砖、掌断麻石、脚踢木板等。

在槟城其他地方，尚有少明山、少云山、少峰山、少林自卫术学院等健身院，另有福建会馆、钟灵中学少林班。这些组织成员以福建人为主，不过少林武术传播影响甚广，有不少广东人亦得以学习少林武术。

高参禅师南来带来少林拳术，影响广泛。他于1947年任新加坡双林寺住持，广授门徒。20世纪50年代新加坡相继建立众多"少"字为首的体育会，详见下文。

八、鹰爪翻子门

鹰爪翻子门功夫，早期因精武体育会在槟城的活动而南传。1925年间，精武体育会由上海延聘刘致祥先生任教练。其祖父刘成有擅技击，为精武著名拳师陈子正的师傅，其师弟刘法孟活跃于香港精武。有此家学渊源，刘致祥及其侄刘书云南下，在槟城广传武艺，其中以邝启裔为重要传承人。

邝启裔（约1902—1977），广东新会人，马来亚本地出生。据传他对拳术有过目不忘的本领。他随刘致祥习拳，于精武会内教精武十套等拳法，在新会会馆则教鹰爪翻子门。[①]

鹰爪翻子门现已传遍东南亚乃至北美各地，时人整理出五十路连拳、行拳、崩步、五花豹、连环剑等。这些拳法具有北派拳术下盘灵活、腿法众多的特点，同

图2-6 邝启裔拳照

资料来源：《槟城精武体育会新会所落成暨金禧纪念特刊》，1974年，第59页。

---

① 根据对杨顺德师傅的访谈，2019年9月于槟城。

时手法作鹰爪状，具有抓打擒拿、分筋错骨、闪转腾挪的效果。与鹰爪翻子门同样通过精武体育会系统南传的北派拳术，尚有七星螳螂拳等拳种，详细见第三章槟城精武会部分。

九、班中少林

咏春拳（亦称作永春拳）为福建传入广东并广泛流传的拳种，在广东亦有多个分支。咏春拳历史上传为清代广东本地戏班习武所用，在下乡表演所用的红船上设木人桩以供练习。

在马来亚流传的咏春拳有槟城的"班中少林"，传承人为张渭波（1946—　），广东东莞黄村人。他在20世纪60年代跟随沈震先生学习。沈震（189？—？），广东番禺江尾人。他可能因为在中国惹上人命案，故南下怡保教拳，因他一边眼可能有白内障，看起来有白晕，时人以"盲震"称之。当时沈师傅一定不让人讲"咏春"，而称为"班中少林"。传说火烧少林时，至善在红船上教了男花旦易金（正旦金）。沈震是跟易金的徒弟曹顺学习的，曹顺之子曹德盛在广州教拳，又学了些蔡李佛。现时槟城姑苏广存堂有曹德文、曹安，与此亦是一脉。沈师傅教拳的方式比较开放，没有行拜师仪式，当时受几个徒弟供生活，自己亦擅医治跌打，以给人开中药为生。张渭波以打零工方式跟随沈震学习，后来又在东安会馆学习莫家拳。近年来咏春拳越来越流行，张渭波观察其手法，与自己所学甚为相似，才说此拳为"咏春"。他提到，咏春内部非常复杂，即便同样是曹家咏春，在马来西亚与新加坡的师傅，乃至番禺下来教咏春的人，切磋起来感觉都很不同。

张师傅设置木人桩做练习。该木人桩与广东地区常见的单桩配桩手颇为不同，而是以三根细铁桩成"品"字形，每根外包海绵组成。这种桩称为"三星桩"，是沈震先生传下来的，可以有各种变化，练习身形步法，穿行于桩之间。而且桩周边都用弹簧，能打得比较生猛，有利于练习镖子、手桥等等。①

班中少林的拳术最主要是小念头、沉桥（亦称"箭掌"），还有镖子

---

① 根据2013年4月、2019年10月对张渭波师傅的访谈。

图2-7　张渭波师傅演示棍法

资料来源：2019年9月拍摄于槟城至富财帛星君庙。

（十三下）。有很多招式不能轻易传授，因为是打穴道，很容易让人残废，无法救回。兵器有关刀、子母刀（师傅称"人字踭刀"），约有二三十下。另外有六点半棍、十三枪。张渭波提供六点半棍歌诀云："头斩关公（蛟龙）眼，二指五中枪。三关流水伤阴会，把守黄河水不流。毒蛇拦路刺胸膛，回心转向归心刺。子午丁枪定太平。"不过张师傅亦表示，想把这些要诀灵活运用，需要经过很长时间的实践。

十、流明教、青阳拳及帅系洪拳

槟城杨顺德师傅（1958—　），广东惠来客家人，教授传承多种拳术，其中主要是流明教武术、衡山苍岳门、青阳拳、帅系洪拳，试分而述之。

杨顺德师傅的爷爷是流明教中人。据称，流明教的本源是明教，由方世玉之母李四娘传下，在广东客家地区非常流行。朱元璋取得天下后，杀死了很多早期共打江山的功臣。一位刘姓武将带着家人四处流浪，建立流明村。传承人中有流明公、流明婆。爷爷的师傅学的是流明婆的功夫，学了十九年。其间习医术、法术，四处流浪救人、赠药（壮骨丸之类），不收钱。二十年后他的师傅回到流明村。爷爷只随他学艺，没有进教。南下南洋后，他只教姓杨的人。槟城以往有很多流明教的高手，但后来都走了。杨顺德自称随伯父练功，因此会一些。

杨顺德师傅亦曾随湖南衡阳名为张斌的师傅学武。张师傅据说在衡山学苍岳门功夫，也包括有道家的炼丹术、引导术等等。他因家乡出事，到槟城来做矿工，与杨家为邻，于是教杨师傅许多功法。现时杨师傅组织天年社，教授动功、

图2-8 笔者与杨顺德师傅（右）

资料来源：2019年9月拍摄于槟城。

静功相结合的法术，推广到各公园去，希望更多民众参与运动，锻炼身体。

帅系洪拳，为李中荣师傅所传授。据杨师傅介绍，李中荣师傅早年在父亲引导下投入广州"翕和馆"，师从洪拳名家帅老郁及帅老彦，二人是叔侄，在佛山有祠堂。他们在广州组织百二友，意为联络一百二十个各行各业的首领，比如鱼栏、菜栏、机房，组织起来支持革命。他们比林世荣还早一辈。黄飞鸿五十多岁时，就教了师公帅老郁。据杨师傅介绍，帅系洪拳比较古老和传统，保留了黄飞鸿这位著名拳师早期的武学心得和修养。与带艺求师且较为后期才追随黄飞鸿学习的林世荣相比，黄所传洪拳有较大的不同。

图2-9 洪家第六代传人李中荣宗师复原照

资料来源：杨顺德师傅提供。

李中荣师傅在广州一次先师宝诞中与其他派别教头发生冲突，伤及多人，只好离开广州南下，在香港住了两三年才去南洋，其间又学了其他家数的洪拳。还有一种水上洪拳，马步与咏春一样。李师傅后来在槟城威省定居，约在七十岁才教授杨

师父（时十四岁），经过隆重的礼仪，包括递门生帖、写下出生日期，三跪九叩、奉茶、训话、签名，请了武术界很多人来见证，才正式收为徒弟。李还教授舞狮，以竹篾箩筐当狮头，教佛山狮。

李中荣师傅亦擅青阳拳。据说青阳拳为四川峨嵋派功夫，李中荣之父李汉源是广州"汉生堂"中医药材批发商，一次带上儿子与一群广帮商人结伴往云南、四川一带办货。回程路上机缘之下得到峨嵋青阳派传人刘成及刘全传授，学习了青阳拳。此拳之名来自祖师道号青阳子。该拳出拳没有回手，非常快，有凤眼、桥手等手法，共有七套。最后两套叫"全争""化极"，表现从唯我独尊到思想转化。青阳拳杨师傅基本没教，只有九步双推掌传了下来，包括水牛翻身、猛虎下山之类的招式。有些手法出手打十寸和脉门，很容易致命。李中荣对中医跌打接骨之术深有研究，经常行医治病，1974年随义女移居印尼泗水，在当地逝世。

杨师傅本人细心钻研武术，十九岁即开始授徒，曾在槟城复岗体育会、鲁班行、顺德会馆武术教练，[①]亦在多个武术社团及协会担任顾问、理事等职。

十一、小结

现时所见，马来西亚北部槟城及周边辐射区，有非常丰富的华人武术资源。之所以出现这样的情况，可能是由于槟榔屿开埠较早，经济发达，位于锡矿开发与出口的地区。历史上也是华人秘密社会、会党组织非常活跃的地方。19世纪会党之间为争夺矿场爆发严重冲突，正是它们潜在的武装力量的反映。面对这样复杂的环境，华人习武不仅是强身健体、工余娱乐的活动，更是他们保护自身生存的迫切需求。从上文的例子已可知，有不少武师或惹上人命官非，或受矿业发达吸引南下谋生，于是定居于此。

从田野调查中也可知，槟城华人方言群众多，有来自不同方言群的武师都定居于此，传授他们的技艺。单就与广东籍拳师来说，即有客家人（尤

---

① 根据2019年9月29日对杨顺德师傅的访谈。亦参考《追思洪家第六代传人：李中荣宗师史略》，《槟城洪家飞鸿馆2002年开幕典礼及武术观摩表演晚会特刊》，2002年，第4页。

其在山区上）、潮州人（以义兴公司为代表）、广府人（同业公会、顺德会馆等机构活跃的洪拳、周家拳等）。他们的会馆、同业公会、神庙、会党组织，都是支撑武术龙狮运动技术传播的社会土壤。这些组织的形态与相互关系，也深远地影响了武术传播的习惯及行内人的行为。本研究未涉及的福建社群，在槟城亦有五祖拳、太祖拳、五枚拳等，有个别已然失传。即便本来在方言群内部传授的拳术，亦可能在机缘之下，出现其他方言群的传承者。一些武行师傅一生不止学习一套拳术，甚至所学的几套拳术拳理不同，有的还结合了师傅自身的条件和领悟，出现新的发展与变异。凡此种种，形成了槟城广东人群体中丰富的武术形态。

正由于槟城武术名家云集，各类武术交流表演活动层出不穷。1977年成立槟州武术龙狮总会，相当于本地各大武术、龙狮机构大联合。该组织积极推动武术项目列入大马运动会，终于在2000年成功。当地每年举办武术龙狮文化之夜联欢晚会，为槟城及周边地区众多武术名家提供了表演舞台，也展示华族丰富的体育文化。[1]

第三节　吉隆坡

吉隆坡是今天马来西亚的首都，在英国殖民时代属于马来亚联邦，位于巴生河流域，地处雪兰莪州中心，历史上以盛产锡矿著称。吉隆坡是马来亚广东人非常集中的区域。吉隆坡开发史上多位重要侨领如叶亚来（1837—1885，广东惠州客家人）、陆佑（1844—1917，广东鹤山人），均是广东籍。在吉隆坡亦可看到广东义山、广肇会馆等机构组织。此地广东文化色彩十分浓厚，体现在武术、舞狮、戏剧、语言等各方面。过去华人社团集中于市中心称为"茨厂街"的华人聚居区，武术社团打斗的传闻亦多起源于此。不过随着街区向旅游区转变，社团亦多向外搬迁至租金更便宜的地方，历史痕迹渐被淹没。现时可追查到的历史悠久的武术社团，已是硕果仅存。

---

① 《槟州武坛演变及展望》，《槟州武术龙狮总会成立30周年纪念特刊（1977—2007）》，2007年，第18—19页。

一、庆同乐体育会

庆同乐体育会，是现在可以调查到的为数很少的二战前已经成立的体育武术组织。据现时庆同乐会内人士称，庆同乐在1923年正式注册（但就组织开始具备且有习武活动，早于该时间）。会内以广东四邑人士居多，以前多是走江湖、卖药、打锣者，也有从事手工业及建筑业的。

庆同乐有自己一套武术体系，约于1936年自创一种"同乐拳"，实为多派南拳组合改编而成。最早庆同乐全部舞佛山狮，20世纪70年代改舞鹤山狮，是从冈州会馆、鹤侨等社团学回来的。①每年的关帝诞，是庆同乐的"大日子"（庆典之日）。

20世纪70年代庆同乐与后文提及的联胜，有十余位重要的师傅合照，包括郑才、周福照、周敬翔、叶福财、王胜松、曹锦清、谢锦明、林明国、萧斐弘。李森当时是建筑工头，与郑才结拜，两人都是练蔡李佛。郑才则管着下面各位师傅。郑才一开始在庆同乐，后来才到了侨安体育会，是蔡李佛拳的重要传人。这些人员在各社团之间往来，是当时普遍的现象。

庆同乐历史上卷入社团纠纷比较多，传闻在二战前他们与其他狮队见面就开打。直到20世纪80年代社团打斗还比较严重，一些被抓进警局的成员，需要由社团里社会地位较高的人出面保释，赔偿被打伤者。不过后来华人会党渐渐转型，体育会也因应"龙狮总会"等组织的建立，变得公开化且具有官方承认的身份，社团之间关系得以协调与缓和，较少发生斗殴。

二、联胜国术团

吉隆坡联胜国术团，约于1930年成立。初期以"联胜堂"或"群胜堂"为名，在吉隆坡紫竹林、仁信园活动。三年后迁至马拉园菜地，易名"古冈州联胜堂"，会内大多数成员为新会、开平、台山、恩平"四邑"人士（四邑一带古称冈州）。早期申请注册不获批准，约于1954年迁何清园并改名"雪兰莪联胜国术团"方被批准注册。1969年"五一三"反华事件中，政府

---

① 吉隆坡庆同乐体育会梁溧棠先生口述并提供资料，2018年3月5日。

不允许进行两人以上的练武活动，联胜经过各种争取方得到政府认可。①创办人据传有阮荣、文祺、文旺、黄佐荣、尹沾等人。

联胜国术团历史上曾有多位名师任教，教授少林武术、咏春②、意力拳等。咏春拳现时由叶福财师傅教习。叶福财师傅的咏春武技传承于其祖父叶坚。叶坚（1883—1968），广东番禺人，早年居住于广州北郊鸦湖，后移居至人和镇横坑头村。民国初年在广东番禺随苏继明老师学习咏春与狮舞，又得叶行胜师傅教授阴阳八卦棍、蝴蝶刀，曹飞鸿师傅教授杨梅棒、飞铊、三节棍、柳叶双刀、横头凳，翼金师父（上文关于槟城曹家咏春亦有一个重要传承人名"易金"，是否同一人待考）教授五、七、九节鞭，春秋大刀，梅花枪，伏虎大耙，单刀藤牌。1918年，时年三十五岁的叶坚随红船至马来亚谋生，在新加坡、槟城和马六甲表演戏剧。后来得华侨何日安推荐，在鸿发矿场公司做泥斗杂工，又因武艺高强而转做打手。此后叶坚于1926年设武馆莲花堂于广西会馆，徒弟众多。1944年与吉隆坡书信局医务馆叶孙伯多有交往。此后叶坚受聘于庆同乐慈善国术团及河清园联胜堂任义务师傅。20世纪60年代创立咏春体育会，虽该会因经济困难中断，但叶坚则一直教拳直到辞世。他习艺众多，会戏曲、茅山术，开过镖局，练过多种兵器，于大刀、关刀、三耙、藤牌、缨枪等均熟习。③

叶坚子女全部学习咏春，卓有所成。其中叶贯又将咏春传予叶福财。叶福财在不断教学改进中整理成二十四个套路，包括基本拳脚套路五套（包括小花拳、大花拳、伏虎拳、小五形、铁包），兵器及对拆套路十九套，以便学员循序渐进，在不同阶段考取相应的资格证书。叶坚先生所传咏春动作灵活，手脚敏捷，以柔和的借力打力代替刚猛的动作。手法中有不少擒拿巧劲，以及灵活多变的"黐手"。据称叶坚曾谈到，本门咏春开拳、收拳、开

---

① 《首家获注册国术团》，《雪隆联胜国术团七十周年纪念特刊暨关圣帝君千秋宝诞志庆》，2000年，第36页。
② 业内对于咏春拳的称呼有多种，如永春、咏春等等，叶坚师傅开办的拳馆用"詠春"字眼，本书统一改用规范化的"咏春"。
③ 《咏春拳术流传到马来西亚吉隆坡简史》，《马来西亚咏春武术会二十五周年银禧纪念特刊》，1985年，原书无页码。

桩、开棍、开刀礼，每一个动作都有深刻的意味，不可乱来。①

叶福财师傅特别强调内力基本功的练习，比如长达十分钟以上的竖掌手肩平举，能通达手部血脉，达到力透指尖的作用。此外叶福财师傅亦特别强调习武者的"神"，如果说武术动作是"形"，则习武者长久练习而形成的自信与威势通过五官表情传达出来，则可谓"神"。在对打时以"神"取胜，不怒自威，起到在心理上压倒对手的作用，这需要武者长久地练习和提升自我修养方可达到。②

图2-10　叶福财师傅年轻时演示木人桩（左），受访时演示咏春基本功（右）

资料来源：翻拍及拍摄于吉隆坡联胜体育会，2013年4月。

联胜国术团咏春一直用二字钳羊马，舞佛庄狮，现时仍是各类庆典出狮的重要机构。社团中存有不少出狮旧照，如1952年仙四师爷庙巡游、1953年大年初二茨厂街八十五号霸达鞋铺采青贺岁，等等。现时吉隆坡武行内，还经常流传关于联胜早期参与社团纠纷的事，亦传闻华人聚居的茨厂街中，有特定区域为联胜采青之地，其他社团的人不能参与。现时马来西亚国家博物馆中收藏的华人舞狮狮具，亦由联胜体育会捐赠。

该派武术历史上可能有秘密社会的背景。在咏春拳馆的旧照片中，叶坚先生所拜神牌有一倒写"火"字标记，据其孙叶福财所言，是旧时社团

---

① 叶福财先生2013年3月提供资料。

② 叶福财先生2013年3月提供资料并示范，部分内容亦得益于其徒弟整理的《叶坚咏春拳的历史》，见http://ykwc.blogspot.com/p/the-history-of-yip-kin-wing-chun.html，访问时间2020年10月7日。

图2-11　1953年农历大年初二，茨厂街八十五号的霸达鞋店请了吉隆坡联胜醒狮团到店里采青贺岁

资料来源：《移山图鉴：雪隆华族历史图片集》（中册），华社研究中心，2014年，第83页。

图2-12　叶坚馆口所供倒"火"字神位，另有对联"静中思量寻棍法；闲来无事耍拳头"，横批"北海蛟龙"

资料来源：《马来西亚咏春武术会二十五周年银禧纪念特刊》，1985年，原书无页码。

的记号，具体含义不明。槟城鲁班行中亦有类似的标记。2013年在该社团学习的西方人称，十年前该馆有非常明显的秘密社会色彩，但现在已经淡化。联胜社团标志有一倒立蝙蝠与双金钱标记，现时会内对该徽章意义解释为"一只红色蝙蝠，口中含吊二枚金钱，字眼以黄色为主，蓝色为底。红色蝙蝠表示容忍、耐力及迅速之意，二枚金钱包含'昌盛'及'财盛'意义，浅蓝背景代表团结和力量"[1]。但据会内人称，这是带有一定含义，行内人一眼可知其所属。

图2-13　联胜国术团徽章

资料来源：该馆提供。

---

[1] 《联胜国术团徽章意解》，《雪隆联胜国术团七十周年纪念特刊暨关圣帝君千秋宝诞志庆》，2000年，第34页。

三、小结

由于种种历史原因，在吉隆坡寻找二战前成立并保存至今的武术体育社团非常困难。现时可找到的少数团体有相似的特点：一是社团之中以四邑人为主，其从事职业以建造业为主。二是早期会党的特征明显，后来随着社会变化逐渐转型，但会党特征仍可在对社团环境的观察和对其中从业者的访谈之中见到。三是社团实体出现较早，至于内部由何人教授或者教授何种派别拳术，则随着时间与人事变更而改变，并不十分固定。部分社团非常强调与孙中山、蒋介石的关系，会内悬挂孙中山像，并传闻当年孙中山南下曾与这些社团会面，但暂时在文献中未见证据。

第四节　新山及新加坡

新加坡地理位置优越，自19世纪初迅速崛起，之后更成为英属海峡殖民地首府。当地经济发达，华侨集中，也是华人武术传播的重要落脚点。新山则为马来西亚柔佛州最南部区域，与新加坡仅一河之隔，历史上为义兴公司重要势力范围，今天则聚集了大量武术龙狮社团。

一、禅山六合体育会

如上文所言，李昆师傅是周家拳的重要传承人。1954年李昆师傅至新加坡，于1965年参与创办"禅山六合体育会"，第一任会长郑应垣，邀请李光耀前来主持开幕。[①]其名为"禅山六合"，是纪念自己祖籍佛山（佛山亦有"禅城"之称），及其六位师傅：林卓垣（周家）、李盘石（黄山派）、刘锦荣（北少林）、李笑纳（蔡家拳）、林荫堂、李深（洪拳）。[②]李昆师傅汲取各门派之长，在周龙的拳术传承基础上又有新的发展。

周家拳代表性的套拳有鹿角撞、国字拳、十字拳、柴桩拳、小五形拳、大五形拳、大伏虎拳、罗汉拳、花拳、四黏桥、留肘、平拳、鹰爪、万字

① 新加坡禅山六合体育会刘为民师父口述，2013年2月。
② 《李昆宗师简史》，《槟城龙艺武术龙狮体育会主办国际龙艺之夜》，原书无页码。

拳、虎豹拳、八卦棍、公孙棍等，而周家虎豹拳全套有一百零八点之多，乃是周龙穷毕生之精华所创立。[1]而后来李昆所传的重要套拳有：基本拳、偏打、十字拳、玉面虎、大鹏拳、冲天炮、思师四拜、快洪拳、七十二行拳、八卦拳、佛掌等。他对于兵器也十分重视，著有"关帝刀"等文稿，有"五雷手法向后搭，美人照镜割打拳"的礼法，以"斩、彪、辟、挡、汤、拖"为六合兵法口诀，尤其擅长长兵器。[2]

现时禅山六合体育会会址位于新加坡华人聚居区牛车水恭锡街，由李锦源师傅主持武术教学，于周家拳、周家狮均有独到研习心得。李师傅总结搏击法中"挂、哨、盖、抛、掷""镖、拂、车身、回马、挂"为周家拳拳术特点。脚法则有十二种，盘龙脚法、腾空脚法，"片、身、立、手、撑脚"，均为李昆师父所传下要诀。[3]

二、新加坡鸿胜馆

鸿胜馆为广府人有名的武术组织，最早由广东新会人张炎（后取名"张鸿胜"）在佛山开馆，以蔡李佛拳著称。在广州小北亦有分支北胜馆。据说其传人与成员参加近代革命，20世纪20年代卷入工会斗争之中，历史上数次被禁又重建，门徒众多，遍布于广东各地、香港以及南洋。[4]

鸿胜馆传至新加坡建馆，是由关文经师傅南下而引发。关文经，广东开平赤坎人，"九岁随师学艺，先后曾拜蔡李佛拳名师谭立师傅学艺三年，转承受蔡一桥祖师学习医学拳棒十余年，再拜山东北家螳螂洪德武师傅父学艺四年，南来在槟城艺乐进智社李昆师傅处再造高深，一身兼习数家拳术"[5]，于武术、舞狮、跌打接骨均有研究。此后关师傅由槟城继续南下，而留在新加坡。对于关文经师傅在南洋的活动，新加坡鸿胜馆有记录：

① 《中外周家拳创兴发展史》，《槟城龙艺武术龙狮体育会主办国际龙艺之夜》，原书无页码。
② 准拿督林少山：《周家拳拳种及其发展》，《槟州武术龙狮总会成立30周年纪念特刊（1977—2007）》，2007，第22页。
③ 新加坡禅山六合体育会李锦源师傅口述及资料提供，2013年2月。
④ 邓光民：《鸿胜馆史略》，广东人民出版社，2019年。近年佛山鸿胜馆馆史及人物考证，多沿用邓氏的说法或直接由其提供，见《佛山鸿胜馆一百五十五周年特刊》（2006）、《佛山鸿胜馆成立一百六十五周年纪念特刊》（2016）。
⑤ 《鸿胜馆蔡李佛拳历史》，《鸿胜馆国术醒狮研究社第一周年纪念特刊》，1966年，第28页。

关文经先师1936年南渡新加坡谋生，曾任《光华日报》记者，关师平素鲜谈武事，为人忠厚慈祥，偶然场合，因与众暴徒搏斗，暴徒尽受关师重创……关师为人豪气干云，忠诚谦厚，武修德修均有过人之处，对文学诗画亦属楚楚之材，各社会团体均慕名聘请为武术顾问，桃李遍布星马各地，曾任联桥俱乐部、均天音乐社、广帮猪肉行、少群体育会、实丹福联络所、三巴旺华人体育会、沙均体育会等等之国术醒狮教练，多方邀其授徒，辗转二十多年，致力于发扬中国武术。至1965年方创立鸿胜馆于新加坡……①

虽然材料中涉及的很多社会团体今天已不存，但从其名称可知，音乐社、俱乐部、联络所等都曾邀请武术教师前往教习。特别是"广帮猪肉行"为广府人集中的行业公会，可见鸿胜馆与当地广府人的联系。据其弟子谢炎顺先生补充，关氏曾在新加坡一潮州人社团教武术，其中一董事因其非本属人而发难，但最后为关师傅的技艺所折服，两人还成了好朋友。关师傅曾在关丹为一位车祸受伤的州务大臣医治，仅凭对经络的研究即知其骨头未接好，最后成功治愈之，并换来了采锡矿矿路的批文，自己得以在矿路上开设药铺。

现时鸿胜馆掌门人谢炎顺（1937—　），广东潮州人，新加坡出生，20世纪50年代于小坡美滋律与家中兄弟从事小贩工作，深受私会党敲诈勒索之害。十六岁时机缘之下拜入关文经师傅门下习武。1965年关文经师傅带领一众徒弟注册成立"鸿胜馆国术醒狮研究社"，并在新加坡建国之初任人民警卫队国术教练。20世纪70年代末，关文经师傅病逝，指定谢炎顺作为接班人。

谢氏的接班仪式是在1979年，由香港同门胡苏团长带领四十多位师傅抵达新加坡，配合新加坡同门举行隆重的封册典礼，正式宣布谢炎顺先生成为第五代掌门人。该仪式十分庄重，从图2-14可见，参加者均着白色长衫，胸口别红色像章，向鸿胜馆蔡李佛的先师像行礼。主礼者把象征掌门的册封及

---

① 新加坡鸿胜馆：《世界蔡李佛同门恳亲大会 暨新加坡庆祝成立三十六周年 新加坡蔡李佛国术醒狮研究社庆祝成立三周年纪念特刊》，2001年。

图2-14　谢炎顺受册封第五代掌门人礼

资料来源：《新加坡蔡李佛鸿胜馆掌门人谢炎顺八秩开一寿庆纪念特刊》，2006年，原书无页码。

信物颁发给谢炎顺，并授予象征掌门的披挂与旗帜。[①]据谢炎顺口述，该仪式曾一度被新加坡警察误认为与私会党相关，经过鸿胜馆同仁的解释和争取，才最终得以实行。[②]

　　新加坡鸿胜馆与香港同门关系极为密切。除了上述掌门册封需要香港同门的认可和参与外，新加坡鸿胜馆在经济上也得益于香港同仁的帮助，订制"花炮"以庆祝关帝诞，连续三年以投标方式筹得款项，得以在新加坡芽笼区自建会所。[③]现时鸿胜馆较多通过舞狮、捐助金利息及教授会员获得收入，维持武馆的日常运作。

　　今天田野调查所见，鸿胜馆技艺上有不少特点。该馆是现时新加坡少数舞佛山狮的武术团体，此狮艺为1966年香港狮艺家胡伟所教，由关文经结合新加坡的情况——特别是采青的特点加以融汇，今天已成为新加坡鸿胜馆所坚守的传统。谢炎顺师傅谓：

　　　　（其拳理上）属少林拳法之一，亦为龙蛇虎豹鹤、狮象马猴彪十大形拳中之豹形拳，以快捷轻灵、闪腾跳跃见长。长短桥手并用配合

①　《新加坡蔡李佛鸿胜馆掌门人谢炎顺八秩开一寿庆纪念特刊》，2006年。

②　根据对谢炎顺先生的访谈，2013年4月，2021年8月。

③　陈伟煌：《筹建自购会所概述》，新加坡鸿胜馆：《世界蔡李佛同门恳亲大会 暨新加坡庆祝成立三十六周年 新加坡蔡李佛国术醒狮研究社庆祝成立三周年纪念特刊》，2001年。

攻守，后再参以上海北派泰斗拳师顾尔（汝）章师父之脚法，揉合存菁。故武林中惯称南拳北腿佛家拳。本门拳法以抛、级、挂、稍、拎、拿、鞭、爪、穿、十大拳法为入门必修之基本蔡李佛拳法，再练习腰马、扯马、标马、偏身等身法，相互灵活运用。[1]

谢炎顺师傅谈到，过去在新加坡只讲"鸿胜馆"，并没有把"蔡李佛"加于前，是后来许多人把这些拳术称为"蔡李佛"，才有了此名号。

三、白鹤派

白鹤派在中国国内，传为明朝中叶西藏高僧所创，约在清咸同年间南传至广东，

图2-15 传为白鹤派掌门信物——金如来佛

资料来源：柔佛新山白鹤派武术体育会：《四十五周年限量版珍藏邮票》，2013年。

由昇隆长老在肇庆鼎湖山莲花庵，传大智、大慧、大圆、大觉四禅师，后传王隐林、黄林开、朱子尧等人。第三代吴肇钟（？—1967），广东三水人，师从朱子尧、黄林开师祖，获得掌门信物金如来佛，并得对联"唯德永耀；守道超玄"为衍派之助，用于开宗立派。他在广州、香港、澳门等地设馆授徒，门人甚广。除了拳术外，他对中医亦颇有研究，也是少数擅长著述的武术家，其著述目前可见者有《白鹤派狮子吼拳经》等多种。吴肇钟过世后，门人于香港自发组织白鹤体育总会，由同门集体领导，不设掌门，每两年为一届轮换担任主席。[2]

白鹤派真正传入新加坡，是由吴肇钟门下弟子梁子庵师傅南下开始。梁子庵（1901—1992），字德性，广东新兴人。曾习洪拳、蔡李佛、白鹤拳等

---

① 谢炎顺：《练习本门拳法要诀》，《新加坡蔡李佛鸿胜馆国术醒狮研究社册封第五传掌门大典暨成立十四周年纪念特刊》，1979年，原书无页码。

② 《白鹤派武术溯源》，《星洲白鹤派体育会65周年纪念特刊》，2012年，第30页。

多种武术，早年在广州石井兵工厂担任军医工作，对于跌打中医多有研究。后来南渡新加坡，以教书及行医为业。[1]白鹤拳在新加坡的传授，最早是在成发客栈空地之上，在此梁子庵收了第一批门徒。由于长期不获社团注册，二战前白鹤派以劳明拉街悠扬音乐社附设的白鹤派国术组为名进行活动。此后因抗战需要，华侨组织筹赈祖国难民总会，白鹤派经常组织筹款工作。新加坡白鹤派现时由莫荣超（1940—　）任总务兼教练，一直维持良好的发展。

白鹤派在新加坡、马来西亚新山地区，均以"体育会"的形式开展活动。二战后社团注册较为宽松，1947年星洲白鹤派体育会正式成立，吴肇钟带同邓泽明、邝本夫、许伟强等人与梁子庵一同授课。新加坡白鹤派与香港同门如陆智夫、邓泽明多有交往，技艺上亦相互切磋。梁子庵收入室弟子数百人，直到其1990年返回家乡。所传技艺有绵里针、白鹤大刀、小五形拳、飞鹤剑等，亦有如"四象功"一类偏向内功引导术的练功方法。

新加坡白鹤派尤其以舞狮及舞麒麟著称。据会内记载，舞狮活动自1954年狮团成立始，得到香港关德兴的指导。所舞为佛山狮，能做出五层叠罗汉高青叠盘表演，能表演品种众多的狮剧。该狮队一直致力于慈善事业，曾为广惠肇方便留医院义演筹款，也曾在牛车水为"史拜鲁斯"号油槽船爆炸事故募捐。2005年在香港同门张国华师傅协助下，麒麟队和金龙队亦相继成立。[2]

1967年柔佛新山地区也开始筹备白鹤派体育会，由陈俊士、陈亚细、洪遵海、拿督黄秉瑯等多人极力争取，终于1969年成功注册为合法武术团体。一开始由星洲白鹤派教练陈国璇及莫荣超负责教授。新山白鹤派体育会仍以传授白鹤拳及绵里针为主要武术训练内容，面向宽柔中学、小学等多家学校及社会团体。1973年醒狮团成立，亦由新加坡同门协助教授。[3]

新山有大量菜市场中工作的潮州人，20世纪50年代因健身需要加入白鹤派，故至今会内仍聚集大量潮州人。不过，2018年参加柔佛古庙游神的时

---

① 星洲白鹤派体育会：《梁子庵老师》，《星洲白鹤派体育会65周年纪念特刊》，2012年，第35页。

② 《抚今追昔：星洲白鹤派体育会简史》，《星洲白鹤派体育会65周年纪念特刊》，2012年，第39页。

③ 叶文鑫：《马来西亚柔佛州新山白鹤体育会简史》，《星洲白鹤派体育会庆祝五十周年金禧纪念特刊》，1997年，第129页。

候，白鹤派队伍又编在客家公会的队伍之中。似乎新山的"五帮"划分，其实有一定的模糊性。不论在新加坡还是柔佛，白鹤派收徒都没有明显的籍贯上的偏向。

在新山每年一度的柔佛古庙游神之中，白鹤派得到社会的大力支持，也因应巡游的需要，在舞狮器具、装置技术上作出很多探索。如在2013年，新山白鹤派以五色夜光狮出游。2018年田野调查，笔者观看白鹤派以大型游行车出游，车前后均布置成山林状，以各地搜集的狮头、麒麟、老虎做布置。车头安放刘、关、张三色狮子，其中两只带獠牙，中间安放大关刀。花车中部所布置的狮头更有五十余只之多，全为佛山狮，带有文化展示的用意。

在组织方式上，白鹤派有一个很大的特点，即既有传统的拜师传授一面，也兼容了近代体育会的特征。传统拜师的方式，须由师傅对学徒进行长期的考察，认为其身体素质较佳、习拳到达一定水平、诚心诚意学习，才经过特定的仪式，收为入室弟子。徒弟学成之后，若要在外开馆授徒，也必须得到师傅的允许。门派之内需要有掌门人，手握掌门人信物，或遵从门内的共识，管理并维持门内一定的秩序。而近代体育会门槛较低，强调开放教学、有教无类，教学主要面向学校、工会等组织与机构，日常活动比较注重参与游艺、慈善表演。其缺点在于人员流动性大，特别是在今天青年人娱乐选择多的情况下，不易形成传统武馆师傅与徒弟间强力的亲密关系，门派内部的秩序也难以有效管理。白鹤派在新马地区自初建时已经采取"体育会"的形式，而在香港则希望恢复传统的师徒关系。[1]这些都是当今武术社团根据自身环境采取的发展策略。

四、新加坡冈州会馆

冈州会馆是新加坡历史悠久的广东人宗乡会馆之一，可能始建于1840年，早期会所在华人聚居区珍珠街上段。现会址在牛车水，约建于1924年，是一座四层楼高独立建筑。

会馆创建与广帮早期移民，特别是著名的"七家头"关系密切。据说新

---

[1] 根据2018年3月在柔佛新山白鹤派武术体育会的田野调查及对时任会长林建安先生的访问。

图2-16　1925年5月3日冈州会馆重建会所开幕全体职员摄影留念

资料来源：该会保存。

会朱氏家族朱有兰、罗氏家族罗奇生，在新加坡开埠不久后前来创业，创立同德号、广恒号等著名商号，业务涉及广东本地、马来亚以及印尼爪哇。据冈州会馆刊物称，朱广兰、广恒、朱有兰、朱富兰、同德、罗奇生、罗致生组成了赫赫有名的中街七家头，经营红烟、杂货、酱园，垄断南洋各地的粮油杂货行业。南洋各地的红烟、土产、粮油杂货的行情都以七家头所订的行情为标准。关于广帮"七家头"的传说，在槟城同样存在，只是由于年代久远，尚未有更原始的史料可供深究。1922年，以罗承德、简弼臣等为首的广帮侨领，倡设新建会所（即现址），这可能标志着会馆一次重要的人事和制度改革。

罗承德（1883—1949），广东新会良溪人，中国国内出生，曾在私塾受教育，十五岁在槟城大英义学就读，之后考入七州府医学堂，毕业后开设罗氏药房。在新加坡红十字会、广惠肇留医院均任要职，在中华总商会及多个广帮社团任董事及主席。罗氏也是新加坡精武体育会会董之一。[1]

---

① 南洋民史纂修馆编：《南洋名人集传 第五集》，1941年，第153页。

图2-17　20世纪30年代杂货行同乡在门口展示国术架式

资料来源：该会保存。

　　由于日占时期会馆原始文书资料损失严重，冈州会馆的武术及醒狮活动始于何时无法考证。据会内人员自述，在20世纪20年代新会所建成之时，曾邀请黄玉盛（靓仔玉）在馆内教授，但由于黄师傅后来回国，武术班一度停顿，30年代才复办。①冈州国术醒狮团成立于1939年，当时东南亚华人在陈嘉庚领导下组织南侨筹赈总会，支援中国抗日，舞狮也暂放一旁。日占时期，国术醒狮团停止所有的活动。1946年会馆重新招募国术醒狮团团员，并对外宣布国术醒狮团成立，随即展开活动。

　　冈州会馆传承的武术，是以南拳——尤其是洪家拳为主的武术。据馆内所辑资料，会馆国术发起人有多位，其中有拳师宋少波（1886—？），长于香港，拜洪拳名家林世荣为师，学习双弓伏虎、五形五行、虎鹤双形、铁线拳、五郎八卦棍、工字伏虎拳、双头棍、双单软鞭、大行月双刀、春秋大刀等。他亦精通跌打伤科，南渡后活跃于马来亚南部峇株峇辖、麻坡和新加坡，创办麻坡岭南国术健身社，任广肇会馆国术教练、新加坡冈州会馆国术团发起人，其弟子邓福沾、其侄宋超元，均在会馆中教授，学员甚广。②以2013年上半年在冈州会馆田野调查的观察，该会门人习洪拳，四平大马，大

① 《缅怀过去话狮团》，《冈州会馆一百六十五周年纪念特刊》，2005年，第62页。
② 《冈州国术狮艺前辈介绍》，《冈州国术纱龙醒狮团纪念特刊》，2009年，第41—50页。

开大合，刚劲有力，为传统南拳风格。还有众多兵器运用，如九节鞭、关刀、单头棍等。

据2012年至2013年田野调查所得，冈州会馆每周不同时段安排武术与狮艺活动，多数训练在晚上进行，颇多年轻人加入学习。会馆以每年六月关帝诞为馆庆日，经常在牛车水人民剧场表演粤剧、舞狮及武术，规模大小视当年是否为整数年，以及会馆的经济与人员情况而定。

与冈州会馆关系非常密切的洪拳训练组织，还有新加坡岭南国术健身学院、育武醒狮健身社、新加坡少林洪拳体育会等。这几个组织与冈州会馆有人员重合，亦在同一个传承脉络之下。据载由林世荣传至宋少波，其侄宋超元教授方典文、王亚雄、林书富等多位武师：

> 1946年后，在新加坡冈州会馆，宋少波师公和宋超元师傅前后开始教导洪拳……当年宋超元师父也在牛车水住家当跌打骨伤科医师。1954年，宋超元师父在牛车水倡立了岭南国术健身学院……当初牛车水珍珠坊大厦新建，在珍珠坊工地（有）一班年青建筑工友，加入岭南国术健身学院……后来牛车水唐人街区进行大发展中，岭南练武场所被迫搬迁，岭南师兄弟也分散各处。①

从这些记载中看，该派洪拳流播很有可能以在牛车水周边集中的建筑工人为主体，而在新马多地，新会籍华侨大量从事建筑业，多个拳种如周家拳、咏春拳传承均与此有关。

这些武师之中，王亚雄师傅对洪拳拳术的探讨亦颇有值得注意之处。他提出洪拳练习的三个阶段：

> 洪拳练习开始时，手法是以缓慢、刚硬单次指动作，握拳是以四指揶握，拇指独当一面，击出不开，分之不散。马步是以四平大马、子

---

① 王亚雄：《洪拳在新加坡发扬》，王亚雄编著：《洪拳传入新加坡史》，第4—6页。王亚雄师傅为新加坡少林洪拳体育会总教练。

午马、吊马为先，配合腰桥马，也就是力点是从根发出，发力同时要足心离地，五脚趾用力抓地，使根部完美地协助上部发力……到了中段，手法逐渐展开，左右手交替动功，配合攻防，步法也随着手法的交换而改变，拳法上也逐步增其攻击性。此时，速度逐渐加快，劲力仍从外为主。后一阶段为拳法很强的散手，以上下左右攻防手法、灵活多变步法配合进行，而且快速随着架式招数迅速变化，以爆发性的劲力为主，即内外劲一齐运用。

他对洪拳的拳理也作出探讨，指出：

> 洪拳的战术思想，是稳扎稳，后发制人。"丁不丁，八不八，你不来，我不发""桥来桥上过，马来马发标"……洪拳是以硬桥硬马进行攻防，但是它非常注重内击拳法的运用，指出"引敌落空，击随内至"，这种内击拳法的命中率奇高，可避免给对方有制我之机。[1]

这些都是武师多年实践的经验总结，亦有助于更好了解新加坡洪拳传播的特点。

五、"少字派"体育会

正如第一节提到的，槟城少林国术健身院源于高参法师南下传播少林武术。新加坡为高参禅师于20世纪40年代末传播武术并任双林寺住持之地。在此渊源下，50年代相继创建一系列以"少"字开头的国术健身院，姑且以"少字派"称之。

据曾为高参禅师门徒的庄兴隆先生回忆，1947年年尾，高参禅师来新，一开始拒绝收徒，但经不住求学者再三请求，遂定下了极严格的生活纪律，如严守三十六世章、三年不可离开双林寺、每天按照时间表进行练武与工作。每日清晨五时即起床练习，六时早餐，打扫与洗刷寺庙，九时至十一时

---

[1] 王亚雄：《洪拳武术探讨》，王亚雄编著：《洪拳传入新加坡史》，第14—15页。

练武，再做庙务、吃午餐与休息，下午一时至三时练武，之后处理庙务，六时晚餐，七时至九时正课，九时至十一时自行练习，每日不间断。由此看来，每天练习的时间达十三小时，是非常艰苦的。

庄先生亦提及，"除了一百零八招少林一枝梅是基本拳，必须勤练与练好。其他则是因人施教，每人所学所得都不相同"。高参自此广收门徒，1950年已达五十四名。同年禅师率领门徒，为建国幼稚园筹款，一年三晚公会义演，表演刀、枪、剑、棍、拳术对拆，共计四百余套，轰动星岛。得此机缘，1952年发起少华山国术体育会，1953年发起少雄山，1968年发起少竹山，皆为高参门徒，承少林衣钵者。①

以其中少竹山国术体育会为例，会中继承少林武术的特质并加以发展，尤其破瓦、破砖、破龙缸、弯铁管一类硬功别具特色。会中汇集南北派武术及各种兵器对拆。②所用兵器有春秋大刀、月牙铲、双锏、三叉、铁耙、金钱禅杖、藤牌等等。同时该会亦擅长龙狮运动。所舞佛鹤狮破青阵，总结有二龙争珠、八卦阵、佛门阵、七星伴月、月下访英雄等。舞龙队所用龙身为十一节大龙，可摆出涛波滚滚、穿金钱、游龙捆山、祥龙修身、三点首、头穿尾解等阵式。

高参禅师在槟城与新加坡创办众多武术会，不久他即发现组织上群龙无首，各自为政，难以得到统一的领导，于是1958年在新加坡创立南洋少林国术总会，希望作为少林派高参一脉的最高组织，协调彼此关系。其时少林武术团体已达四十余个，不过这些武术会收徒的制度都有差异："少华山用的是师徒关系旧制，其他四间却用的是代师传艺的新制。"③不过，随着社会发展，武术社团的组织模式也会变化，当初高参禅师的设想能否持续，还待长时间观察。

"少字派"体育会是在高参禅师传授之下发展出的以少林武功为主、兼容南北各派及多种龙狮资源的体育会，自成立至今容纳了不同籍贯地域的华

---

① 庄兴隆：《自强不息凭壮志，勤练有成赖虚心》，《少竹山国术体育会庆祝成立二十一周年纪念特刊（1968—1989）》，1989年，第28—29页。
② 根据2013年对少竹山国术体育会的访问。
③ 梁君夷编著：《新加坡华族武术史话》，新加坡全国国术总会，1990年，第54页。

人学员，亦是广东武术与狮艺得以发挥之处。该会学员亦与多个以广东人为主的本地武术团体相互交流学习，帮助舞龙出狮。

六、小结

以上回顾只论及一小部分历史较悠久的武术社团及门派，并不足以涵盖全部。新加坡武术团体的特点，在于地域集中，主要分布在华人聚居区牛车水及周边，以及芽笼等社团集中之地。由于这些地区的华人商户多为社团的客户或会董，社团之间存在竞争关系和领地意识，历史上相互打斗亦得有听闻。但经历二战后新加坡国术协会、龙狮协会的组织协调，以及多年以来秘密社会监管条例的约束，这些矛盾许多已经转换成更为隐晦的表达方式。新加坡地租昂贵，加之社会风气转变，年轻人参加中式传统武术体育社团的欲望下降，也使很多社团经营转型，文化氛围有所改变。

结　语

本章着重考察了槟城、吉隆坡、新山及新加坡等数处历史悠久、华侨社团活跃且武术资源丰富之地。其中槟城有不同时期传入本地的拳种，传播群体包括客家人、潮州人、广府人在内。吉隆坡茨厂街、新加坡牛车水历来都是华人聚居地，亦是武术社团十分集中的地方。这些社团以广府人为主，彼此间多存在竞争关系。现在可以观察到的大多数流传在新马地区的拳种，有较强的方言群认同的特点，同乡会馆传播的拳术自不待言，在客家人、新会人、潮州人中传播的拳术，也有较明显的壁垒，只在很特殊的情况下才可能传与其他方言群的人。

以现有资料及调查观察来看，中式传统武术在马来亚，很长时间与西式体育是在不同层面开展的。这是由于彼此受众不同，组织方式亦大相径庭。即使他们得到部分上层华人的经济支持，习武活动仍主要面向广大华人劳工，满足他们习得自卫的技巧并组织起来的需求。即便不能完全等同于会党，但许多从事武术活动的社团也是华侨聚居地的武装势力，有强烈的会党色彩以及划分地盘的倾向。相关团体受到殖民政府社团条例约束，很多并没有公开注册，即使注册了也不能高调活动。亦有个别武师只能小范围地教，他们教学方式非常传统，要拜师习艺、遵循门派内的规矩，许多核心的技艺不能轻易公开，所以能见诸同时期史料的极少。这也是本章研究主要依赖田野调查的原因。这与从土生华人伸延到华人学校学生，以健身、娱乐、参加体育比赛为目的的西式体育，有非常明显的差异。当然，参加的个人，可以数种并习，视乎个人的兴趣、经济条件与机缘，只是在不同的场景下需要依照各自的规矩。

这些武师的个人经历以及他们对其师承的回忆，让我们有机会了解一个以"下南洋"为背景的"江湖"。这些在中国国内习得技击术的人，背景各异，可能是会党、宗教或戏行中人，可能经营商业、闯荡南北，可能在中国国内经历动乱或惹上人命官非，为生计为前程而南下。香港有可能是他们的第一站。再往南他们可能游走在暹罗、苏门答腊、爪哇、马来亚等多地，四处谋生。随着马来亚开发，经济逐步发展，开矿、建筑、医药等等行业出现了大量就业机会，有一些武师定居于此，教下第二、三代传人，为今天我们所见。

这些武师在马来亚复杂的环境下，自有生存之道，技击术可能并不是他们唯一的谋生技能。他们观察与研究许多与人们生活息息相关的知识，比如最为常见的跌打中医，与中国国内一样，体现了"医武同源"的传统。这既是由于两者都是对人体运作的理解，也基于二者相辅相成，能为拳师带来更多经济收入。许多武师还习舞狮、气功、戏曲，熟知茅山道术等民间宗教。这些技艺既是他们生计来源，也能帮助海外华侨解决生活中遇到的问题。过去，一些观念认为武师是社会底层，只知道打打杀杀。虽然他们中部分人的确沾染了江湖习气，但实际上都有过人之处，其中不乏修养极高、才华过人者。想要在马来亚弱肉强食、纠纷不断的社会环境下生存下来，经营社团，管理下面许多徒弟，有效调动各种经济资源，亦需要具备多方面的素质，在待人处事上有所判断。这些技术与经验很多并不是通过学校、书本去习得，而是在口传心授、日常实践中总结提高。武师中有擅著述、长于理论总结的人，亦有大字不识，却对技术有过人的学习能力者。能被称为"师傅"，不但意味着攻防技术过人，更体现其品行与江湖地位，得到业内与社会认可，并不容易。尽管现在也有武术教练、龙狮裁判、执业医师等众多职业认证，但由于华人传统技艺的特点，他们不容易在现代国家知识与制度体系下得到认可，多少存在某些不相融之处。这也是行外之人不容易理解他们的原因。

现时所见新加坡、马来西亚的华人中式传统武术界，基本是男性的天下。尽管今天很多社团开放接受女性学员，这些女性有年轻的女学生、社团理事的家眷等等，不过历史上几不可见女性在此类团体或门派中成为主要传承人，或者身居要职。现时可见有些女性参与者在综合性社团中的妇女部任职，或者在巡游、出狮、集体表演充当辅助的角色。直到第三章所提及的一些开放教学的团体出现后，才有更多女性参与甚至主持武术事务。

华人中式传统武术界中，师承、门派、拳种、社团模式等等，体现他们传习武术、组织人员的观念与做法，有时相互融合，有时则是不同层面的东西。根据对新马武师的观察，可知师承是很重要的，许多武师或社团整理出武术传播世系图，与华人族谱有相似之处。这继承了中国武术文化对于"正宗""辈分"的重视，也是海外华人文化寻源的表现。门派也很重要，可能是历史上会党林立、方言群之间壁垒分明的表现。社团模式决定了这些人究竟选择传统的"馆口""堂口"或教派，还是新式一点的"体育会"去组织活动，还决定了他们在殖民时期乃至新马建国后，提供怎样的材料给政府注册。相对而言，拳种的观念似乎受到了中国香港或内地后来借由小说、影视兴起的武侠文化的影响，又经历了20世纪60年代华族武术运动兴起，因而他们把某些组织流播的拳术或某种手法总结成特定名称的拳种。但对于新马武师而言，拳种的名称可能是后来者，这在班中少林、鸿胜馆等例子中特别明显。

放在华人武术全球范围传播的视角看，新马地区地位之特殊，在于其历史与社会特点，使许多华人武术集中于此、砥砺创新，并且最终"被看到"。对于早期行走江湖的武师，医药知识与武术技击是生存的重要技能，即使有一小部分留下文字，也极有可能掌握在一村一姓或少数门徒手中，秘不示人；相应的，习武者也往往囿于门户，不习他派功夫。马来亚许多开发较早的地区聚集了许多不同籍贯与背景的人，他们也许经历过多次移民才定居于此。本地社会纷乱复杂，在激烈的交流碰撞中，许多武师突破了旧有的限制，转益多师，潜心研究，自有一番心得。他们亦与本地土著武术流派有所接触，如泰拳、马来武术，这对技艺的提高亦有显著的帮助。

殖民时代技击武术广泛为社会所需而传播不绝。新马建国之初，包括武术活动在内的各种华族文化运动是促进武术社团发展的又一契机；这一时期，在东南亚民族独立与国族建构中，华人思考自身政治与文化定位，进而把华人武术活动推动进入国家框架。随着社会变化，华人在当地的政治地位受到多方面挑战，其文化自觉也在萌生。许多早期的华人会党已经转型，人们对技击的需求变弱，各种娱乐高度发展。在多方言多种族共存的社会环境下，华人武师为了吸引更多人学习，也为了在新的国家框架下生存，慢慢破除门户之见，吸纳其他方言群与种族人士学习，甚至突破语言障碍将技艺传至欧美。在本地相对宽松的出版环境下，他们自行出版各种刊物，整理资料。即使面对行外之人，很多武术家也抱有开放的心态，乐于分享与传播。这对比起其他地区，在时间先后、发展方式和现状上，差异相当明显。虽然华人武术源于中国，但在新马地区实自成一统，有其提高与创新之处，是今天华人文化圈中不可忽视的重要节点。

第三章　中西兼备的跨地域体育武术社团：
以精武体育会、中央国术馆为例

20世纪初，特别是20—30年代，在多种历史机缘刺激下，马来亚本地出现一些兼容中西体育的跨地域体育武术社团（以下为行文简便，以"新式社团"概括之），尤其以精武体育会、国术馆为代表。它们的理念与体系来源于中国国内，是近代社会与政治框架下的产物，之后在马来亚落地生根。其组织架构，不同于华人原有的会党组织，而是在二战前得以公开注册并见诸报端，呈现出一定的现代性。在人员构成上，也有别于海峡华人与新客、方言群之间的分野，具备一定跨越阶层的包容性。在运动技艺上，这类组织既充分吸收西方体育的元素，又容纳了大量中国传统的武术龙狮活动，甚至是把武术龙狮运动放到运动会、游艺会等场合的主要推手。在现代国家国民建设与殖民地环境下，这些社团的活动体现出新马华侨社会复杂的张力，也充满了新与旧、传统与现代的交织。以上情况，都与前文所述的社团有所不同，故独辟一章进行阐述。

精武体育会、国术馆组织在马来亚的发展，与广东华侨关系极为密切。正如下文所指出的，精武体育会在马来亚各地基本是通过广府人的商业和文化圈子拓展而成，国术馆在新加坡的组织则是海南人所建立，亦传播海南拳术。不过此时社会风气有所改变，已有了一定打破方言群壁垒的倾向，又能在现代民族国家建设中传播民族主义，故能带来较大的社会影响。

第一节　马来亚精武会缘起及各地基本情况

精武体育会据传为1909年创建于上海，由北方武师霍元甲所倡立，但有限的资料表明，实际上的主事者是以陈公哲、陈铁笙、卢炜昌、姚蟾伯、罗啸敖、黎慧僧等十余位以广东籍人士为主的上海商人。该会早期叫"精武体操会"，与上海商团关系十分密切，更有人员上的重叠，[①]约在1916年改名为"精武体育会"。在1919年建会十周年出版的《精武本纪》纪念册中可见，该会在上海、汉口、广州已发展出分会，设施比较完备，亦大肆宣扬其与陈其美、孙中山等人的关系。后来精武体育会因筹款需要，通过广东商人的网络前往南洋宣传，拉开了马来亚创办精武会这一跨地域新式社团的帷幕。

这种社团模式在马来亚出现之前，当地的华人学校已经渐成规模，并且受国内新学制的影响逐渐改组。早期的教育机构募捐钱款，有倡捐官员、社会名流以登报的方式号召社会集资，如1895年华英义塾，即有张振勋、林文庆、邱正中等人联署，但并未见有相关的活动出现。[②]到20世纪初，华侨学校则经常请戏班演剧筹款。报载："霸罗埠育才学堂因经费支绌，遂拟恭请慈善班出为演戏筹款助学。"[③]又提及"吉隆明道书社演说孔教，谢君少铭继起倡之，陆君弼臣极为造成，愿助经费。坤成女学校学习织冷线工艺，开办月余，进步颇速。商务中人以演剧救灾之举，影响极大，刻又学习唱演，热心爱群，令人钦佩"[④]。

新式社团因在文化艺术上的教化意义，以及其丰富的组织演出经验，而在社会功能上部分替代了以往戏班的作用，成为筹款表演的主力。到20世纪20年代，学校筹款的方式变得更为多样，出现由多种游艺活动组成的晚会。当时见

---

① 参看拙文《从武师到民族英雄：霍元甲形象在二十世纪初的演化》，《文化遗产》2015年第5期。
② 《劝募华英义塾经费序》，《叻报》1895年10月25日第7版。
③ 《开幕改期》，《叻报》1910年10月1日第3版。
④ 《华侨进化之现象》，《总汇新报》1908年10月17日第1版。

载的表演节目有唱歌、跳舞、多幕戏剧《惊叹才媛》、钢琴独奏、哑铃操、国技、游艺等等。[1]此时一些新式社团也开始以话剧、游艺等多种形式筹款，与此前延聘戏班呈现出不一样的观感。如人镜慈善社为文良港中华学校筹款，即记录"十八晚剧本为《情场毒》，十九晚剧本为《钱房□》，两出皆为该社诸君得意之剧，且既练习娴熟，今为助学筹款之故，不惜粉墨登场"[2]。这些社团以话剧、舞蹈、歌咏、武术等游艺活动，描绘着近代国家与社会的图景。这也是以精武体育会为代表的新式体育武术社团得以南下发展的社会土壤。

一、精武五使下南洋

精武体育会在南洋发轫，源于精武会干事一次早期宣传活动。广东籍武术家黄强亚的个人交往，促成了此事。据陈公哲回忆：

> 先是1918年黄强亚到上海，加入精武为会员，眼见精武风尚，有足影响今后社会之重要，越年返粤，转入广东精武为会员，复见广东精武会开幕之盛，对于精武之认识，更为深切。后至南洋之吉隆坡，与曹尧辉话旧，并畅谈精武事，及约集李颂尧、骆伯瑾及教界人士，筹商发起吉隆坡精武会，适粤会罗啸璈亦来，更为说明精武之宗旨，及后返沪报告。[3]

图3-1 有"精武牧师"之称的马来亚多地精武会倡办人黄强亚

资料来源：《精武人物》，《雪隆精武体育会九十五周年纪念特刊（1921—2016）》，第66页。

时任《七十二行商报》主理的罗啸璈，为坤成女校筹款事，亦有南下的打

---

① 《南华女学校演剧筹款志盛》，《新国民日报》1922年2月17日第6版。
② 《人镜慈善社演剧为文良港中华学校筹款》，《新国民日报》1922年3月18日第9版。
③ 陈公哲：《南洋精武发展小史》，《星洲中国精武体育会三十周年纪念刊》，1951年，第130页。

精武五使者

陈士超　黎慧僧

罗啸璈

叶书田　陈公哲

图3-2　精武五使者

资料来源：罗啸璈编著：《精武外传》，上海精武体育会，1921年，前印彩页。

算。在此二人介绍下，上海精武体育会南下宣传得以成行。黄强亚后来成为雪兰莪精武第一期毕业学员，并在马来亚多地创会，任会内技击主任或总干事，在会中与罗啸璈并称"精武两牧师"，以表其传播之功。除了黄强亚个人之外，还有许多粤籍武术家、习艺者、商人，在广东、上海、南洋这一区域大范围流动。（下文也将涉及）正因此机缘，才有了南洋精武会的发展。

1920年7月3日，上海精武会骨干罗啸璈、黎慧僧、陈公哲、陈士超连同河北武术家叶书田，从香港出发，前往东南亚多地宣传精武武术，请求建立分会，同时也为上海精武寻求更多经济支持，被后来精武中人誉为"五使下南洋"。他们活动的路线如下：新加坡—巴生港、吉隆坡（7月28日，叶书田留下任教）—槟城（8月8日，黎慧僧回沪）—棉兰（8月15日）—槟城（8月19日）—新加坡（8月22日）。[①]陈公哲、陈士超兄妹，路线则为西贡（8月24日）—新加坡（8月30日）。叶书田回归，四人在新加坡汇合并开展表演。此后再历槟城（9月18日）—爪哇三宝垄（9月23日）—泗水（10月5日）—新加坡（10月11日），至同年11月返回上海。所到都是当时东南亚华人聚居之处，尤其以马来亚为主要宣传阵地。

精武会人每至一处，均联络当地商人、华人学校以及广肇同乡组织，由侨领出面为其组织欢迎会、处理戏院租赁并向殖民政府申请许可。在新加坡，陈公哲等人与当地商人打交道，曾参观侨领林义顺的橡胶园，以宣传实业为名帮助他拍摄短片。卢炜昌、陈公哲等人都在上海广肇公所及公学任

① 罗啸璈编著：《精武外传》，上海精武体育会，1921年，第7—9页。

职，罗啸璈为《七十二行商报》主理，与新加坡广府社团早有来往，因而他们在当地慢慢打开了局面。[1]

在华人社区通过当地侨领租借戏院，放映精武影片、表演精武式体操（国技）等等，是精武会最主要的宣传手法，在吉隆坡、槟城、泗水等地均取得良好效果。精武诸人往往在演出中展示多种精武武术，并以三五天极短的时间，授当地华校学生以精武潭腿等技艺，使之上台表演，以显示精武技击的教学效果。

以精武在新加坡的演出为例，1920年9月7日及8日，精武在当地华人聚集的牛车水地区华英戏院参加当地华侨举办的欢迎会，由伍璜、林文庆、林义顺、甘清泗、麦仲尧、余东旋、林推迁、李铁岑、黄兆珪联启。其中"精武式体操"环节由叶书田、陈士超、陈公哲、黄明伯表演二郎拳、露花刀、太祖拳、潭腿等项目，华侨女学生、养正学生表演仅受教两日而习得的潭腿操演，共十八个项目。此后精武数人游历北马及爪哇，回上海以前再度到新加坡参加华南北赈灾协会表演。由于上一次演出积累下一定基础，此次观演的侨领已经增加到五十六人，包括陈楚楠、林秉祥、蓝武烈等人在内。其间共出演精武式体操二十个节目，由华乐戏院报效影片三套。门券由怡和轩及交通银行负责销售。[2]两晚演出，会场布置极为隆重，前来出席的各界名人纷纷捐助。陈公哲除表演国操外，亦现场演奏四弦提琴（应为小提琴），复以英国皇家摄学会特别会员之身份，捐助《三潭夕照》等照片以资拍卖。陈士超得怡和轩匏室两公馆赠花篮，于表演晚会捐出拍卖。两晚表演共得到五万元。

精武在这些表演之中，显示出与中式传统武术社团不一样的观感，其开放式的教学让学生很快掌握，呈现出健康积极的精神气魄。这对日后吸引侨领支持至关重要。"五使"回国后，马来亚多地经过侨领努力争取，相继成立精武分会，成为二战前当地少有的注册成立的新式社团。

---

[1] 罗啸璈编著：《精武外传》，上海精武体育会，1921年，第25页。
[2] 罗啸璈编著：《精武外传》，上海精武体育会，1921年，第64—70页。

二、马来亚精武会初建及分布

在"五使下南洋"之后不久，新马多地侨领发起精武体育会。其中较早期成立的是新加坡、吉隆坡、金宝、槟榔屿、怡保等地，稍后则有马来亚北部多地，以及南部马六甲、麻坡等处。①梳理各地分会的情况有助于了解新式社团跨地域运作的机制及其背后依托的社会力量，下试分而述之。

（一）新加坡精武体育会

1920年精武干事至南洋表演，在新加坡得到李铁岑、黄兆珪、麦仲尧、林义顺、林文庆、林推迁、甘清泗等设宴招待，这批人后来也成为新加坡精武的主要支持者。

林推迁（1864—1923），福建厦门人，20世纪初办理航运，1913年与林文庆等合创联合火锯厂。一战期间在丁加奴（登嘉楼）开发钨矿，获利丰厚，又创办和丰银行，任董事。此后历任新加坡中华总商会议员、会长，怡和轩俱乐部总理，华人参事局参事，是新加坡多个医院、学校的赞助人。另一方面，林亦为当地重要的会党首领，是新加坡华人社会的领袖。②

林义顺（1879—1936），广东澄海人，生于新加坡，毕业于英校，长期从事菠萝种植、橡胶种植及相关加工与销售，获利丰厚，成为当地富商。早年支持孙中山革命，为南洋同盟会创始人之一，曾两度出任新加坡中华总商会会长，对新加坡土地开发与经济发展作出很大贡献。同时他也是潮州人领袖，先后管理潮人为主的义安公司，参与成立潮州八邑会馆。③报载：

> 上海精武体育干事陈公哲君，与陈士超女士等，于前日至洪水港义顺庄参观林义顺君之明美树胶厂。林君宴于湛华别墅。至昨天陈君等并带有摄影相至该处……陈君因即景摄有活动影片数百尺……陈君谓携归

---

① 因这些地区精武会人开始教学活动、赞助人召开成立大会，以及当地精武会正式注册，往往有时间差，故下文所涉及创会年份出自当时史料记载，或与现时认定不一致，只求大概了解即可。

② Jane Wee. *Lim Chwee Chian.* Singapore Infopedia https://eresources.nlb.gov.sg/infopedia/articles/SIP_1058_2009-12-22.html，访问日期2021年8月15日。梁君夷编著：《新加坡华族武术史话》，新加坡全国国术总会，1990年，第28页。

③ 南洋民史纂修馆编：《南洋名人集传 第一集》，1924年，第181—183页。

上海制成影片，以便排演，而唤起国人之振兴实业之观念云。①

这是关于精武会人与新加坡侨领早期接触的报道，也可以看出他们商人的背景。

甘清泗（约1886—？），福建海澄人，加入协荣茂轮船公司，是"印尼糖王"黄仲涵的得力助手，曾代表福建帮任中华总商会董事，也是本地南洋女学校的创办人。②

黄兆珪家族也是精武会重要的支持者。黄兆珪父亲黄亚福（1837—1918），广东台山人，1851年从香港移居新加坡。最初开木匠店，继而从事建筑、投资地产、开发种植园。后来受封太平局绅，1903年筹办新加坡第一家华人银行——广益银行，又创办了广惠肇方便留医院。黄兆珪昆仲三人于英国接受教育，兆珪本人是内宇法学院毕业并具备律师资格，曾任广东省总检察长。兄弟黄兆源则是土木矿业工程师，曾任职于粤汉铁路。他们回到新加坡后，广泛参与社会活动，是多家公司的董事和社团会董。

新加坡精武成立之初有林义顺、林推迁、陈嘉庚、黄兆珪等人为会董，③包括了广东帮和福建帮在内。但是20世纪30年代一直到二战前，更多的是广帮领袖担任会董并处理事务，如黄兆珪、曾纪辰、林文田、罗承德等④，他们同样活跃在新加坡冈州会馆、广东会馆等多个地缘组织。会中的教员也多往广府人所办的养正学校、广肇会馆中教授拳术。战前精武会组织抗日筹款，亦可见到广帮社团领袖及文化名人活跃其间。

新加坡精武体育会成立后，大量参与本地学校筹款活动。报载：

本坡静方女学校，近因校务发达，经费奇绌，特联合精武体育会筹

① 《精武干事参观柶厂》，《新国民日报》1920年9月6日，版次不清。
② 咖啡山文史研究"甘清泗"条，见http://bukitbrowntomb.blogspot.com/2012/04/blog-post_17.html?m=1，访问日期2020年7月10日。
③ 《创立至现在历届职员与会所》，《新加坡精武体育会六十周年会庆纪念特刊》，1981年，原书无页码。
④ 根据新加坡精武会保存的1922年至今的职员表。人物籍贯参照侨领传记资料及新加坡各地缘性社团刊物而确定。

图3-3　新加坡精武体育会现会所

资料来源：拍摄于2013年1月。

款。昨三号假座精武体育会开会议……演剧两晚，由精武体育会担任一晚，昙花镜影一晚，乐艺举武会武艺助兴，菱陶弦乐会音乐助兴。[①]

在一些重大节日，精武会联合各处派出教练教习的学校或社会团体，组织游艺活动。这些组织多为广府人社团，活动中也渗透了民族主义感情，如：

昨双十节日，星洲精武体育会，假座中华电影戏院，以伸庆祝之忱……随请黄君兆源为主席，杨君兆祯代为宣布一切，后该会董事李亮琪君常说，谓体育宜与三育并重，并谓拳术技艺，宜取公开态度，公共研究。语学校代表陈宗铉君，及该会会长黄兆珪君之女公子。……至各校国技运动，除华侨女校因开联合运动会，不能到场外，此外有工商校之硬槌、养正学校之下六路潭腿，及学生陈树昌之双刀，皆整齐合度，极足表现国技之精神。是日华民政务司皮蒂君、何乐如君及士他令君，皆到场参观，叹为得未曾有，极赞教授者之得法，并望该会将来日益发

达，以便增进华侨之体育云。①

其中所提到的养正学校，正为广帮人士的学校。精武以公开的姿态教授拳术，亦为时人所称许。

长期在新加坡精武任教的武术教师，20世纪20年代有蔡景麟、赵连城，以及女子部吴秀媛。30年代则有魏元峰，魏氏为叶书田外甥，来自中国河北省，但到新加坡后为适应当地环境，慢慢学会以粤语教授拳术。②可见新加坡精武会员实以广东人为主。

（二）雪兰莪精武体育会

雪兰莪精武会位于雪兰莪州当时的首府吉隆坡，现亦称"雪隆精武体育会"。吉隆坡今天为马来西亚首都，在1896年英国殖民者建立马来亚联邦后作为首府，因采矿、种植、市政开发等日渐发展起来。吉隆坡聚集了大量广府华侨，在新式社团文化输出发展上起到很大的作用。

在"五使下南洋"之时，最早接触精武会干事的人，后来也成为雪兰莪精武的支持者，而且这些人绝大部分是吉隆坡开发史上有名的广东籍侨领。

张郁才（1873—1958），广东新会人，十三四岁时在广州当茶房，后南来吉隆坡，在万挠当政府通译员的私人助理，半年后在吉隆坡侨领陆佑所设商号东兴隆任职。此后以积蓄投资开设鸿发锡矿有限公司致富，又投资创立广益银行。张郁才亦是吉隆坡多个华侨社团的创始人或理事，如雪隆广肇会馆，雪兰莪中华大会堂、柏屏义学、广肇义学、仙四师爷庙、同善医院、积善堂等等。殖民政府任命其为华人参事员。③

曹尧辉，广东新会棠下人，种植家、汽油商，爱好体育，历任冈州会馆副主席、中华大会堂副主席、中华总商会义务司理，在广东会馆、广东义山等多个机构任职，亦在精武体育会长期担任副会长一职。④

---

① 《双十节日之精武体育会》，《叻报》1922年10月11日第3版。
② 新加坡精武会廖德南先生口述，2013年4月。
③ 《张郁才局绅事略》，《雪兰莪精武体育会六十周年钻禧纪念特刊》，1981年，第21页。亦部分参考雪隆广肇会馆整理"广肇先贤"之"张郁才"条。
④ 雪隆广肇会馆整理"广肇先贤"之"曹尧辉"条。

陆运怀（1898—?），广东鹤山人，华侨实业家，著名侨领陆佑次子。历任尊孔学校校长、华商会副会长、坤成中学董事长，是精武体育会重要赞助人。其妻亦赞助女子精武会活动。

陈泰阶，广东番禺草堂村人，二十岁南下谋生，曾经营铁厂、金饰、唐洋货、影像馆，亦广置胶园。二战前曾任雪兰莪筹赈会难民委员会总务。战后任职于雪兰莪多个广东社团，参与设立泛马番禺会馆联合会，也是保全雪兰莪精武体育会产业的重要贡献者。①

梁隆福，广东顺德人，供职于广益银行，在广肇会馆、尊孔学校、人镜剧社、同善医院等多个社团担任查数，对于举办彩票之类筹募基金，贡献尤多。②此外还有辛百卉、周锦泉、廖荣枝、梁顺玲等，均为当时精武会及附设学校办理贡献良多。

雪兰莪精武会中长期担任教学工作的，是有"叶氏三雄"之称的叶书田、叶书绅、叶书香三人，彼此为兄弟关系。叶书田之叔叶凤岐为上海精武草创之时已经在会的武术教师，20世纪20年代也曾到南洋视察，后来情况不详。最早在南洋参与建会的应是叶书田。叶书田（1886—1942），河北景县人，是1920年前往南洋开始宣传武术的精武干事。当时他上台表演甚多，留给当地人十分深刻的印象。叶氏不久即赴吉隆坡新建精武之中充当教师。此时叶书田当在三十五岁左右。③此后叶书田还在马来亚多个精武会任教，曾长驻怡保，发展当地北狮和武术。（在第四章"北狮"部分还会涉及。）其间也多次往还家乡，携带家眷及武术舞狮道具南来。沦陷期因缺乏药品不幸病卒。据其后人回忆，叶氏在吉隆坡学校、社团公开教拳，本与黑道中人无涉，但亦曾遇到江湖人士上门挑战。通常一开始都好言相劝，实在无法避免的只能关门决斗，但即便自己赢了，亦难免身体受损，这种经历并不愉快，却又无可避免。叶氏一直把教拳所得，汇回家乡置业，希望到老可落叶归根。只是后来中国国内历经变革，叶氏所购田地悉数无效。后人生长于马来

---

① 《早期创会先贤、复会运动先驱》，《雪兰莪精武体育会九十周年纪念特刊》，2011年，第57—58页。

② 《对本会有贡献的人物》，《雪兰莪精武体育会六十周年钻禧纪念特刊》，1981年，第31页。

③ 关于叶书田生平，见《先太老师叶公书田事迹记闻》，《饮水思源，缅怀先师：暨陈耀明老师百岁冥诞》，怡保中国精武体育会，2002年，第11—12页。

亚，入读广府人养正学校，到今天已完全为本地广府文化同化，没有北方人的特征了。①

叶书田兄弟及外甥在二战前亦陆续南下，其中叶书香、叶书绅均在吉隆坡精武继续经营。吉隆坡精武于20世纪50年代曾因为社团注册超期而被封会所。叶书绅有约一两年时间是在精武会所附近租借平房继续教学。②叶书田外甥魏元峰则最终在新加坡精武会落脚，成为当时名师。据新加坡精武会双狮团主任林先坤称，因叶氏家族在北方是镖局出身，即使在南洋人群复杂的社会环境中，仍然能镇得住场面。③魏元峰武功了得，一套"醉八仙"打得酣畅淋漓。20世纪80年代，魏元峰因糖尿病恶化过世。

从叶氏家族赴新马教拳的经历来看，他们在河北省原籍已是武师，依靠精武平台，把旧有技艺带至南洋，加以改良并以发扬。先由叶书田在雪兰莪精武把教学引上轨道，再把家乡中的亲人一一引至新马。此种情况与霍元甲哲嗣霍东阁及其家人陆续到印尼开创精武有相似之处。叶氏家人在新马备受尊崇，他们也从旧式镖局中的武师，走向另外一个平台，成为面向学校、社团，肩负引导民众强身健体、爱国乐群责任的武术老师。马来亚华侨社会经济较佳，为他们提供了就业与发挥武术专长的机会。而由于后来时世变化，他们也由原来侨居变成定居新马。

雪兰莪精武会活动丰富，建立之初有台球、杠子、网球、粤乐等活

图3-4　有"叶氏三雄"之称的叶书绅、叶书田、叶书香

资料来源：雪兰莪精武体育会提供。

① 据叶书田哲嗣、雪兰莪精武会资深教练叶振华回忆，2018年10月。
② 雪兰莪精武会叶汉辉口述，2014年4月。
③ 新加坡精武会林先坤口述，2014年2月。

图3-5　20世纪50年代新建的雪兰莪精武体育会会所

资料来源：《雪兰莪中国精武体育会新会所开幕纪念特刊》，1953年，原书无页码。叶振华先生提供。

动，组织会员廉价旅行，赴马来亚各地增长见闻。[1]后来各项活动愈加完善，有球类、国操、调查、教育、交际、中乐、文事、西乐、游艺各部，除武术教授外综合了不同类型的文娱活动。[2]曾有粤乐名师罗绮云任教音乐。会内教授中文，对于大量土生华人会员，是难得的补习机会。[3]雪会于1928年办理精武学校，为当地华侨（主要为广东人）子弟提供小学教育。郑天轼为首任校长。1931年则由上海精武南下的容忍接任（容忍亦任精武会话剧指导）。该校历经搬迁、变革而存续至今，即为精武会于当地教育之贡献。[4]

（三）金宝精武体育会

金宝位于马来西亚北部霹雳州，近打河流域，历史上以锡矿开发而有名。当地华人众多，是华文教育发展较早的地区。

---

① 《雪兰莪精武》1928年第1期。
② 《雪兰莪精武会创立及发展》，《雪隆精武体育会九十五周年纪念特刊（1921—2016）》，2016年，第40—43页。
③ 《十九年来本会大事记》，《雪兰莪精武筹赈祖国难民游艺会纪念特刊》，1939年，第58—59页。
④ 周其辉整理：《吉隆坡精武小学简史》，《雪兰莪精武体育会九十周年纪念特刊》，2011年，第146—149页。

金宝精武体育会，由侨领黄芳发起，1921年已开始活动。先由黄芳聘教员黄强亚在其别墅中教学，两月余成绩颇佳。继有胡清吉、区慎刚、黄南英、郭泽明等人于金宝务边街（现时金宝公立华小女校校址）开辟精武操场。①这一批侨领，多由锡矿、土产起家，并发起主持当地多个华侨学校及社团。1923年3月，金宝精武体育会得政府批准正式注册。②后来因黄芳生意失败，无力再支持而停顿一段时间。20世纪50年代得侨领朱汉湘、陈应秩、伍英芳等人帮助得以复会。朱汉湘为商界闻人朱海均哲嗣。朱海均（1875—1951），广东阳江人，早期在北马经营矿场，后来则大量投资开发金宝。③其子对文化事业颇为重视，为二战后多个华人团体复会领袖。

初来任教者包括雪兰莪精武的黄强亚、叶书田等人，黄强亚后来任技击主任。金宝精武与雪兰莪精武地理位置接近，人员交往密切。据载，雪兰莪精武男女会曾组织往金宝作游艺会，由当地培元、怡保、育才各学校学生演奏西乐欢迎。会员齐着制服到操场、戏院中表演国技，"手眼灵敏，步武整齐，精神奕奕。殿以女会员凤舞一幕，和以粤乐，音韵悠扬，羽衣翩跹，大有飘飘欲仙之概。叶书田君所演醉八仙尤为来宾欢迎……诚金宝开埠以来未有之盛举"④。在这一个较小的城市，华侨工余缺乏娱乐，因此精武带来的游艺表演令人耳目一新。当地也因黄氏对武术传播的贡献，创办了"强亚学校"，学生以粤籍人为主。

金宝精武活动亦多可圈可点之处，如会中干事甘根积作曲的《精武颂》，为后来精武同仁所传唱，⑤是海外精武会参与营造精武文化的典型例子。

（四）怡保中国精武体育会

怡保为马来亚北部山区后来兴起的城市，当地因锡矿蕴藏丰富而吸引大

① 《金宝精武消息》，《中央》1923年第26期，第48页。亦参考《霹雳金宝中国精武体育会简史》，《金宝中国精武体育会庆祝九十周年纪念特刊》，2011年，第18页。

② 《金宝精武成立报告》，《中央》1923年第18期，第55页。

③ 《雄冠粤北的中西合璧客家围屋》，《南方日报》2011年10月28日。

④ 黄强亚：《金宝精武游艺会纪盛》，《中央》1923年第29期，第48页。

⑤ 根据2019年10月对金宝精武会会长黄惠江、干事梁美蕙的访谈。

批华人前来开发。精武会在当地组建成立，也与矿商关系密切。

上海精武体育会卢炜昌、姚蟾伯、罗啸璈三人，于1923年冬天在金宝开游艺会，时怡保矿商林六经、陈沛雄、陈炽雄等参观，十分欣赏，于是邀请他们在新街场永康戏院开两晚游艺大会。建设怡保精武的动议一开始因锡矿及树胶跌价而未成。[1]后来甲必丹郑大平于1924年3月7日在怡保中华总商会召开华团大会，议决组建中国精武体育会，由陆子彬、陈谦、林星桃、杨伟其、吴琴五、岑祝山等人筹办，借怡保书报社（即今坝罗古庙义学）为临时办事处，此后一个月即得五百余会员。时吉隆坡精武派遣欧阳富荣、卢宝枢前来助教，干事长杨寿南主持组织，又租得河南桥东侧园地作练习操场。

郑大平（1879—1935），广东增城客家人，马来亚出生，为甲必丹郑景贵四子。郑景贵为马来亚北部著名锡矿家，华人会党海山派主要领袖之一，增龙会馆倡建者，晚清时因军捐受封官衔。郑大平继承其父产业，极力发展矿场，受殖民政府器重而封华人甲必丹。郑氏家族于北马势力甚大，亦热衷支持华人教育与文化事业，[2]由他出面申请精武会注册立案，方得成功。

梁燊南于1925年接手郑大平任怡保精武会会长。梁燊南（1877—1940），广东梅县客家人，早年随父到槟榔屿入学，年纪稍长已显示出对骑射的兴趣。约在1909他到北马开矿，采用西式采矿法提高效率，获得巨大利润。他对华人办学极为热心，历任明德学校、育才学校总理。同时又是中兴银行董事、霹雳中华总商会会长。梁对于祖国事务十分关注，曾受唐继尧邀请，往云南考察矿务，得到政府多番嘉赏。[3]1921年被选为怡保所在霹雳州国民党支部长。他也是霹雳州其他分会的支持者。

在梁燊南以后，有王振东、李坤文出任会长，时间均不长。1935年则改由刘伯群任会长，执掌三十五年，为精武发展打下很好的基础。刘伯群（1896—1973），广东增城人，二十岁买棹赴马来亚甲板当矿工，此后历经艰苦成为矿主，极盛时在马来亚北部开设锡矿二十余座，得利甚丰。于20世纪20年代末在霹雳州陆续开办东粤、东和隆、东兴隆三家公司。他作为侨界

---

① 林星桃：《怡保精武体育会史略》，《南洋怡保精武体育会二周年纪念特刊》，1927年。
② 谢诗坚编著：《槟城华人两百年：写下海外华人历史第一页》，槟城韩江学院华人文化馆，2012年。
③ 南洋民史纂修馆编：《南洋名人集传 第二集》（上），1928年，第57—59页。

领袖，任霹雳中华总商会、中华大会堂、华人矿务公会等多个主要华人社团领袖。同时亦热心教育，曾任育才中学、霹雳女子中学、坝罗古庙义学等多家华校、英校校董。①

怡保精武中一直有很多粤籍人士，充任中层组织与教学工作。比如早期负责美术部的杨可绳，为怡保出生的粤籍人士；热心捐助并组织篮球部的李锡化，祖籍广东四会，亦是南洋出生。②

怡保精武会的教学还延伸到霹雳州其他地方，如同样以锡矿闻名且有大量广东人聚集的端洛，埠中中山学校每周六日可得到由精武教授技击的机会。③经济和人力都较为雄厚的会，其辐射力会扩展到周边的商埠，形成更为广大的武术学习群体。

怡保由于锡矿业衰落，现正面临青年人才流失、人口老化、城市发展减缓等多种挑战。精武体育会因应时世，在组织献血、婚姻注册、为老人院和教育机构义演募捐等方面积极组织筹划，得到本地华人热烈反响，保持了较高的社会活跃度。④现任会长黄保生亦为近打地区婚姻注册官，在办理新人注册仪式之时强调华人亲善和谐、尊老爱幼的传统美德，以期当地青年树立良好的家庭观念。

图3-6　1927年出版的《南洋怡保精武体育会二周纪念特刊》书影

资料来源：广东省立中山图书馆保存。

---

① 陈中和：《从中国海外华侨代表到大马本土华社领袖：谈刘伯群和他的遗绪》，拉曼大学中华研究中心、霹雳华人矿务工会、近打锡矿工业（砂泵）博物馆联合举办：霹雳州百年著名矿业家（1848—1957）国际学术研讨会，拉曼大学金宝校区，2016年10月22日。

② 关于怡保精武从业者信息，得该会黄保生会长及会中工作人员提供资料，谨此致谢。

③ 黄强亚：《纪中山学校之国操》，《南洋怡保精武体育会二周年纪念特刊》，1927年，原书无连续页码。

④ 吴华生：《活动大事记》，《怡保中国精武体育会庆祝七十周年钻禧纪念特刊》，1994年，原书无页码。

（五）槟城精武体育会

马来亚北部一直是革命力量较为活跃之地。除了上文所说怡保精武会领袖中有不少国民党要员外，槟城亦如此。1909年孙中山把中国同盟会南洋支部从新加坡迁至槟城（旧称槟榔屿或音译为庇能），并长期在此进行革命活动，出版《光华日报》等宣扬革命思想的报刊。早在"五使"于1920年来时，有戴淑原、陈新政、陈若愚、梁德权等发起欢迎会，这四人均为槟城国民党成员。①

戴淑原（1887—1944），广东大埔客家人，是槟城富商戴欣然次子，早年因助清廷办理赈务，受封四品法部员外郎，后辞官任槟城副领事，民国以后继任槟城领事，对当地教育、慈善不遗余力。②

陈新政（1881—1921），福建厦门人，十九岁随父到槟城经商，后加入同盟会。③陈新政曾参与创建槟城阅书报社，更是同盟会在马来亚喉舌《光华日报》的创始人。④

"五使"曾在华侨中学教授潭腿，该校董事梁恩权、梁应权、梁德权数人，给予精武重要资助。三人为梁辉之子。梁辉（1857—1911），名廷芳，字广辉，号碧如，广东嘉应客家人，北马著名锡矿主，1902—1908年任中国驻槟城副领事，亦在殖民政府任立法委员、参议员。

槟城精武会（时称"庇能精武会"）成立于1924年元旦，由当时上海中央精武主任卢炜昌、姚蟾伯及参事罗啸璈主持。⑤槟城精武会曾有多位著名教练主持教学，如上海中央精武派来的李少林、李瑞标，鹰爪翻子门名拳师刘致祥。叶书田、唐文伍、蔡景麟、刘清湉等马来亚精武名师均曾在槟城教学。二战后复会，请来陶锦才、杨清河、陈根枝、黄锦洪等任教职。在会中长期管理武术教学的还有鹰爪翻子门传人邝启裔（见第二章第二节鹰爪翻子

---

① 罗啸璈编著：《精武外传》，中国精武体育会，1921年，第43—44页。
② 黄贤强：《客家领袖与槟城的社会文化》，周雪香主编：《多学科视野中的客家文化》，福建人民出版社，2007年，第217—219页。
③ 陈新政：《槟榔屿华侨革命回忆录》，刘萍、李学通主编：《辛亥革命资料选编 第五卷 华侨与辛亥革命》，社会科学文献出版社，2012年，第143页。
④ 槟城阅书报社编：《槟城阅书报社卅周年纪念特刊》，1938年。
⑤ 《庇能精武纪事》，《精武》1924年第38期，第58页。

门部分）。

　　槟城精武亦是七星螳螂拳南传的重要节点。七星螳螂拳为螳螂拳其中一支，相传为明末山东人王朗所创。王早年在少林习技，因清廷追捕而躲入深山，观螳螂捕虫之技领悟出非凡拳术。几经传播，流播于北地。民国八年（1919）上海精武总会聘请名师罗光玉在上海教习，继而下广东、港澳。20世纪30年代罗光玉徒弟黄锦洪因商业事务由香港南下槟城并任精武教练，教授七星螳螂拳，成为北派拳术南传的重要一支。现时会中有黄锦洪徒弟黄百忠为教练。[①]螳螂拳有崩步、拦截、八肘、摘要等重要拳术套路。[②]而"七星"之名，一说为其步法形似北斗七星而得名；另一说则指人体七个部分，分别为头、肩、肘、拳（掌）、臀、膝、脚，需相互配合。黄锦洪师父除在精武会教学外，亦开设七星螳螂国术会于槟城，对七星螳螂有独到的见解与整理之功。[③]

（六）马六甲精武体育会

　　马六甲位于马来半岛南岸，是马来亚历史悠久的贸易港埠，地处著名的马六甲海峡，该海峡是沟通太平洋与印度洋的要道。当地历史上有大量土生华人，近世则以福建人为多。

　　马六甲精武会成立于1932年，由当时上海中央精武会与雪兰莪精武体育会共同倡建，精武教师黄强亚、曹尧辉等前来帮助筹设。其支持者为当地名人张铁绵、林登瀛、邝建章。[④]邝建章，广东三水人，为马六甲当地著名医生，曾被委任为殖民政府华民事务署参事员，对华侨社会事务十分热心。[⑤]林登瀛，字登瀛，福建闽侯人，原在中国海军服务，后任马六甲培风学校学监。[⑥]先后受委派到马六甲精武的武术教练，有魏元峰、欧阳富荣、谭奕嘉、唐文伍、周志成等，亦有吉隆坡精武叶书绅、叶振华等。陈林稳曾任该会舞

---

①　黄伯忠：《螳螂拳术起源与系统》，槟城精武体育会提供。亦参考2013年对黄伯忠师傅的访谈。
②　谢永铭：《七星螳螂发展史》，第21页。
③　《螳螂拳简述》，《槟州武术龙狮总会成立30周年纪念特刊（1977—2007）》，2007年，第21页。
④　《马六甲精武体育会简史》，马六甲精武前总务陈书章提供，2013年2月。
⑤　《马六甲粤籍侨生邝建章，荣膺华民署参事员》，《星洲日报》1939年3月28日第14版。
⑥　南洋民史纂修馆编：《南洋名人集传 第二集》（下），1928年，第369页。

狮教练。

二战后马六甲精武复员，曾在1954年于极东园胜利台举办武术表演，也有舞北狮、口琴演奏等节目，演出警世艳情粤剧《羞簪夜合花》，为南洋大学筹划建校基金。1958年雪兰莪精武派武术组与粤语组，协助举行游艺大会筹款。

（七）麻坡精武体育会

麻坡位于马来亚南部柔佛州，历史悠久，华人在此地开发种植，先后以橡胶、甘蜜、胡椒等带动经济。当地以福建人为多，潮州人、客家人等其他方言群组织亦有七八个。[①]该处民族主义氛围浓厚，在对日作战时华人社会筹募大笔捐款，下文亦将涉及。

麻坡精武会与当地启智书报社有非常密切的关系。启智书报社成立于1910年，与马来亚各地书报社相类，是当地人为了响应孙中山号召而成立的，带有同盟会色彩，向在地民众宣传革命的组织。[②]启智书报社创办者刘静山、张开川、黄秉衡等，为麻坡同盟会领导人，后来都成为麻坡精武会的创办者与中坚力量。这也使得麻坡精武会较他处精武会有更明显的政治立场与民族主义色彩。

1933年，麻坡精武会经过多番筹备，选定正式职员，由张开川任正会长，黄吉埔、罗美东、陈兆魁、郭诗庵等分任副会长及参事。教学层面有国操部主任陈焯南，音乐科中乐蔡泽生、西乐何源淑，又聘黄强亚为会务主任及国操教员。[③]

张开川（1900—1942），福建同安人，侨生，为麻坡中华学校创始人张顺兰长子。张顺兰早年致力于种植业，受孙中山影响成立麻坡同盟会，与刘静山等共同主持会务。张顺兰过世后，张开川接任，兴办教育，任麻坡多个华人社团领袖。抗日时期任柔佛华侨筹赈祖国难民总会第一届主席，为抗日募捐多方奔走，1942年被日军杀害。[④]麻坡广肇会馆创始人黄成佐，广东新会

---

① 李亦园：《一个移殖的市镇：马来亚华人市镇生活的调查研究》，正中书局，1985年。

② 《麻坡启智书报社社史》，麻坡启智书报社：《百年启智纪念特刊1910—2015》，2015年，第38页。

③ 《麻坡精武体育会正式职员已选定，张开川任正会长》，《南洋商报》1933年4月21日第6版。

④ 许云樵编：《新马华人抗日史料1937—1945》，文史出版私人有限公司，1984年。

人，早年支持孙中山革命，加入麻坡同盟会，在精武体育会担任要职。[①]

精武会与麻坡当地其他社会团体一样，非常积极地参与支持抗战的各种活动。日占时期华人社团遭遇空前破坏。二战后麻坡精武会没有复办，有可能是受人员流失影响，或与马来亚南部共产党的活动有关。在二战结束以后，尚有"中华精武互助会"组织存在，为抗日烈士送上挽联。[②]大约1950年，启智书报社因发展需要，购入原精武会所，建为现在的启智礼堂，麻坡精武会原建筑不存。[③]

（八）实兆远精武体育会

实兆远位于马来亚北部霹雳州，早期由来自中国福州的华侨开垦，以锡矿、橡胶等为主要物产。

实兆远精武缘起于1927年春，时有"精武牧师"之称的黄强亚，主理怡保精武之余，至实兆远认识南益金铺的何道生，以及冯自衡、郑民伟、何介眉等人，宣扬精武事业。[④]何道生，广东顺德人，与家族成员合开金铺。[⑤]金铺为霹雳州广东籍华侨集中的产业。该会一开始未能正式注册，只在益智书报社附设精武体操部开展教学。1929年4月已经发展学员七八十人，以树胶公会为操场。此后得益于怡保会长梁燊南赞助，黄国栋、黄正开捐资，本会会长王叔金送地，以供建筑。王叔金（1884—1964），福建永春人，曾在怡保与务边矿场经营日用品，后于实兆远设杂货店，在当地乃至泰国投资橡胶园及房地产，对实兆远当地慈善与教育事业贡献颇多。[⑥]继而聘请欧阳富荣主理会务，日渐步入正轨。

（九）安顺精武体育会

安顺位于下霹雳州，沿河道而建，是货物进出口重地。当地盛产燕窝及

---

① 郑昭贤：《父亲为同盟会员，他忆孙中山到访马来西亚麻坡往事》，2017年4月24日，https://www.thenewslens.com/article/66151，最后访问日期2020年10月3日。

② 《麻坡华侨义烈史》，第75页。

③ 麻坡启智书报社原社长吴天赐先生口述，2018年3月。

④ 黄强亚：《实吊远精武成立始末记》，《精武画报》1929年第2卷第12期。

⑤ 何乃强：《父亲平藩的一生：一个上世纪广东移民的故事》，玲子传媒私人有限公司，2013年，第71页。

⑥ 王永裕、刘思敏编：《王叔金与家族新闻及专题报导1994—2015》，2015年。

手工业品，各类商业繁盛，侨团众多。1936年该埠闻人陈保安、陈政开、阮文近、邓子贤等发起成立安顺精武体育会，拟聘请黄强亚前来办理。[①]1940年因经费缺乏，在当地培智书报社商讨改组及征求会员等工作。[②]二战后复员，得到雪兰莪精武会资助，又得侨领陈保安、廖瑞泰、林采仁、廖日兴，以及黄强亚等人协助，购买会址，得以延续至今。[③]

陈政开，名荣盖，字政开，福建德化人，在万里望、安顺、打巴埠等地经营布庄及商号。[④]邓子贤，为广东会馆重要领袖，于教育、公益事务极为热心。[⑤]

（十）太平精武体育会

太平（旧称"拉律"）为上霹雳州商埠，历史上是近打河谷著名的锡矿区，曾发生会党争夺矿区而起的持续十余年的拉律战争，交战双方和解后，将该处定名为"太平"，以示彼此和平共处。

太平精武于1929年开始倡建，时怡保精武篮球队与当地振华学校篮球队进行友谊赛，翁晴波、郑民伟、刘北华及教员魏元峰，向当地局绅林君三及励德社总理宣传精武会的理念，得到他们的支持。[⑥]是会创办先由黄强亚前往活动，得识励德社林英勤。精武会初期附设于该社之内，称太平励德社精武体育部。后来因卢炜昌组织中华国术马戏筹款得以独立出来，会址位于广东会馆。[⑦]黄强亚此后前往他处，请雪隆精武曹尧辉之弟郁登任主任，欧阳富荣继续办理。[⑧]

二战后复员过程中太平精武曾遭遇资金困难，精武创办人之一陈公哲曾到太平请求廖拔初、张石灵、梁雄超、黄景高四人任太平精武整理委员会，

---

① 《安顺将有精武体育会成立》，《总汇新报》1936年6月2日第3版。关于安顺精武会历史，亦得到该会黄文汉等前辈分享，2019年10月。
② 《安顺精武体育会》，《星洲日报》1940年5月5日第13版。
③ 《安顺精武会复兴颇积极》，《南洋商报》1946年11月26日第8版。
④ 南洋民史纂修馆编：《南洋名人集传 第二集》（下），1928年，第196页。
⑤ 《安顺邓子贤病逝，广东会馆特组治丧委会，遗体昨出殡》，《南洋商报》1955年2月28日第11版。
⑥ 《太平创办精武体育之先声》，《星洲日报》1929年5月14日第15版。
⑦ 黄强亚：《太平精武成立之经过》，《雪兰莪精武》1930年第2期，杂记第4—6页。
⑧ 《马来亚精武消息》，《精武丛报》1936年第2卷第6期，第7页。

梳理资产，重新建会。[①]今天太平精武对于当地青年影响甚大，成为北马重要的分会。[②]

（十一）森美兰精武体育会

森美兰精武会位于马来西亚森美兰州首府芙蓉，创办于1922年，由当地侨领朱戟门、黄益堂捐资办理。朱戟门为广东著名企业朱广兰号家族中人[③]，幼年时接受过良好教育，先后在王后书院、香港和莱佛士学院学习，1907年定居马来亚，1937年受封太平局绅，在芙蓉捐资兴建多所学校、医院。他与黄益堂均为森美兰广东会馆、中华大会堂创办人。[④]

森美兰州据载有广东华侨达十余万，芙蓉精武拳术教学，亦大多面向广东人。该会曾聘黄强亚、曹惠光等人前往教授拳术。[⑤]后因曹惠光请辞，会长朱戟门曾致信南洋精武主任罗克己及上海中央精武请求派教员支援，要求"贵处派人来，须择其精通粤音者，方能教授。否则语言不通，殊不方便也"[⑥]。教授拳术需以广东方言，可见该会人员构成。该会曾为森美兰华人接生医院表演国技筹款，组织参与多项体育活动。[⑦]

20世纪50年代，在雪兰莪精武会的黄强亚，与芙蓉吴越生等人商量复会。[⑧]聘请著名太极教师聂智飞前往教授。复会后会长阮思敬促使莱莱歌舞团义演筹集经费。[⑨]此后亦参照当时友会做法建立互助部，解决经费问题。也于篮球、足球等体育项目多有建树。[⑩]

---

① 《太平精武体育会盛设茶会，欢迎总裁陈公哲》，《南洋商报》1953年5月13日第9版。

② 关于太平精武会历史，得该会余涌强等前辈分享，2013年4月。

③ 朱克礼：《朱广兰企业的兴衰》，中国人民政治协商会议广东省广州市委员会文史资料研究委员会编：《广州文史资料》第二十一辑，1980年。

④ 《本会馆史略》，森美兰广东会馆，http://nskthistory.gbs2u.com/bd/index3.asp?userid=53405500&idno=2，最后访问日期2020年7月11日。

⑤ 《中央》1922年第2期，第2页。

⑥ 朱戟门：《芙蓉精武消息》，《中央》1923年第18期，第49页。

⑦ 《森美兰华人接生医院演剧筹款》，《南洋商报》1933年10月31日第7版。

⑧ 《黄强亚至芙蓉推动复办森精武体育会》，《星洲日报》1952年9月11日第8版。

⑨ 《莱莱歌舞团在芙蓉为精武会义演，获款二千余元》，《星洲日报》1953年7月2日第7版。

⑩ 关于森美兰精武会历史，亦得该会时任会长张金发分享及提供资料，2013年4月。

（十二）和丰精武体育会

和丰位于马来亚霹雳州北部山区之中，历史上以锡矿、林木资源丰富闻名。

和丰精武体育会据说在1925年已经开始活动，报纸报道其筹备注册时在霹雳州安顺、实兆远等地筹创精武的黄强亚，前来和丰筹组，得到当地侨领王振相、周国泰、郑奕定、黄馥林、李清溪、周芳等支持，和丰兴中中学校长江晃西积极奔走，筹得开办经费五百元。[1]在当地填平操场，建设篮球场，黄强亚亦开始在兴中中学义务教授学生拳术。年余之后由雪兰莪精武会方景全接手，继续办理会务并教导武术，后因无人主持而沉寂。[2]直到2001年复办。

三、社团注册问题

如上一章所述，华人社团在马来亚受到殖民政府《社团注册法令》的规管，精武会亦不例外。作为20世纪20—30年代才进入马来亚发展的武术团体，且不具备侨生团体豁免注册优待，是否能争取侨领的支持以注册，消除殖民政府的猜忌，是精武会能否公开活动、具备合法性的关键。上述各会特别是在大埠的社团，其出版的特刊中都有关于争取注册的记录。而现时能找到的注册文件，也能体现更多细节，让我们得以了解社团在殖民政府法治环境下的生存状态。

例如新加坡精武注册文件，其分为英文章程和殖民政府立案文件。章程明显是针对海峡殖民地环境设计。第一部分社团宗旨即声明是"针对海峡殖民地的中国人，教育年轻一代以正当的娱乐和体育锻炼，养成健康的身体"。同时也要达到养成卫生习惯，提高道德水平的目的。章程规定只有中国人才可以成为会员，而对"中国人"的定义则包括海峡殖民地华人，以及中国公民，并特别声明不限性别。至于其他国籍人士则可以成为名誉会员，享有普通会员参与活动的权利，但没有选举权及参事权。至少在文字层面，

---

① 《和丰精武体育会会员大会，出席三十八人，推举注册职员》，《南洋商报》1930年3月19日第18版。

② 《和丰精武体育会简史》，该会现任会长谭永福先生提供资料并接受访问，2019年10月。

精武会开放给当地不同层面、不同种族的人参与其中。

条文指明会内从事的运动有Chinese National Athletics（中国传统体育）和National Art（国技）。把这两项单列在第一条，可见新加坡精武保持了精武自上海而来，以武术为主要活动的传统。其他体育和文娱活动则包括了足球、网球、板球、篮球、体操、西洋拳击、划船、游泳、台球等。此外有大量内容是针对社团的日常运作而制定的，包括选举、开会、会籍管理等等，与其他地区章程相类。而政府的立案文件则显示，精武注册是根据1909年所颁布的《社团条例》（Societies Ordinance 1909）。社团宗旨在首页加了特别说明，指出"社团不应涉及任何政治或政治宣传"，也没有宗教节日（feast days）。①

新加坡注册条文，对其他在南洋各属殖民地的分会处理注册问题，起到蓝本的作用。为此上海精武专门把《新加坡精武注册条例》纳入"精武丛书"出版，印行流通各地。后来北马怡保等地精武会注册，也把新加坡注册条款用作参考。

除了《社团注册法令》外，另一项对精武会注册影响甚深的是《学校注册法令》。20世纪以后马来亚华人学校民族情绪高涨，经常卷入罢课和示威的风潮之中。殖民政府于是制定《学校注册法令》，防止民族主义在华人社会过分膨胀。②法令除了规定学校、负责人及教师的各种注册程序外，还对教科书进行检查，并明确指出"如果任何学校被用作政治宣传，并且对殖民地和公众利益相悖的话，政府或法院有权宣布该校不合法"③。此时立法会议员林文庆指出，教育条例关于教育的条文甚少，而更主要的目的在于控制华校与教师。④在该法令影响下，大量有宣传民族主义嫌疑的教师被遣返国内。据研究者推算：

---

① 关于新加坡精武注册条文引文，全部来自The Registrar of Societies, Singapore, S. S.，上海市档案馆，档号：Q401-10-51。
② 李恩涵：《东南亚华人史》，五南图书出版公司，2003年，第570页。
③ No.21 of 1920, Straits Settlements Government Gazette, Oct 29, 1920, p. 1742。全文见pp. 1737–1742。
④ 《海峡时报》1920年7月6日。

由于《学校注册法令》规定凡满10名学生的学校便须注册，课程、行政与卫生等亦须符合当局的要求，许多学校原本只求有个地方让大家有书读，就草草设立，自然是不合规格；在1925年至1928年间，最少有315所华校在这项法令下被关闭。①

各地受《学校注册法令》影响不一，相对而言马来西亚北部执行得最为严厉，也对精武会影响最大。槟城自1910成为同盟会总部所在地后，聚集了大量国民党人员。殖民政府也发现，当地华人学校里的教材有宣传民族主义的成分，学校教师中也不乏在政治上态度激进者。北马多间华校在法令出台后被迫关闭，亦导致周围人都不敢为精武申请注册。②而且精武习武背景及三星盾型会徽，在出现过激烈的私会党冲突的马来亚北部，也曾被人质疑为三合会，处境不如其他英属殖民地来得自由。③所以现时所见，北马分会较他地成立时间晚了数年。据槟城精武描述：

> 当时在英人统治者目中，三星（土话）为私会党徒，懂拳术者为拳匪，而至阻碍注册，后由各绅士向槟州参政司解释并予指出，星洲、吉隆坡已有精武会之设立为前例，于是唯一正当中西体育兼备之集团，遂得正式注册。④

由此可见，精武仍然在当地找到有社会势力的支持者，且引援他处的注册先例，为后来北马各分会的发展打下基础。⑤

在华侨支持者的不懈努力下，各地精武会陆续得到殖民政府承认而得以注册，有了合法地位。精武会也因此与当地原有的私会党、秘密社会区别开来，可以公开活动并往学校、社团等机构派员教授。

---

① 柯嘉逊：《马来西亚华教奋斗史》，雪兰莪中华大会堂，1991年，第30页。
② 《槟城女子精武体育会庆祝六一周年钻禧纪念暨全国精武第八届嘉年华会特刊（1924—1985）》，1985年，第3页。
③ 《槟城精武体育会新会所落成暨金禧纪念特刊》，1974年，第39页。
④ 《本会史略》，《槟城精武体育会新会所落成暨金禧纪念特刊》，1974年，第39页。
⑤ 《槟城精武征求新会员》，《精武》1937年第2卷第10期，第8页。

四、女性大量参与

相比传统或同时期的社团组织，精武会的另一项特点在于女性的大量参与。中式传统武术组织，经常显示出男性为主导的特点，一些带有宗教性质的活动甚至排斥女性。然而精武会在中国国内，已在多个城市办起女子分会，南下宣传时，亦有陈公哲胞妹陈士超上台表演武术，显示出男女同台竞技的新面貌。精武在马来亚亦动员起女性的社会力量，支持成立专门面向女性的女子体育会。办理女会始自上海精武，可能是吸收了基督教青年会的做法。中国国内历经变革，后来已很难得见此类针对女性的社团，但它们在马来亚却保存了下来。

（一）雪隆精武女会

该会创立于1921年7月，较男会尚早月余。其发起人谭彩云，为三州府议员、雪兰莪男子精武支持者辛百卉之妻，与翁淡秋、吴雪华等作为妇女界代表，参加中华总商会召开的对上海精武同仁的欢迎会，并发起号召，认为该会所行，对于锻炼女子体格、宣扬体育文化事业意义甚大。该会通过精武干事与本地侨领帮助发起，借辛百卉所在花园为操场，住宅辛园为会所，报名者甚为踊跃。次年举办一周年纪念会，演出五幕话剧《睡狮梦觉》、舞蹈及武术。二战后在精武山下建独立会所。活跃在该会的女性尚有侨领陆运怀之妻林翠兰，为第二任会长。及后有曹哲梅、林清金、张美仙、陆素立、卢镜濂、吕金玉等。会内早期教员是男会的叶书田、罗克己、黄强亚、陈泰阶等。后来则聘女性教员充任教席，有李志羲、冯琼珊、欧阳少烈、吴秀瑗等女性教员担任教学。[①]

1924年该会创立妇女半日学校，此后改为正式小学，命名"精武女学校"。20世纪70年代会长曹仙竹为学校校长，一生未婚，为教育事业奉献终身。该会除了办技击、音乐教学外，也注重提高女性的基础教育。[②]

---

① 关彦德：《本会简史》，《雪华女子精武体育会六十周年钻禧暨全国精武第四届嘉年华会纪念特刊（1921—1981）》，1981年，第16—17页。

② 雪兰莪精武女会黄凤莲会友分享，2019年10月。

（二）槟城女子精武体育会

槟城女子精武体育会（初称为"庇能精武女会"），早期由教练李志羲在梁辉之府中任家庭老师，梁恩权夫人林淑君及其子女侄子均随之每日习拳。

1924年建会，其时吉隆坡最乐剧团（其中多为富家子弟头家）来槟城义演，收入分赠槟城男女会，作为创办基础经费。其中陆运怀、叶隆兴、欧阳雪峰、陆秋泰给予许多支持。槟城女会由郑大平之妹郑秀英出任会长，一连九年。参与发起者还有戴淑源夫人谢平、陈继祖夫人梁玉群、周锦全夫人谢贵英、陆运怀夫人林翠兰及林妙兰女士等。①

图3-7　李志羲女士、林妙兰女士、郑小姐同于旧会所郑秀英大厦合影（其服饰为当时土生华人妇女中流行的"娘惹装"）

资料来源：《槟城女子精武体育会庆祝六一周年钻禧纪念暨全国精武第八届嘉年华会特刊（1924—1985）》，1985年，第18页。

槟城女子精武会于1924年2月举行成立典礼，初在关仔角一号。②1927年举行国技初级中级毕业礼。数年经营之下，30年代人员扩大，组织排球、篮球队，会员郑满琼被选为排球队员，代表槟城出

席二、三、四届马华运动会。③本书第一章述及槟城华人游泳会不许女子加入，而精武女会组成游泳组后，请该会派人指导，培养游泳选手张玉英、梁日红、郑满琼，三人曾作为侨界体育代表回国参加全国运动会。④该会亦一

---

① 《槟城女子精武体育会庆祝六一周年钻禧纪念暨全国精武第八届嘉年华会特刊（1924—1985）》，1985年，第47—51页。
② 李志羲：《庇能精武女会成立纪》，《精武》1924年第39期，第71页。
③ 《1924—1974，50年大事记》，《槟城女子精武体育会五十周年金禧会纪念特刊》，1974年，第24页。
④ 李志羲：《会史》，《槟城女子精武体育会庆祝六一周年钻禧纪念暨全国精武第八届嘉年华会特刊（1924—1985）》，1985年，第53页。

图3-8　精武女中三杰：李志羲、吴秀媛、冯琼珊

资料来源：《新加坡精武体育会75周年纪念特刊》，1997年，第64页。

直开办羽毛球、排球、国语、临池（书法）等活动[1]，于女子文化体育发展贡献良多。会内曾聘上海中央精武甘时雨前来教授粤乐，李志羲本人亦谙丝竹，故会内一直保持广东音乐和粤曲演奏的活动。

目前该会位于槟城乔治市Jalan Anson 39号，为1970年自建产业。[2]据该会理事介绍，现时女子精武会已经向男性开放教学，但男性没有选举权。会内理事、教练以及更高层级的会长、副会长等职位，仍清一色由女性承担。现时会内每周均有固定时间进行的粤剧粤曲演奏、青少年武术培训，也为年长人士提供太极剑、太极扇等活动项目。2019年7月该会联合槟城男子精武体育会庆祝成立95周年，举行大型活动。[3]

（三）活跃在马来亚精武的女性

除以上独立创办的精武女会外，尚有很多女性会员活跃于各精武分会女子部，或直接与男性在同样的空间学习拳术。

早期女子精武会的支持者大多是侨领、富商之妻女姐妹等家眷，如北马郑家、梁家，吉隆坡陆家等等，从女性的角度，更能看出这些由锡矿开发、饷码承包发迹的家族彼此间的姻亲关系。由这些家境殷实，有一定

---

[1]　《槟城女子精武体育会四十周年纪念特刊》，1963年。其中保留相当多活动照片。

[2]　《槟城女子精武体育会新会所落成开幕典礼暨游艺晚会纪念特刊》，1970年，原书无页码。

[3]　《槟城男女精武体育会联合庆祝九十五周年纪念》，2019年。

社会地位的上层女性，发起面向女性的社会团体，或在传统的宗亲会馆等组织成立针对女性的"妇女部""妇女组"，是马来亚当地的社会特点。虽经社会变革，以上女会仍能够长期存在，与她们努力经营自身产业有关（详见下文）。

女子精武会吸纳了大量女性教员，为许多女性创造了在南洋半岛从事武术教学的空间。其中李志羲是相当有代表性的一个。她在新马教拳，为精武事业奉献终身，一生未婚，后人以"精武圣女"称之。李志羲，广东中山人，出身于商贾富庶之家。年少时入读上海广东浸信会办的崇德女子中学，在上海精武习艺，并取得高级毕业证书。[①]此后开始教拳生涯，在广东精武活动有年。大约20世纪20年代中期，李志羲到达马来亚，先后在吉隆坡、槟城任教。因当时槟城社团受殖民政府管治甚严，精武一时未能公开活动，李志羲即在侨领梁碧如家中教学，与梁家女眷交往良好。槟城女子精武建成后，李志羲主持此中会务，其间数度往返国内和马来亚间，在40年代内战之后，定居槟城。李氏在槟城以广东话与福建话交杂进行教学。据说在一次课毕回家途中，有无赖见她一介女流，以为可欺，结果简单几手即被镇服。李氏经营精武彩票及互助部均取得不错成绩，为槟城女会打下良好的经济基础，也培养了许多有武术和文化修养的接班人。[②]李志羲是生长于上海的广东人，家境宽裕，受过良好教育。她既长于技击，亦长于音乐，槟城女会至今留有李氏晚年演奏音乐的照片。李卓有大志，习艺不辍，最终以精武事业安身立命。相较之下，在中国传统的武馆组织之中，女性能独当一面甚至带领一处武馆在武林立足者，是少之又少的。

与李志羲背景及经历相近的还有雪兰莪女子精武会教练吴秀瑷。据载，吴秀瑷为广东中山人，幼居沪上，就读精武女校，随精武女会名拳师程镜川习拳，后参加中央女子精武会精勤团甲队，毕业后，于1923年南下新加坡精武会任女子部教练，兼任养正学校武术指导。1927年转赴雪兰莪女子精武会出任

---

① 《本会历年武术教练简介》"李志羲"条，《新加坡精武体育会75周年纪念特刊》，1997年，第64页。
② 槟城女子精武会区育恩口述，2013年4月。

要职。[①]后来吴秀媛不但在雪兰莪精武会教习拳术，还在1948年开始担任雪兰莪精武女校的校长。她在任期间主持该校改建、教职员受薪改制等，使该校适应独立后马来西亚华人社会——特别是女子教学的需求，直至1963年退休。[②]

图3-9　怡保精武会会员吴少娥、何华富习国技

资料来源：《南洋怡保精武体育会二周纪念特刊》，1927年，第5页。

从学习者的角度看，女子精武给予很多女性强身健体的机会。雪兰莪女子精武辛莲英回忆：

> 予自少年时，即随家母谭彩云女士加入本会，晨昏操练拳术，不敢或怠。斯时社会思想陈腐，风气闭塞，女子以斯文灵秀、弱不禁风为尚。如锻炼体魄，则日与男子抗衡，几被目为大逆不道。予赖家长贤明，非特不加禁止，而且时常嘉勉，故踏入精武之门，五十年如一日。[③]

早期马来亚女性要得到体育锻炼，无疑比男性面对更多的困难与阻碍。女子精武会在一定程度上改变了这种局面，在当时是难能可贵的。

精武女会凝聚了许多有志于女子教育和自我发展的赞助者、教师和学员，为马来亚体育武术界带来新的气象。不少女性用心研习、经营，以办会和教学作为职业，社团也给她们提供了更大更广阔的交际空间，因而后来会内出现很多杰出女性，在本地教育界、文化界有颇大的影响。

---

① 《本会历年武术教练简介》"吴秀瑗"条，《新加坡精武体育会75周年纪念特刊》，1997年，第65页。

② 《校史》，《雪华女子精武体育会六十周年钻禧暨全国精武第四届嘉年华会纪念特刊（1921—1981）》，1981年，第169页。

③ 《精武五十年》，《雪兰莪女子精武体育会金禧纪念特刊（1921—1971）》，1971年，原书无页码。

五、小结

通过以上对新马各地精武会情况的考察，可以基本了解此社团的扩张方式与组织特点。从时间与地域分布来看，20世纪20年代早期在最南端新加坡、中部吉隆坡以及北部金宝、怡保、槟城，涵盖了马来亚在海峡殖民地时期由南到北最重要的商埠。此后则由这些分会通过外派教员等方式辐射至周边，吉隆坡影响到南边森美兰州的芙蓉以及柔佛州各地；北部霹雳州一带则逐渐发展到多个相对较小的商埠，如安顺、太平、实兆远。支持者主要为当地侨领，提供资金与场地。而武术教师、干事则负责具体事务，马来亚有若干重要精武干事，如叶氏家族多人，以及黄强亚、罗克己等，对于此组织扩展有很大的贡献。

考察马来亚精武支持者的背景，可见既有相当浓厚的广帮商人色彩，又涵盖了福建人、潮州人、海南人等不同方言群，有一定的跨越帮群的特点，同时，也有许多是第二代土生华侨。有些身任会董的侨领既是富商，也是殖民政府官员、当地会党领袖，如新加坡林推迁、林义顺，都属此例。马来亚北部郑大平、梁碧如等客籍锡矿主，在当地极力支持精武活动。有些又是中国革命的支持者，以槟城、怡保，以及南部麻坡等地尤为明显，一些会董更是当地同盟会创办人、国民党成员。他们有一定趋新的倾向，对于华侨社会风气的建设有自己的思考与抱负。

精武体育会能获得不同背景的侨领支持，与其传播的技艺与教授方式有很大关系。会内教学兼有中式武术（会内人多称"国技"）与西式体育，并且主要面向学校、新式社团。其武术教学采取公开传授的方法，只要成为会员或作为学校学生，即可受到没有保留的传授，与前文所谈及的部分带有会党性质和方言群壁垒的中式传统武术社团采取拜师学艺的方式有很大的不同。精武会所授武术能表现出整齐划一、积极向上的精神面貌，[①]符合该时期华侨社会建设的大趋势，对于游艺表演、学校筹款尤为适宜。这使许多侨领

---

① 精武体育会所传授的武术，是以中国北方拳术为基础，经过整理而成的新式武术，能以口令统一动作，并通过拳谱大量出版、教师集中教学达至大体统一的效果，能适应公开大规模表演的需要。具体参见拙文《近代中国武术组织与民族主义：以精武体育会、中央国术馆为中心（1909—1953）》，中山大学博士学位论文，2016年。

乐于资助，以期有新的平台发挥自身社会影响。精武鼓励女性参与，也使许多不同层面的女性获益。

精武一类跨地域组织能够发展，也离不开大量教学人员、会务工作者的支撑，离不开中国国内的技术与经济支持。下文将从互动的角度探讨这一模式如何可行。

第二节　马来亚精武与中国国内的互动

一、人员流动

精武会在马来亚的扩展，以及他们所开辟的在学校、社团等场所开放式教授武术的模式，使本地对武术教师的需求大增。与此同时，许多中国国内武师亦希望赴外谋求更好的出路，于是由精武网络带动了一批武术教师南下的潮流。

自国内到东南亚的拳术教师，如留在原来乡间，只能成为一个通晓技击的普通武师。有了精武的平台，这些人经过培训学习，成为拳术教师，可以满足学校与社团的教学需要。女性也因此可通过习武成就事业的一片天地。精武开辟南洋多地的分会，为这些教员提供了赴南洋工作的机会。一开始很多教员是义务教学，因为分会从无到有，需要置办器物，网罗学员，在各种演出中增加社会影响。这些分会走上正轨之后，他们可在会内支取薪酬，也可充任各处华校的拳术教员，借此在南洋华埠站稳脚跟。这些教师之中，还有不少尚未找到多少文献佐证其生平的，笔者依靠仅有的线索，把曾经在新马任教的教员罗列如表3–1。

表3–1　曾在马来亚各地精武会任教的教员

姓名	籍贯	任教地	时间	备考
李少林	上海	槟城	1924	《槟城精武体育会新会所落成暨金禧纪念特刊》，1974年
李瑞标	河北	槟城	1924	《槟城精武体育会新会所落成暨金禧纪念特刊》，1974年

姓名	籍贯	任教地	时间	备考
刘致祥		槟城	1924，约1932年回国	《槟城精武体育会新会所落成暨金禧纪念特刊》，1974年
陈启英				《槟城女子精武体育会四十周年纪念特刊》，1963年
黄锦洪		槟城（习七星螳螂）		黄伯忠：《螳螂拳术起源与系统》
王玉琴		槟城	约1932年回国	《槟城精武体育会新会所落成暨金禧纪念特刊》，1974年
霍如冈				《槟城女子精武体育会四十周年纪念特刊》，1963年
王成章（亦作"王承章"）		吉隆坡、新加坡		余觉安：《精武史料》，《新加坡精武体育会七十周年纪念刊》，1991年。上海精武第六届《征求特刊》，1925年1月20日
刘清淮	河北	新加坡、槟城、森美兰	约1926—1936年	《新加坡精武体育会75周年纪念特刊》，1997年
刘宸臣	广东	新加坡	1924	《新加坡精武体育会75周年纪念特刊》，1997年
刘法孟	广东	槟城		余觉安：《精武史料》，《新加坡精武体育会七十周年纪念刊》，1991年
王功亮				《槟城女子精武体育会四十周年纪念特刊》，1963年
张德纯		金宝、槟城、怡保		《星洲中国精武体育会三十周年纪念刊》，1951年，第86页
张快夫				《槟城女子精武体育会四十周年纪念特刊》，1963年
卢源根				《槟城女子精武体育会四十周年纪念特刊》，1963年
吴惠农				《槟城女子精武体育会四十周年纪念特刊》，1963年
蔡景麟	广东南海	全马来亚	1921—1924年	《新加坡精武体育会75周年纪念特刊》，1997年
曹惠先	广东	芙蓉	1922年，约1923年回上海	《中央》1923年第18期

姓名	籍贯	任教地	时间	备考
唐文伍		吉隆坡、新加坡		余觉安：《精武史料》，《新加坡精武体育会七十周年纪念刊》，1991 年
姚电侠		吉隆坡		余觉安：《精武史料》，《新加坡精武体育会七十周年纪念刊》，1991 年
罗克己		全马来亚		陈公哲：《精武会 50 年》，春风文艺出版社，2001 年
李咸衡		新加坡		罗啸璈编著：《精武外传》，中国精武体育会，1921 年
吴秀媛	广东中山	新加坡	1923—1926 年	《新加坡精武体育会 75 周年纪念特刊》，1997 年
冯琼珊		吉隆坡		《新加坡精武体育会 75 周年纪念特刊》，1997 年
欧阳少烈	广东顺德	怡保	1920 年	《承先启后的巾帼英云：欧阳少烈》，《新加坡精武体育会 85 周年纪念刊》
李志義	广东中山	新加坡、槟城		《星洲中国精武体育会三十周年纪念刊》，1951 年
卢苏丽		新加坡		《星洲中国精武体育会三十周年纪念刊》，1951 年
夏启芳		新加坡、吉隆坡		余觉安：《精武史料》，《新加坡精武体育会七十周年纪念刊》，1991 年
李佩弦	广东新会	新加坡女子精武	1931 年	《新加坡精武体育会 75 周年纪念特刊》，1997 年
赵连城	河北景县	新加坡	1925—1928	《新加坡精武体育会 75 周年纪念特刊》，1997 年
叶凤岐、叶书田、叶书绅、叶书香、魏元峰	河北景县	全马来亚		《星洲中国精武体育会三十周年纪念刊》，1951 年，第 86 页

资料来源：笔者搜集。亦参考叶汉光：《本会武术发展概况》，《雪隆精武体育会 80 周年纪念特刊》，2001 年，第 66 页。

由表3-1可见，这些通过精武会网络南下的武术教师有大量是来自中国北方，这是由于精武会在上海初建时聚集了当地的北方拳师，是他们带来的武术经过整理而成为精武会后来所教授拳术的基本来源。另一群体则是广东籍教师，因精武会本来为旅沪广东人创办，之后扩展亦多依托粤商及粤籍文化教育界人士，故吸纳的广东人亦多。他们大多先到上海精武进修武术及办会方法，继而南下到以闽粤人为主的马来亚教学，更加不存在方言、生活习惯等障碍。

上述教师有些在马来亚精武服务数年后回国，有些则机缘之下定居马来亚。战前他们往来马来亚及中国国内甚为频繁，因教师数目本不敷需求，课程会务工作编排甚满，以回国探亲作为休养。当时许多人以"侨寓"心态来马，并没有想到在本地久居。后来留下的人则各有故事，尤其新马独立前后他们的命运被改写，尚有很多值得深挖的细节。

精武武师之中也有部分马来亚本地成长起来的人才，大约从20世纪30年代开始服务当地。如卢葆枢（亦作"卢宝枢"），怡保精武特刊载其生平：

> 粤之新会石头乡人，体质素强，而卓然有大志，幼随父南渡。执业于吉隆坡旺记茶室，司理账目，日无暇隙。会吉隆坡精武成立，卢君知国技能强壮身体，即首先报名入会，每晚九时方得到会。是时各人多休息，而卢君个人方开始练习，风雨无间，用能体魄日强，臂力甚大，遂有大力士之称。后怡宝精武会开办，会员众多，余约他到金宝服务，君克尽天职，迫怡保精武成立时，又至怡会为助教。[1]

后来因会事劳累过度，卢葆枢于太平游泳后身亡，年仅二十五岁。卢氏虽然早亡，但从他身上可看见华侨得益于精武教学甚多，参与活动既久，亦开始把精武视为自身事业。

精武武师也有通过精武网络回国学习，再回到南洋的，比如新加坡人苏慧哲女士，据报载：

---

[1] 黄强亚：《卢葆枢小史》，《南洋怡保精武体育会二周年纪念特刊》，1927年，第6页。

慧哲女士，乃本坡著名美术家苏君彬延之第二女公子也，为人和蔼，才艺兼优，以故朋辈多敬仰之。且素富爱国观念，每慨然于吾国致弱之原，由于人民缺乏尚武精神，体质孱弱过甚，故召西人病夫之讥。女士又云，欲除此弊，非人人习武不为功，又非从自身牺牲，更难凑效。顾初因技术尚浅，不足为用，乃毅然回国，投入上海精武体育总会肄业。毕业之后，竟获得最优秀奖章。该会且欲委以女子部主任，彼坚辞不就，于是名乃大噪。后各省精武体育会，慕女士名，争相罗致。如澳门、佛山、广西、厦门等处，俱著有良好成绩，可见其行踪，到处颇受社会人士热烈之欢迎也。近因其令尊电召回吻，旋应槟城精武体育会之聘。以一年轻之女子，有此才技，且富有爱国思想，余不禁为吾国前途庆。①

由此可见，苏慧哲在新加坡出生，在上海精武会学习并在国内多地任教，后来回到槟城。精武网络带来的人员流动和技术流动，亦可见一斑。

笔者根据已有资料，将在新马本地通过赴外受训与会务教学成长起来的精武人物罗列为表3-2。

表3-2　在马来亚本地通过赴外受训与会务教学成长起来的精武人物

姓名	籍贯	任教地	时间	备考
黄强亚		全马来亚	1920—	《精武人物》，《雪隆精武体育会九十五周年纪念特刊（1921—2016）》第66页
曹惠光		吉隆坡、芙蓉		
卢宝枢	广东新会	吉隆坡、槟城、怡保		《卢葆枢小史》，《南洋怡保精武体育会二周年纪念特刊》，1927年
欧阳富荣		全马		《雪兰莪精武》1930年第2期
曹郁登				
方景全		吉隆坡、和丰		《和丰精武体育会简史》
谭奕嘉		吉隆坡、马六甲	1930年回国	《雪兰莪精武》1930年第2期

---

① 《女体育家》，《南洋商报》1927年2月8日第4版。

姓名	籍贯	任教地	时间	备考
梁荣光				《槟城女子精武体育会四十周年纪念特刊》，1963年
蔡秀安				《槟城女子精武体育会四十周年纪念特刊》，1963年
苏慧哲		槟城		《槟城女子精武体育会四十周年纪念特刊》，1963年

资料来源：笔者搜集。亦参考曹尧辉：《精武怀旧录》，《槟城女子精武体育会四十周年纪念特刊》，1963年，原书无页码。曹时为马来西亚精武体育总会会长。

在精武会内，习武会员当面称这些武术教员为"老师""教练""先生"，而不同于中式传统武术社团称"师傅"。有习者回忆早期叶书绅教授武术，他曾教育学生武林的规矩，谓之"天地君亲师，师徒如父子，不知师徒如父子者，不准学把式"，但同时亦声明"精武会创立的宗旨和一般武林传统不同，师徒的关系，只能像普通学校的师生一般，不可称师傅"。[1] 由此可知，虽只是一个称呼，关系却甚大。这种公开化教学的师生关系，与传统的"师徒关系"很不同。前者只要成为会员，即可向会中所有前辈求教，会得到毫无保留的教授，与近代学校的形式近似。而"师徒关系"则复杂许多，正式一点的需要经师傅长期观察，得到认可才能递帖拜师。之后徒弟要经常为师傅、为馆口撑场面，逢年过节孝敬师傅，维持好同门关系。门派之中也只有几个人能得师傅可能并不完整的真传，继承衣钵继续办馆。不过亦有精武会员称，虽当面不称"师傅"，但若与他者谈及会内教师，仍会称"师傅"，这是因应他们教习武术的身份。[2]

二、组织互动

马来亚精武会既由中国国内大量人员输出得以建立，二战前彼此关系比

---

[1] 萧茂松：《吾师叶书绅》，《雪兰莪暨吉隆坡精武体育会七十五周年钻禧纪念特刊》，1998年，第49页。

[2] 怡保精武叶齐堂先生口述，2013年2月。

较密切。除了互派老师、宣传演讲、组织南来旅行团之外，亦有一些更大规模的经济活动。比如20世纪20年代末上海精武会卢炜昌等人带领的"中华马戏团"，在南洋各地友会帮助下游历和表演。

在当时马来亚的史料中可见，当地人对于卢炜昌等人的到访十分欢迎。早在1929年9月，新加坡本地《新国民日报》连日刊载卢炜昌《我之拳术意见》全文。该文是卢氏《我之拳术意见百则》的全文转载，最早在上海精武刊物中刊出，谈及很多习拳的注意事项和拳理特点。虽然在此时段，体育消息连篇累牍载于报端已不鲜见，但大多是体育比赛消息，带有新闻、娱乐的味道。此类大篇幅从学术上探讨拳术的文章尚不多见，可以说是马戏团到来前的宣传。

同年9月中，马戏团表演的消息多有出现。先是为"中华麻疯救济会"募捐，之后又为"合群义学"演戏，得票款793.3元，全部送给该校。报纸刊载：

> 中华马戏团，本祖国精良技术组合而成，此次南来，所遇之处如香港、西贡、堤岸等，靡不万人空巷，先睹为快也。抵叻开演以来，深获侨胞赞助……①

中华马戏团的到来，为马来亚精武纾解了不少经济上的困难。1933年新加坡报载：

> 本年九月召集马来亚精武在大世界联合表演国术，引起吾人对于国术有深刻的印象。迄因经济不景气影响，会员欠费颇多，会务停顿。得大世界主人李春荣君之赞助，经费问题已得到解决。近又得中华国术马戏团之赞助，定于明年一月一日晚将所收募资，慨然报效该会。②

太平精武亦有载：

---

① 《中华马戏最后之一晚》，《新国民日报》1929年9月16日第6版。
② 《精武体育会近讯：临时委员已选出，马戏团赞助该会》，《南洋商报》1932年12月30日第8版。

> 十一月中华国术马戏团到埠表演，各会员职员咸竭力帮助，在此土产价落，商业凋零之际，而收入颇有可观……一切设施，卢先生新为之规划，又助现金七百元。①

在持续数年的表演期间，中华马戏团帮助马来亚精武度过20世纪30年代初的世界经济困难时期。

对于中华马戏团南行，上海精武会内部有很大的分歧，特别是早期创办者陈公哲和卢炜昌之间，裂痕甚深。陈公哲对此事描述为：

> 原定门票收入，马戏班占七成，精武占三成，三日收入二万余元。闭幕后，马戏先行，卢君留后结账，数日后不辞而行，携款他去，精武分文无着，西贡精武亦无奈之何……继赴马来亚之星嘉坡、吉隆坡、槟城各埠，与各埠精武订立分账方法，俱用同样手段。②

陈在回忆录中还反复提及，卢炜昌多次利用精武会的名声，向海外华侨领袖和多地会友借款，然后卷款逃离，原来应允办理的实业大多有头无尾，令各地会董损失惨重。③这些情节究竟是否属实，因无其他资料可供佐证，只能存此一说。

二战前中国国内精武与马来亚精武频繁的互动，不仅反映了以精武会为代表的新式社团在人员、经济上的网络关系，更反映当时中国国内重要商埠与东南亚华侨集中地密切的人员来往和文化交流，双方互有输出输入，不可孤立看待。

第三节　新式社团的武术与民族主义

以精武体育会为代表的新式社团，较之前回顾的马来亚西式体育、中式

---

① 黄强亚：《太平精武成立之经过》，《雪兰莪精武》1930年第2期，杂记第4—6页。
② 陈公哲：《精武会50年》，春风文艺出版社，2001年，第110—111页。
③ 陈公哲：《精武会50年》，春风文艺出版社，2001年，第111—113页。

传统武术团体的又一大区别，在于其一直传递着强烈的民族主义情绪，亦积极回应着中国国内社会潮流。

一、新式社团中的民族主义氛围

精武体育会进入马来亚后，一直有意识地建立自身形象与文化逻辑。会内最主要的活动是教授武术（时亦称"国技""国操"者），包括十套基本拳，分别为潭腿、功力拳、大战拳、接潭腿、节拳、八卦刀、群羊棍、五虎枪、套拳、单刀串枪。这些拳法均经过技术处理，宜于大型表演。其余补充教材如脱战、十字战、练步拳、崩步拳、露花刀、札拳等。[1]据精武武师称精武教授拳法有近两百种，后来流失了一部分。[2]此为精武在马来亚单独传播，因而在本书第一章提及的"华侨运动会"中，有些表演节目名称一望而知为精武派出。这些武术练习对于呼吁华侨强身健体，以利国家，是很重要的媒介。他们的刊物上多有照片与论述文章，提倡强健、阳刚的身体观，带有强烈的现代性意味。[3]

图3-10　新加坡精武会潭腿团体操

资料来源：《新嘉坡精武体育会六十周年会庆纪念特刊》，1981年，原书无页码。

---

① 杨柏志：《精武精神研究》，《雪兰莪精武体育会六十周年钻禧纪念特刊》，1981年，第129页。

② 新加坡精武会黄昌发口述，2013年1月。

③ 关于精武会对男性身体观的论述及民族主义的关系，参见程美宝著，新居洋子訳：「近代の男性性と民族主義」，辛亥革命百周年記念論集編集委員会編：「総合研究辛亥革命」，岩波書店，2012年。

精武会宣传武术，亦着意推广强国保种的观念，增加华侨对中国的向心力。在新加坡欢迎会上，总领事伍芷庵演讲称：

> 鄙意为欲国之利，先求民福，以共和国家，人民为主故也。康宁为五福之一，今吾国精武会开办十年，分会遍设于各省，以中国式之体操，谋国人之康健。兹复派遣代表南来，惠我侨胞，今日之会，应请大家注意，共蒙幸福，民国万岁云云。[①]

相类似的民族主义话语同样出现在报纸通告上，槟城《光华日报》对精武的报道称："该会成绩，于海外俾侨胞咸知尚有救弱之方策存焉……会员日众，国势亦必因之日即于强。"[②]新加坡中文报刊如《震南报》《叻报》接连宣传，均极力谈习武与强国的关系。在海外殖民地华侨社会，类似的话语每每回应中国国内的事件和思潮而发。

精武会的体育、文化活动亦十分活跃。由于精武以较低会费吸纳会员，会内又提供各种体育设施，故聚集了相当多身体素质较佳的运动员。一些经济较优的分会，有游泳、篮球、杠子、举重、田径等各种活动。[③]会员常加练习，能在西式运动会中取得好成绩。

此外一些分会中尚有粤乐、话剧、书法（时称"临池科"）、摄影、演讲、合唱、游艺等多种文娱项目，受众广泛，为会员工余带来许多有益的活动，在时人眼中，起到改良华侨社会风气的作用。怡保精武建设国语班，其干事亦就国语普及对民族团结的意义作了论述：

> 吾国人侨居南洋者，约数百万计，尤在广福潮琼客各籍为最多，惟各籍之言语分歧，不相沟通，因而发生误会以致争斗者，时有所闻，本会有见及此，特发起组织国语夜学一科，现有学员二十余人……陈仁山

---

① 罗啸璈编著：《精武外传》，中国精武体育会，1921年，第23页。
② 罗啸璈编著：《精武外传》，中国精武体育会，1921年，第46页。
③ 黄强亚：《马来亚精武联合之计划》，《星洲中国精武体育会三十周年纪念刊》，1951年，第140页。

图3-11　二战前后雪兰莪精武会中乐队、排球队

资料来源：《雪兰莪精武体育会六十周年钻禧纪念特刊》，1981年，第9页、第276页。

君等相继演说，发挥国语普及，关系于我国之得害，淋漓尽致。①

普及国语，以及精武时常注重的体育强身，在20世纪20年代，也为中国国内社会所倡。然置于南洋，却另有独特的意味：南洋秘密社会争斗已久，与方言群的壁垒有很大关系，如要华侨团结一致，打破方言群的隔膜尤为重要。

精武会员的职业构成，显示出其团结中下层华侨的作用。以怡保精武会为例，1936年对会员职业的统计显示，在283名会员中，1.7%来自报界，3.6%从事矿务及种植，商界则占15.3%。最大的两个群体是来自学界（占35.3%）和工界（占45.1%），后者构成了怡保精武会员最主要的组成部分，推算约有127人。②上海精武参与者则以商界、学界为主，是由于国内都市多有办理商团的传统，且当地各个阶层的商贩也很多。而在马来亚怡保，多有从事矿务与种植业者。学界人数众多，自然是与精武在当地华校大力发展有关。会员中工界人数远超过商界的人数，亦明显区别于在中国国内大城市的会员构成。精武会在当地扮演着沟通各界的角色，特别是殖民地精英需要团结以新客为主的劳工界人士时，精武作为一个文化体育社团，是一个很重要的平台。

在殖民地环境，精武会人对当地的政治与文化亦有许多观察。比如在改良华侨的寿婚丧仪上面。海外华埠特别是积累下相当财富的华商，其繁缛铺张的寿婚丧仪常受到诟病。对此海外精武会一再声明，吉凶二事不参与。如雪兰莪精武会会章中即有"吉凶二事一概不理（此项表列，实缘南洋风俗，遇有婚丧，过于浪费。此盖含有破除陋俗之意味云）"①。雪兰莪精武女子体育会简章中亦见："本会以崇俭为高尚，凡吉凶事皆与本会无涉。但以个人交情亦任自便。惟有功于本会者，则另有办法。"② 文字上声明不参与这些仪式习惯，是精武在海外环境下的自我定位。

华人内部希望侨胞团结一致，期待跨越地缘与业缘的联合。精武会把早期在上海的实践经验移至南洋，亦回应了这种需要：

> 闽粤三江各立门户，南洋省界之严，数百年如一日，此有所长，夸耀于彼，彼有所短，嫉忌于此。故欲变嫉忌而为谦谦，惟有赖精武分会耳。语云勇于公战者必能怯于私斗……变族性械争而为义侠，惟有赖于精武分会。③

后来南洋精武各分会的章程，也都声明"凡中国人皆可入会"④。这正是弥合华侨内部裂痕，倡导民族团结的做法。

民国肇建，越来越多与之相关的民族主义符号流播到南洋华侨之中，比如庆祝双十节是他们十分重视的活动。精武体育会经常参与到类似的庆祝活动之中，凝聚华侨的向心力，报载：

> 华侨第四届筹备国庆纪念运动大会，已于前晚七时半召集华侨各学校暨各团体代表，在中华青年会举行第一次会议，列席代表有国民□潘锡纯，天主教青年会林为瑶、王清溪，精武体育会林川泽、高祖侣……

---

① 《雪兰莪精武体育会简章》，罗啸璈编著：《精武外传》，中国精武体育会，1921年，第38页。
② 《雪兰莪华侨精武女子体育会简章》，罗啸璈编著：《精武外传》，中国精武体育会，1921年，第40页。
③ 职民：《组织精武分会之商榷》，罗啸璈编著：《精武外传》，中国精武体育会，1921年，第83页。
④ 《雪兰莪精武体育会简章》，罗啸璈编著：《精武外传》，中国精武体育会，1921年，第36页。

东方体育会、孔教体育会、卓越体育会、爱国俱乐部。①

当时参与庆祝活动的还有很多不同的体育会、俱乐部等团体。这些团体都在马来亚传递着他们所理解的爱国主义。

日本入侵中国东三省后，中国与马来亚多地精武流传抗日大刀术，引起民族主义热潮。怡保精武会杜景高（1916—2000），广东南海人，因在报刊了解到叶书田在精武教授抗日大刀术，深感国家积弱，受日人入侵，当即热血沸腾，报名学习。此后跟随叶书田习武术六年余，因马来亚沦陷而停止。二战后复会，杜景高一直在怡保精武任教，并于霹雳慈善剧社客串花脸。②他的经历，是当时许多热血青年受精武民族主义精神感染而习武的缩影。

二、参与抗日募捐筹款

精武体育会在抗日时期着力号召华侨参与救亡。1932年，正值日本入侵东三省之际，星洲精武会于年初举行游艺大会。当时记载：

> 本坡各界人士以该会宗旨纯正，历史悠久，际此国难当前，提倡国术，尤为救亡根本之图。故掌声所播，各界纷起赞助，查该会七日两晚表演节目，均殊精彩，尤侧重国术。届时各派拳术名家，出场一演好身手，一雪远东病夫之耻。③

此后更载："于此国难声中，俾与国民政府所提倡之国术馆，作鼓枹之应。"④此时由南京国民政府主导建立的中央国术馆亦提倡武术，虽与上海精武体育会存在理念上的不同，但并不影响马来亚精武借此表达对国民政府的向心力，在面向社会公众的游艺会上把武术（时亦称"国术"）与抗日救亡联系在一起。

---

① 《菲律宾华侨国庆纪念会之筹备忙·又一讯》，《新国民日报》1926年10月9日，版次不清。
② 杜景高：《怀旧》，《怡保精武体育会六十周年钻禧纪念特刊》，1984年，第147页。
③ 《星洲精武游艺大会之壮观》，《新国民日报》1932年1月4日第6版。
④ 《明晚星洲精武游艺大会开幕！》，《新国民日报》1932年1月5日第7版。

抗日战争全面爆发后，南洋华侨支援国内抗日，也在日军南进的阴影下积极奋发武装自我。此时，像精武一类的新式社团，活跃在抗日活动的前线。精武多次组织参与抗日筹款活动，如1938年在新世界游艺场举行的"星洲华侨筹赈日灾游艺卖物会"，新加坡精武参与演出，并把所筹款项输送到国内。1939年新加坡精武会开展征求大会，即号召青年练习拳术，共赴国难：

> 溯自星洲精武成立迄今，未尝不本霍公之初衷，使文弱者得以康强，老屏者得臻健境，丁此国难日亟，千钧一发，欲挽将倒之狂澜，端有赖夫我国之新青年荷此艰巨，以虎贲之躯，佐以技击好身手，斩将搴旗，立勋党国。[①]

精武会组织抗日筹款，可见到大量广帮社团领袖及文化名人活跃其间。1938年时任星洲精武会会长梅启康（1896—？），广东台山人，九岁随父亲南渡至新加坡，是著名戏剧演员，20世纪30年代任昙花镜影慈善剧社的名誉会长及海天游艺会社员，积极提倡华侨支援国内抗战。[②]梁元浩（1896—？），广东顺德人，20世纪20年代在新加坡开设火锯厂，曾任中国国民政府侨务委员会委员及广东省政府咨议、新加坡华人参事局委员等职，在多个广帮社团及学校任董事，也是新加坡精武的会董。[③]此外，一些海南籍商人如郭新、郭巨川家族，是辛亥革命的支持者，在新加坡精武与马六甲精武都十分活跃，此时均积极参与抗日募捐。

雪兰莪精武亦积极筹办抗日募捐。会长张郁才及多位会董为祖国捐助巨款。精武学校及培德女校学生积极参加当地救亡组织。精武会组织中华救伤队回国服务，有会员黎锦基、余文超在南京殉国。1939年雪会办理规模宏大的"筹赈祖国难民游艺会"。其时槟城女子精武会会长林照英、怡保精武会

---

① 《星洲精武体育会第八届征求大会特刊》，1939年，第7页。
② 《星洲精武体育会第八届征求大会特刊》，1939年，原书前半部分无页码。
③ 南洋民史纂修馆编：《南洋名人集传 第五集》，1941年，第119页。

本会参加在惹兰勿杀新世界游艺场举行"星洲华侨筹赈日灾游艺卖物会"演出，本会
参事长：郑照吾(已故)与各团体代表合照。（右起第十一位，1938年摄）

图3-12　新加坡精武体育会参加"星洲华侨筹赈日灾游艺卖物会"

资料来源：《新嘉坡精武体育会六十周年会庆纪念特刊》，1981年，原书无页码。

会长刘伯群，金宝、芙蓉等多地精武会均响应雪会呼吁，参与抗日募捐。[①]

　　1938—1940年，由夏之秋任团长兼指挥的武汉合唱团应南洋华侨筹赈总
会聘请前往马来亚演出，极大地激励了华侨抗日救亡的决心，也筹得大量款
项用于支援抗战和救灾。武汉合唱团在马来亚的活动与当地活跃的近代体育
文化社团关系密切，尤其是精武体育会各地分会，给予合唱团很强的支持。

　　1940年武汉合唱团在北马霹雳州演出月余，先后在槟城、怡保、太平、
务边等主要华埠演出。在怡保银禧园粤剧台，"虽大雨滂沱，而一般侨胞，
仍争先恐后购券入场参观"[②]。门券与献金共千余元。表演的项目很多，如戏
剧《父亲与孩子》，歌唱《华侨机工会国服务歌》、英文歌等廿余曲，还有
小提琴演奏等。武汉合唱团亦与本地社团合作，为当地中华大会堂、华人医

①　《雪兰莪精武筹赈祖国难民游艺会纪念特刊》，1939年，第23页。
②　《武汉合唱团再临怡保演唱，我侨争聆爱国歌声》，《总汇新报》1940年1月13日第3版。

院筹款。

除武汉合唱团外，当时还有多个文化组织参与抗日宣传，如1939年3月新加坡华侨团体在快乐世界体育馆举行国民精神总动员大会，万余人参与其中。时由音乐家王春芳领导的星华合唱团八十余位歌手演唱。据当时报道："男女团员衣冠整肃，行列庄严，所唱各歌，皆属目下流行之抗战曲词……爱国热情，溢乎全场。"[1]当日参与演讲者多为侨团领袖，如曾纪辰、侯西反几位，亦同时为新加坡精武会董事。

麻坡建立了柔佛州国民党分部，当地汇集了大量爱国人士，在抗日筹赈事务上表现出极大的爱国热情，筹款既多，影响亦广，被誉为"筹赈模范区"。当年参与筹赈的颜迥华先生（名连枝，福建永春人），曾任中华公会祖国难民委员会常务、暨南侨大会代表等职，据其后人回忆：

> （他）在筹赈时期，奔走募捐不遗余力，尤以武汉合唱团及新中国剧团南来表演募捐时，至麻坡得先生与诸同侨计议，特别鼓吹，提醒侨胞。故武汉合唱团，在星加坡表演月余，成绩虽佳，至麻坡表演时因事先有特别布置，成绩之惊人，突破历来募捐记录，特印发特刊，名为柔佛四百万，誉称麻坡为筹赈模范区，继而新中国剧团抵麻，成绩竟能与武汉合唱团相伯仲……各埠闻风竞募，成绩之惊人，足为祖国抗战其中之一大助力也。[2]

麻坡精武体育会多位重要成员，在抗日筹款中扮演极重要的角色。比如林春农（广东文昌县凤会乡［今属海南］人）早年经营中西杂货，曾任中华、化南两校董事，精武体育会委员，觉侨剧社社长，广东会馆董事，南洋英属琼州会馆联合会委员。日占期间为敌拘捕，一家被屠杀。[3]

---

① 《新嘉坡华侨各团体推行国民精神总动员大会》，《南洋商报》1939年3月2日第7版。
② 《颜迥华先生传略》，《麻坡华侨义烈史》，第40页。
③ 《林春农先生略历》，《麻坡华侨义烈史》，第49页。

三、新马沦陷时期精武体育会的情况

日军于1941年12月入侵马来亚，英殖民政府抵抗力不强，由北部一直南撤，至新加坡作最后抵抗。但在战争开始五十余天后，新加坡亦沦陷，全马均在日军掌控之下。

据后来各地精武刊物所载，在马来亚沦陷时期精武体育会基本处于停顿状态。如在新加坡，日军占领精武会址，会内所存文件也因战乱而遗失。1941—1944年活动完全停顿，至1945年年中才筹备复办。同样的情况亦出现在怡保、吉隆坡等多个精武会。中国南方的精武会情况也相类。由于南洋精武会参加过抗日活动，其领导人不得不四处躲避日本人追捕。槟城女子精武会特刊记录："1940年林（淑君）会长上升旗山避难，但有人上升旗山遇见林会长，告诉她说日军要找她，因她乃女精武会长，曾干过筹赈祖国难民之举。"[①]

在国民党势力较强的怡保，精武会会员为免日军侵害，销毁了与抗日活动有关的物件，后人记载：

> 日寇在中国久攻不下，于是又派遣军队强占星、马、泰等东南亚国。怡保被日寇占领之后，先师深怕这些由中国国民政府发出的感谢状、纪念品之类的东西，如果落入日寇的手中，精武子弟将会大难临头。于是先师（陈耀明）白天偷偷潜回精武会，把立体的纪念品等轻轻地、慢慢地砸扁，然后埋在地下；又把感谢状一张张烧掉。因为怕日寇听到敲打声，或看到火光，会跑过来查看，所以不敢一次把一叠感谢状大火烧掉。[②]

精武武师在日军占领时期，有相当一部分因为战争而死于乱离。槟城精武教员刘清桂（亦作"刘清溎"）不幸病逝于沦陷期间，其殡丧事概由罗冠

---

① 《缅怀已故林淑君女士》，《槟城女子精武体育会庆祝六一周年钻禧纪念暨全国精武第八届嘉年华会特刊（1924—1985）》，1985年，第4页。

② 陈锡游：《先师陈公耀明小传（1902—1997）》，《饮水思源，缅怀先师：暨陈耀明老师百岁冥诞》，怡保中国精武体育会，2002年，第33—34页。

球召集同人负责主持。[①]后来陈公哲于20世纪50年代访马来亚，了解到刘清桂的情况：

> 第二次世界大战时，日敌侵马，各埠精武俱停止活动，槟会当不例外。此时刘清桂衣食无着，典当殆尽，一度卖武于各埠。因营养不足，身体多病，退寓槟城，由老会员罗冠球招待，入住于其山园寓所，照料医药……屡更医药无效，体渐羸弱，病入膏肓，从此不起。[②]

"五使下南洋"宣传者，怡保精武会最早一批南下教师之一的叶书田，亦在日军入侵马来亚时逝世：

> 日寇军机轰炸怡保时，叶公与家人前往一位精武弟子的树胶林内避难。两个月左右，叶公因为一场豪雨湿透了身体，复再感受风寒，生起病来。回到市区请中医诊治，医师虽开了药方，但在战乱期间，竟未能买到药材。加上当时生活颠沛失常，一代名师，竟失治去世……叶公虽然不是直接死于战乱中，但这又不得不归咎于战乱间接害人。[③]

除了这些史料记载的著名教师之外，还有千千万万的精武会员因日本入侵，生命与财产受到极大损害。

现时可见绝大部分社团的记录，对沦陷时期的描述都是人员四散，会务停顿。日本政府在华南沦陷区，很重视发展游艺体育，以便粉饰太平，对沦陷区人民进行奴化教育。不过在马来亚长达三年八个月的沦陷时期里，不能假定所有体育、武术社团人员无充任伪职者。唐文伍可能是其中一个例子。

唐文伍在战前受上海精武总会派遣赴马来亚，早期曾在雪兰莪精武会教授太极，后来则是新加坡精武体育会的重要教员，20世纪30年代时常可以在

---

① 《本会史略》，《槟城精武体育会新会所落成暨金禧纪念特刊》，1974年，第40页。
② 陈公哲：《精武会50年》，春风文艺出版社，2001年，第133页。
③ 陈锡游：《先太老师叶公书田事迹记闻（1886—1942）》，《饮水思源，缅怀先师：暨陈耀明老师百岁冥诞》，怡保中国精武体育会，2002年，第12页。

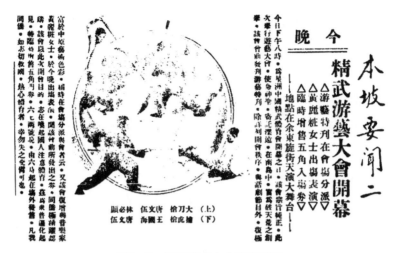

图3-13　精武游艺大会开幕报道

资料来源：《新国民日报》1932年1月6日第7版。

游艺会、筹赈会等大型活动上见到其身影。如1932年大型游艺，唐氏与他人配合表演大枪刀、捕虎枪，均见照片载于报端，亦受到欢迎。[1]

只是唐氏在日占期间受命于伪"昭南政府"，据传曾提供情报给日本人。在战后复员不久，报载多则清算唐文伍的文章，他背上了"汉奸"的污名，在战后亦遭到谋杀。[2]相信当时体育武术社团中还有其他人出于种种原因，无法躲避日本人的统治势力，不得不在其控制下做事。

第四节　在地化过程

海外精武体育会，与同时期（尤其在二战前）很多华侨社团一样，积极宣扬民族主义，显示出较强的对中国的向心力。不过，与此同时的另一种面向，是社团经过早期受侨领资助、教学活动筚路蓝缕的初始阶段后，为适应本地社会而有了更多的调整与改变，其工作和宣传的重心，也从中国国内事

---

[1]　《精武游艺大会开幕》，《新国民日报》1932年1月6日第7版。

[2]　何乃强：《万拿山凶杀案》，《父亲平藩的一生：一个上世纪广东移民的故事》，玲子传媒私人有限公司，2013年。

137

务转向本地华人，这或可笼统称为"在地化"过程。在地化体现在多方面，从经济上、人员培养上，到由此折射的文化活动话语模式上，都间接反映了华人社会战后的重大转变。

经济基础是决定一个社团能否长久维持活动的重要因素。马来亚精武会在成立之初大量依靠马来亚本地——尤其是粤籍侨领的捐助，在后来数十年之中，社团自身开源以应对复杂的社会环境变化，亦是时势所趋。社团领导者多为侨商，具备商业头脑，带来经营思路上的不同。马来亚的殖民地环境，促使精武一类社团寻求更多收入途径。凡此种种，造成了马来亚精武与中国国内精武会很大的区别，前者分会众多而同处于英属殖民地环境，而后者以社团名义的经济活动相对薄弱很多。据现有史料观察，新马精武会充分发挥自身的文化优势，多方位经营，帮助社团渡过不同时代的难关，应对不同的挑战，其组织得以保留至今。

一、彩票

20世纪20年代末30年代初，南洋出现经济危机，土产跌价，百业萧条。这对于马来亚殖民地高度依赖国际市场的产业结构，影响尤其巨大。30年代精武会以发行彩票增加收入。对于精武彩票一事，马来亚多处分会的刊物均有记载。槟城女子精武会特刊中载：

> 由邝启裔及李志羲女士推动槟城女子精武体育会董事部与本会董事潘应祥、谢朝云、张毓秀、杨漳河，举行联席会议，讨论经济合作事宜，试办发行会员彩票，得双方之同意，第一期先以本会名义发行。征求各州友会支持代售，结果以吉隆坡友会销票最多，鼎力帮助宏大，第二及第三期均以女会名义发行，惜因受不景气影响，成绩未臻理想，遂即停止继续发行，经济合作组织亦随之瓦解，所得利润虽薄，亦足以维持本会经济宽余于一量，且表现同在精武旗帜下，为社会服务有互惠互助之精神。[1]

---

[1] 邝启裔：《本会史略》，《槟城精武体育会新会所落成暨金禧纪念特刊》，1974年，第40页。

此为1932年事，此次彩票为槟城男女精武会筹得会费，度过最困难的时期。

此后马来亚各地精武都有以彩票稳定经济的做法。有些分会则通过彩票筹募会所购置所需经费。怡保精武会载，1939年推售"会员彩券"，前后开彩八期，筹得十多万元，原拟购置会所，但因一时未能觅得适当地段，而把大部分资金捐与霹雳中华大会堂及华人接生院。①

二战后南洋各地精武会积极恢复活动，彩票也成为社团复兴的经济来源。在战后百废待兴之时，殖民政府颁布彩票准证，引发社团新一轮发行彩票的热潮。雪兰莪精武会载：

> 战后初期……当时马来亚还是英国统治的殖民地，社交文化组织可以申请发行只限会员购买的彩票来筹集经费。精武按照政府的条例规定申请发行彩票，并获得批准。当时彩票是第三个星期发行一次，每张彩票一元，由精武会员向会拿彩票，但他们转卖给别人，才能卖得多，筹得更多经费。奖金的多寡视售卖的彩票数量而定。资金最高的一次，头奖高达八万元，可见当年彩票发售量之多。这也从侧面反映精武体育会知名度之高和受支持的程度。发行彩票让精武拥有充实的活动经费，后来政府因改变政策，取消精武发行彩票的准证。②

精武体育会利用自身在马来亚多地设立的组织网络，在20世纪30年代已经推出会员彩票并由各地代理，战后更加以之为社团经济重要来源。精武会每年开展征求活动招揽会员，在马来亚各地友会众多，采取分成、代销等方法，能够极大地扩充销售范围。同时期马来亚的宗亲会馆有的也采取类似做法，但精武会作为以武术体育为主要活动的新式社团，能售卖彩票较为少见。是为精武适应本地社会，谋求自身生存发展的方式。相对而言，中国国内的精武会未发现有类似做法。

---

① 《精武人88年风雨同路：怡保精武会成立经过与后续发展》，《马来西亚怡保中国精武体育会庆祝88周年纪念特刊》，2013年，第83页。
② 《雪兰莪精武体育会九十周年纪念特刊》，2011年，第83页。

二、互助部

互助部是新马精武会在二战后应对社会环境变化的独特产物。孤立地看，互助部似乎与体育武术活动无直接关联，但此组织牵涉到社团经济根基，作用甚大，而且从中能看出社团回应本地需求的举措。

"互助部"一类组织亦称"福利部""互助会"等，以慈善救济的名义，吸纳社会民众资金。其办理方法为，登记入部者每月交一定金额的会费，称为"供""月捐"，此后入部者过世可得到一整笔相对较大的款项，助其料理身后，称为"善后金"。每月所得月捐，通过社团投资运作，保证善后金支出，还可改善社团自身的经济。这与今天的人寿保险有相似之处。[①]

互助会组织在20世纪40年代初的马来亚精武会中即有提议和零星出现，但未成气候。二战时马来亚遭遇重创，战后社会民生百废待兴，民众对未来生活的不安感加剧，许多社团复会亦需要资金支持。于是互助会成为众多社团致力经营的业务，不少宗乡会馆都有此设置，依赖同乡会员吸纳参与者，但文化或武术社团设互助会者不算太多，精武会亦属特例。

精武会互助部大体在1949年左右成立，并且在马来亚各大埠的分会都有相应机构。北部槟城精武刊载广告："福利部成立于1949年7月1日，现有部友四百余人，年来如有部友逝世，报告前来，即可领得恤金近六百元，一次交足，绝无延宕之弊。"[②]新加坡互助部于1949年9月正式在社团注册署登记备案，因初期经验不足导致经济拮据，此后通过修改章程、增收月捐等方式，得以良性运作。[③]

互助部给马来亚精武会带来颇大的收益。互助部与社团本身大多实行财政分立，但互助部的管理者多数在原来社团已经任职。互助部积累相当的资金后，仍是以社团的名义投资。较为常见的增值方式是投资不动产，如屋宇、商铺一类，社团本身在维持互助部运作的同时，也可以在经济上稍为宽

---

① 新加坡精武会互助部资深干事廖德南先生口述，2013年2月。
② 《槟城精武体育会近况》，《星洲中国精武体育会三十周年纪念刊》，1951年，第151页。
③ 《我会互助部的沿革》，《新加坡精武体育会75周年纪念特刊》，1996年，第85页。

裕。①新加坡精武会互助部巅峰时期达二万名部员，通过卓有成效的房产投资，积累社团资产超过千万坡币。与之相类似的还有槟城精武女会，成立互助部之后，以大额存款取得较优利息，也购得五层楼高自置产业，出租以得到社团充实的收益。②

20世纪50—60年代华人社会里缺乏社会保障和投资渠道，加入社会声誉高的社团附设的互助部，是很受时人欢迎的。据互助会人士介绍，有跨区参与互助会的情况存在，还有以分组方式办理以满足社会需求的，即个人可加入多组以获取更多的善后金。据槟城精武载："每组八百名，每人亦可加入多组……1966年政府履行社团法令，有关善后互助会加以管制，指定本部部友名额八千名为限，勒令取消组别制度。"③参加多组别的互助会，对于当地民众来说可能等同于人寿保险增加保额，社团也因此吸纳大量社会资金。正如彩票一样，精武体育会在新马广泛的网络也给互助会发展带来好处。比如新加坡精武"得马来西亚各地精武友会响应支持，愿助招徕部员，不久后扩展至全星马，北至吉打州，甚至泰南边陲地区，遍设立代理，部员骤增至八千余名之多"④。这些跨区代理极大地增加了精武会互助部对于新马多地的深入影响。

20世纪70年代中期开始，新加坡、马来西亚经济发展迅速，人们生活水平提高，人寿保险日渐普及，影响了互助会的经营。而且随着物价上升，互助会原来设定的款项额度对于料理丧事而言已是杯水车薪，更说不上使家人得到物质上的补偿，所以渐渐出现自动放弃、断供、新部员减少的情况。现在只有少数社团如新加坡精武尚存一些部员。互助部自二战后开始运作，到今天逐渐式微，存续五十余年，曾经是新式社团适应地方社会，保持自身生存的重要方式。

---

① 关于新加坡精武会互助部的运作情况，由新加坡精武体育会互助部资深干事廖德南先生口述，2013年2月。
② 关于槟城精武体育女会互助部的情况，由槟城精武女会资深教练区育恩口述，2013年4月。
③ 《本会史略》，《槟城精武体育会新会所落成暨金禧纪念特刊》，1974年，第40页。
④ 《我会互助部的沿革》，《新加坡精武体育会75周年纪念特刊》，1996年，第85页。

三、全马精武联合会

1953年马来亚多地精武体育会联合发起成立"全马精武体育会"，是体育社团逐渐从原来与中国国内组织密切合作到从制度、技术等层面自主独立的体现。此次发起的契机，可能与上海精武会主创者之一陈公哲南下马来亚有关。

陈公哲早年为创办上海精武会变卖自家实业，对于精武事业一直奉献良多。但由于与合作者不睦等多种原因，20世纪20年代后期已往南京任政府公职，30年代辗转至香港，经济状况已不比以往。50年代东南亚精武正值复会之初，陈正好以帮助会务的方式前往。如此既是看重东南亚各会的经济实力，希望加以联络，也是希望以自己在精武的资历再行活动，寻求社会认同。此举得到身在香港的上海精武元老的支持。陈听从他们的建议，筹集川资，以"精武总裁"的身份前往东南亚。[1]

陈公哲对此行抱有很大的期望，到马来亚后访问新加坡、芙蓉、槟城、怡保、吉隆坡等地。陈氏在一些地方确实得到礼遇。如新加坡会董李泽仑、郑照吾，会中干事魏元峰、黄强亚，为之开欢迎会并陪同考察。陈公哲回赠的书法作品，现时仍存于新加坡精武会一楼大堂。怡保精武为之洗尘后继开正式欢迎会，他便认为"足证怡保精武主持人之知礼，与地方人情之谦厚"[2]。然而对于接待不合心意、有所怠慢的友会，他则语多批评。如他认为雪兰莪精武会未能给他正确的称呼：

> 同日下午雪兰莪精武男会开欢迎会，抵达会所时，见会门扎有花牌为"欢迎中央精武陈公哲先生"字样，而无总裁二字，余甚不怿。该会中人，封建头脑未除，以为总裁二字，只许用于元首……雪会中人见识落后，自卑而及于人，其愚真不可及。[3]

① 陈公哲：《精武会50年》，春风文艺出版社，2001年，第118页。
② 陈公哲：《精武会50年》，春风文艺出版社，2001年，第134页。
③ 陈公哲：《精武会50年》，春风文艺出版社，2001年，第128页。

对于该处个别干事，陈认为自己与他们相识已久，但他们在当地渐渐站稳脚跟后，已忘却了当初的交情。[①]

陈氏希望借"巡视"之机介入各会会务的意图也非常明显，不过这些努力并不算成功。他主动提出为吉隆坡精武提供八十万马来亚元的捐款，但同时对该会提出许多质疑与会务上的建议。当时《星洲日报》载："间有执行会务之人，渐渐离开精武的宗旨，和失去诚恳真挚的精神……嗣对精武会所建筑，发生纠纷，他特别建议应该用调解的方法，不应诉诸法律。"[②]雪兰莪精武对他的捐助反应很冷淡，显然也不满意他对会事过多干涉。陈在十八日后登报表示："未得雪会反应，及有任何接纳与否之表示，于今已失时效，自即日起，作为罢论。"至于陈公哲是否确已筹募八十万元，还是仅仅开空头支票，则无从知晓。此后陈把在新马各会演讲的记录汇辑成《中央精武总裁陈公哲先生巡视马来亚各埠精武会讲辞合辑》[③]。然而当时各会对他的提议应者寥寥。一方面是由于陈公哲自己除了早年经营精武的资历可倚，以及东南亚有一些老朋友的情谊以外，已没有实际的经济能力与权力去影响这些友会的事务。即便是有"中央精武"之称的上海母会，此时也不可能做到。另一方面则是精武会最初的发展模式，是以文化资源输出为主，友会之间无论财政还是管理上都相互独立。20世纪50年代马来亚各会已经发展出自己独立的财政，也有需要迫切应对的本地问题，对于所谓"总裁"以及他过多的干涉，未必有兴趣。

不论是否以陈氏南下为契机，马来亚精武作地区内联合是大势所趋。据报载：

> 全马精武体育会代表，将于五月五日集中怡保，假此间吡叻广东会馆召开会议，以讨论进行组织马来亚中国精武体育会联合会事宜，并将审定组织章程，及选举联合会职员。此次代表大会之另一项重要议程，为如何推动各新村成立精武体育会，使精武在全马各地新村普遍发展。

---

① 陈公哲：《精武会50年》，春风文艺出版社，2001年，第122—123页。
② 陈公哲：《精武会50年》，春风文艺出版社，2001年，第128页。
③ 陈公哲：《中央精武总裁陈公哲先生巡视马来亚各埠精武会讲辞合辑》，1953年。

中央精武总裁陈公哲氏，于今日经发函马各地精武体育会，请届时派代表一名参加会议。该代表之食宿，将由怡保精武体育会招待。陈氏在此次会议中将发表演说，及与各代表检讨各会经济预算问题，与研究如何加强精武德育之训练纲要。①

上述提到"推动各新村成立精武体育会"，与当时马来亚战后环境相关。马来亚脱离日本殖民统治后，被英国军队重新接管，但由于英殖民政府战争之初抵抗不力，战后经济萧条，华人民族情绪高涨。马来亚抗日军以及部分马来亚共产党领导的军队成为本地新的武装势力，为英殖民政府所忌惮。20世纪50年代，英殖民政府实行《紧急法令》，在全马设立一系列华人集中居住点，强迫原本分散于各自然村的华人放弃家园迁入，这些居住点称为"新村"。英殖民政府以极不人道的方式，毁坏华人原本的居住地，又在新村实行严厉的出入和外带物资限制，试图以此阻止华人与马共军队的联系。此举极大地改变了马来亚华人社会的状态，也给华人体育社团的工作带来了很大的挑战，"全马精武联合会"正是在这一背景下应运而生，也是体育社团面对社会重大转变作出的反应。

精武联合会其中一个重要职能，是协调马来亚各会认证和颁发学员的毕业证，解决拳术教师的不足。这项职能原本由上海精武总会负责，但此时国内形势已大为不同，无法履行此项工作。马来亚精武开始改为从香港聘请武术教师，并自行认证学员资格。报载：

关于拳术教师问题，决定由总会向香港聘请一拳术教师，轮流派往各地教授，以补不足。三、分会拳术毕业证书及证章，决定今后由总会发给。四、接纳账目报告及通过章程草案。今日出席会议之代表计为怡保、金宝、星洲、槟城（男女会）、森美兰、马六甲、太平、雪兰莪（男女会）十个单位。②

① 《马精武体育会代表下月初集怡，商组精武联合会，并审定章程选举职员》，《南洋商报》1953年4月25日第10版。
② 《全马精武体育会昨举行代表会议》，《南洋商报》1953年12月13日第10版。

组织主持者为怡保精武刘伯群，其参与者众，可见马来亚精武为应对新的形势，内部具有一定的动员能力。

此处探讨新马精武体育会在地化的过程，其中许多措施并非精武会独有，只因该会网络影响力遍及马来亚各地，会内又极重视出版，故能在史料与口述中了解更多细节。

这些在地化举措与新马本地的法规、经济情况、社会环境等方面有很密切的关系。马来亚多地认可购买地皮或建筑后拥有永久产权，二战前社会相对安定，很多社团即在战前已着意购置会所，以求长期发展，即在今天仍然如此。由此带来各种筹款的需要，早期精武游艺、征求等做法已难满足。彩票、互助部的设置，是得益于精武会在当地作为公开注册社团，取得殖民政府法规许可的资格。这与中国国内的情形非常不同。

20世纪50年代中国内战刚刚结束，社会尚在恢复阶段，上海及多地原本与马来亚精武联系紧密的友会，此时处于半停顿状态。两地联系相对没有此前紧密，反而此时新马本地的友会之间互动频繁，特别是通过各种互助机制，增加社团的影响力，渡过经济上的危机。此后由于中国国内形势转变，民间体育组织被取缔或停止，新马本地华侨社会亦急于应对国家独立带来的一系列变化，更加速了华人社团在地化的趋势。

第五节　中央国术馆在新马的影响：以光武国术团为中心

20世纪20年代末中央国术馆的建立给马来亚武术体育界带来新的影响。1928年国民政府定都南京后，各级政府机构开始组建或完善，带动行政力量与意识形态影响相应地逐步渗入社会各行各业，也在某些领域试图建设层级化的组织。中央国术馆的成立是政府在武术、体育界加强渗透，输出意识形态，建立国家体系的表现，机缘巧合之下也成了新马华人可以利用的资源。

中央国术馆由张之江倡建并担任馆长。张之江（1882—1969），字紫珉，号子茳，别号天行，河北盐山人。曾任西北军军长。1928年张在国民政府内已退居二线，致力于建设中央国术馆。馆内长期活跃的人员有王子平、李景林、褚民谊等。①

中央国术馆建立后张之江率队南游，一方面交流武术，另一方面亦希望向南洋华侨筹款。他们带来代表南京国民政府的新型话语，吸引了马来亚很多体育武术界人士主动参与并向之靠拢，影响持续至今。马来本地也出现了一些响应中央国术馆号召，以"国术"为名的组织，其中有不少广东籍——特别是海南人士参与进去。在此我们对中央国术馆在新马的影响作一回顾。

一、中央国术馆表演团南游背景及过程

中央国术馆表演团南下，是在20世纪30年代中期。张之江以中央国术馆馆长身份申请大笔经费，率团到各国考察体育事业。1936年1月他预备在新加坡作短暂停留，等候此时从中国南下的国术表演团。由于新加坡正好是欧美与中国往来船只的中转站，又是南洋华侨信息汇聚之地，历来军政要员进出与此地侨界保持沟通，是常有之事。此时南京国民政府已经稳定政局，张的来访，事先已由时任南京侨务委员会委员长陈树人来函，嘱新加坡华人领导机关中华总商会接待。②总商会即时召开董事会议，同意组织"协助中央国术馆南游团筹备表演委员会"。该委员会主要成员即为总商会时任会董，也承诺给予张最大的协助。在张之江登岸之时，国民政府驻叻总领事刁作谦，时任总商会主席林庆年、林文田均到码头迎接。③张经他们安排，与多位本地闻人会面。

张之江这一阶段数次公开演讲，内容都带有很强的民族情绪。其时日本占领东三省已久，张即以此与其考察体育之事联系起来，极言体育于强国的重要性，谈及我国国术发展殊未令人满意，需提倡国民文武兼修，以帮助民族振兴。由是把办国术、练国术与共赴国难联结起来，在南洋诸报中广泛传播。④

张之江此行最重要的目的是为该馆建设筹款。中华总商会档案中即透露

---

① 中央国术馆史编辑委员会编：《中央国术馆史》，黄山书社，1996年，第33—38页。
② 新加坡国家档案馆藏《新嘉坡中华总商会档案》，编号NA7，第11卷第5页。
③ 《中央国术馆长张之江氏昨晨由欧乘荷邮抵叻》，《南洋商报》1936年1月8日第7版。
④ 《槟城钟灵中学师生欢迎国术南游团》，《南洋商报》1936年3月2日第8版。

出："即请侨胞协助捐建中央国术馆之馆舍，使有地方得能发展。"①然而南游表演团实际到达时，只有国术队十人、篮球队六人。如此固然减少旅行所需经费，但又如何能应付本地演出需求？此时散布于马来亚的精武体育会分会，在助演上发挥了很大的作用。

新加坡精武体育会，本来也有深厚的民族主义背景。其教员除会内任教，更分赴各大华校训练技击。20世纪30年代魏元峰、方又昌等在育民学校、中华公学都有不少学生，积累下一定的会员基础。国术南游团在大世界举行了整整一周的夜间表演，精武连同华校助演达五晚之多。②其余则由本地崇武体育会篮球队及闽南国术团配合表演。及后南游团旅行至吉隆坡、怡保及槟城，主要仍是当地精武会接待。

国术南游团带来中国国内与马来亚武术交流的一些机会。3月4日，张之江所率国术南游团游历马来亚各埠筹款后，再次取道星洲，带同三位表示愿意进国术馆学习的侨民。此外，国术馆亦有一小部分教师留在马来亚。据南游团成员之一，后来留在新加坡崇福女校任教的武术教师胡云华回忆，陈嘉庚当时看到国术团表演，问她是否愿意留下教授拳术，她没有多想就答应了。与她一同前来的还有一名男性教员，后来他选择回国，胡女士则留在当地，教少林拳为主。③由此可知，张之江南来所促进的武术交流，多限于表演，以及胡云华等人自身的选择，并没有如精武体育会一样有对外扩展的意识。这从此后光武国术团在武术上与南游团关系不大可以知之。

二、新加坡光武国术团组建

（一）光武国术团成立

国术馆南游期间，一批琼籍的武师在新加坡为国术馆代表团表演，促使后来新加坡光武国术馆建立，对当地武术事业带来持续的影响。

琼籍武师在新加坡进行国术表演，与琼籍侨团此期间加强与南京政府联系的一系列活动有关。民国初年海南岛沿用清末建置，设琼崖道，归广东

---

① 新加坡国家档案馆藏《新嘉坡中华总商会档案》，编号NA7，第11卷第7页。
② 《星洲精武欢迎中央国术馆长张之江先生暨全体队员启事》，《南洋商报》1936年1月26日第5版。
③ 见新加坡国家档案馆的胡云华女士口述历史。

省管辖。历史上琼州府人无论是习俗、方言、文化，均与广东其他地区人有明显差异。海南人移民马来亚较其他方言群要晚，以从事餐饮、咖啡贸易闻名。20世纪30年代琼籍马来亚闻人也积累起相当财富，以活跃在马六甲的郭巨川家族为例，他们在马来亚购买大片橡胶园，一战后逐渐富裕。此后他们在马来亚和家乡文昌县捐资办学、热心赈灾，得到中国政府和居留地政府的重视。

在1936年年初中央国术馆南游团到达新加坡之前，马来亚琼籍人士组织"南洋英属琼州会馆联合会代表大会"，在马六甲举行。此次代表大会已是琼州会馆联合会第二次组织的活动，有来自星洲（新加坡）、巴生、吉兰丹、麻坡、实兆远等地的琼州会馆组织参加，地域上涵盖英属马来亚绝大部分地区。马六甲琼侨陈实甫等组成主席团，临时推选代表达一百余人。主要提案是就琼州当地问题，提议国民政府在海口设立侨务局、统一盐税、清理盐犯、清丈田亩。[①]在此之前，马来亚琼籍人士，尤其以马六甲郭氏家族郭新、郭巨川为代表，多与新加坡及南马的广东社群一起活动。国民政府的成立似乎促使琼籍人士加强团结，使他们继续与广东社群保持紧密关系，又积极寻求自身的存在感。

正当国术南游团忙于表演时，另一支武术队伍也前来助阵，出现在大世界表演场，他们是后来光武国术团成立的班底。这些人被记者称为"暹罗侨胞"，[②]又是"琼侨"。除了知道他们是来自泰国的海南人外，没有更多的背景介绍。其中即包括后来光武国术团创始人之一魏大乾师傅。据报道，魏大乾与陈如万两人，乘坐两天两夜的火车前来。对于几位海南人的表演，见诸报端者唯有"琼侨项目魏大乾（暹侨）八卦拳，陈如万（暹侨）单边拳，林明佐（本坡）四门拳"。就其拳术名称来看，与今天搜集到的光武国术团"海南洪拳""海南咏春"似有出入，[③]而当时新加坡林明佐表演的"四门拳"，似乎又接近闽潮的拳术。魏君当时给人最深的印象是"李载鸾、魏大乾二君体格，则为全场最发达者"。可知魏先生年轻时，能在国术馆南游

① 《琼侨代表大会开会声中，总会监委拟就紧要提案》，《槟城新报》1936年1月7日第9版。
② 《体育场观众拥挤水泄不通》，《南洋商报》1936年2月8日第5版。
③ 光武国术团吴承沄演试海南拳，2013年4月。

团、精武会、闽南国术团、漳州武师等一众武术家中，显示出强健的体魄，实力十分可观。当时表演应是十分精彩，据光武会内记载，参演者有本地南北国术名师，如"干德源表演福建太祖拳，陈锡龄表演白鹤拳，魏元峰表演醉八仙，唐文伍表演梅花刀及螳螂拳，沈扬德表演五祖拳，郭雄虎表演八封刀、赵文俊表演河北拳及快子蛟"，为一时盛事。[①]

南游团于1936年2月10日离开新加坡，几天之后，即2月15日，马六甲精武体育会召开筹款游艺大会。魏大乾亦在演出之列，表演"八卦拳"。史料中提到魏大乾是"由岑会朝介绍"，属于个人参与者。[②]岑会朝，马六甲琼籍闻人，参事员，曾任琼崖实业股份有限公司委员，曾捐助海南文昌学校，参与马六甲本地佛教机构建设，于祖籍及侨居地都有卓越贡献。岑会朝亦为国民党马六甲支部党员。现时广州黄花岗起义纪功坊献石堆中，即保留有"南洋麻六甲国民党党员岑会朝"的记录。[③]

同年7月，第一篇关于光武国术团的报道见诸报端，距魏大乾初来星洲已有半年。此时助演者为"中华公学，精武体育会，漳州国术团，马六甲精武

图3-14　光武国术团海南武术名家吴德启（左）、魏大乾（右）

资料来源：《光武国术团75周年纪念特刊》，2011年，第21页。

---

① 《光武国术团团史》，《光武国术团66周年纪念特刊》，2002年，原书无页码。

② 《马六甲精武体育会游艺大会盛况》，《南洋商报》1936年2月16日第7版。

③ 纪功坊献石堆，在广州市黄花岗七十二烈士墓园，岑会朝刻字在献石堆背面第八行。有关献石堆记录的整理，参看张睿：《黄花岗纪功坊献石堆考》，《侨报》2012年4月13日。

体育会"①。光武成立的支持者郭巨川，也在大汇演之初致开会词。郭巨川（1876—？），海南文昌人，早年与父亲一道在马六甲谋生，通过胶园等多种生意成为富甲一方的巨贾。与其弟弟郭镜川一道任新加坡、马来亚琼州会馆主席，捐献学校多间，也在国民政府侨务委员会任职。郭在马六甲期间还未发迹时已显示出强烈的政治抱负，包括资助国民党之前身，其时尚未有合法身份的同盟会活动，②作为其南洋总机关部重要分子。

此次"南北国术大汇演"期间报刊对光武国术团已明确记载，"该团之发起，由中央国术馆长张之江先生南来后，所引起之兴趣，由琼州武术家魏大乾提出而组织之"。林树锦、林鸿仪、冯安邦、林猷和、文国福等琼籍高手，亦先后加入，成为会中骨干。光武国术团似乎一开始就很明确地面向海南人，直至当下到光武采访在内任职多年的前辈，仍谈到20世纪50年代以前只有海南人才可加入，后来才逐渐向不同背景人士开放。

（二）"光武"之名的由来

光武国术团对其名称的由来解释为，当时几位琼籍拳师与当时琼侨侨领讨论筹备国术团体，取名"光武"，寓意"光复失地，我武维扬"之意。此说自20世纪80年代历见于新加坡《武坛》杂志及其他武术出版物，表述大致相同。

但是在田野调查中可见"光武"之名来源存在另一种可能性。2018年3月，笔者在吉隆坡以西巴生港，走访了一座海南人聚居历史长久的村庄。离码头不远处有一"爱群剧社"，是演琼剧的社团。剧社内有大堂及戏台，戏台背后是一名为"都天府"的神庙。据社内人口述，这是拜戏神华光帝之地，因华光帝名称为"都天元帅华光帝"，故称"都天府"。神像两旁有对联："华山起马归周室；光武兴兵复汉家"，藏头为"华光"二字，"光武兴兵复汉家"一句，又有"光武"二字，与国术团名称暗合。庙外香炉有铭文"天地父母"，明显带有天地会的色彩。

尽管巴生海南村与新加坡有一段距离，似不能说明"光武兴兵复汉家"

---

① 《星洲光武国术团昨晚在新世界表演，成绩优良观众称许》，《南洋商报》1936年7月12日第7版。
② 《槟城阅书报社廿四周年纪念特刊》，1931年，第23页。

的对联，与光武国术团之名有必然的联系；但从爱群剧社外"庆祝69周年"纪念推测，该社成立或复兴只在1949年左右，都天府或者华光帝崇拜显然较该社历史悠久。海南村都天府和新加坡光武国术团同为琼籍人士所创，而且秘密社会、传统戏剧、武术活动本也有千丝万缕的联系，有可能"光武"是琼籍人士秘密社会的标记。

对此光武国术团出版物中亦隐约提及，此名寓意为"光武中兴，复兴汉室"①，与秘密社会的话语有些相似。正如下文第四章第二节所论及的，武术社团对联或名称，很可能是师傅传下以表达宗旨、维护门内秩序的方式。不过此联究竟为本地所有，还是与泰国的海南社群有关，尚待查证。

（三）光武国术团的武术

光武国术团所传授的武术，是馆内称为"海南拳"的武术。20世纪30年代光武成立表演上，记者特别提到："琼侨之拳术，公开表演者当此次为第一次……步步用力，与前所表演者迥然。"此时的海南武术，似乎是硬桥硬马，用力较猛。光武国术团自身出版的特刊，提及"海南拳的拳种，据说源自少林、洪拳、儒拳、刘家拳、蔡家拳、五形拳、十形拳、虎豹拳、蛇拳等"②。

笔者在2013年的田野调查中观察到光武中名为"三门拳""一字拳"的套路，从中能看出海南拳大开大合的特点，弓马转换灵活，出拳虎虎生风。抛拳、钩拳等使用，有与岭南南拳相似的技法。不过另一方面，又包含很多爪型的手法，配合腰部带动转身、推掌、抛掷的动作，并且有些套路中需要习者一边出招一边发出声音，通过呼吸运气加强出拳的效果、协调身体配合，有其鲜明的特点。演示者解释其中有不少狠辣致命的招数，如击打敌人喉咙、会阴等要害部位，特别提到有双拳攻击对手的大腿内侧，以破解泰拳手以膝部攻击肋部的招式。③这从侧面印证在光武传授拳术的海南武师，可能有与泰拳手长期接触和交手的经历。在光武出版的刊物中，亦提及二战前魏大

---

① 《辉煌光武，世纪风采：新加坡光武国术团75周年庆》，《光武国术团75周年纪念特刊》，2011年，第12页。
② 《海南拳的渊源》，《光武国术团66周年纪念特刊》，2002年，第62页。
③ 光武国术团吴承沄演示海南拳，2013年4月。

图3-15　冯安邦老师傅的古老兵器——双鱼挡

资料来源：《光武国术团六十周年纪念》，1996年，原书无页码。

乾曾在泰国擂台上将泰拳名师打死，得当地华人甲必丹封赏一笔资金。[1]说明海南武术传至新加坡前，于泰国中转，对于技击技术提高有极大的影响。

兵器使用方面，光武国术团也有其独特之处。前人搜集有"燕子挡"，为木板制成的一对护肘木牌，状似燕子身形，套于前臂上用于格挡刀棍袭击。据称光武国术团旧照片中的鱼形盾牌"双鱼挡"，亦可单独演示，灵活绵密，与燕子挡功能亦甚相似。据会中前辈解释，这与海南人依海而居的特点有关。

海南拳的传播可能为海南帮增加了武力优势。光武国术团刊物曾载，1948年柔佛州巴罗镇土产树胶以火车运输至新加坡出口，其时运输搬运权为福建人所掌握，其他籍贯的人无法染指。其时光武国术团主事之一郭新呼吁海南拳师吴德启出面，召集了七八名海南拳师与对方谈判，冲突之中把对方打败。对方声言要出动槟城的私会党，而郭巨川也介入此事，号召新加坡的海南拳拳师助阵。在此武力威慑下对方才罢休。[2]

马来西亚琼籍团体对文化的重视，为武术传播带来新的契机。据称20世纪初新加坡有一名为符福盛的拳师，曾在符氏社组织同族宗亲习拳，只是当时参与人数不多。后来因中央国术馆南游之故，来自泰国的海南拳术传入新加坡。20世纪30年代新加坡曾有南洋国术馆、中国国术社、光武国术团，为海南功夫全盛之时。五六十年代却出现衰退，只余光武国术团一家。[3]但在2018年的调查中发现，吉隆坡海南会馆也办起了海南拳学习，武术师傅也是

---

[1]　吴承沄：《海南拳管窥》，《光武国术团六十周年纪念》，1996年，原书无页码。
[2]　《忆魏大乾与吴德启大师》，《光武国术团66周年纪念特刊》，2002年，第84页。
[3]　《忆魏大乾与吴德启大师》，《光武国术团66周年纪念特刊》，2002年，第84页。

从新加坡聘来。据吉隆坡海南会馆总会称，在马来西亚尚未发现有其他海南人社群有武术传承的痕迹。

光武国术团历史上还曾有独特的海南狮艺，详见第四章相关内容。

三、其余以"国术馆"为名的组织

张之江带领中央国术馆南下，带来了"国术"的话语，与此前流行的"国技""武术"等说法不同，带有更多南京国民政府的意识形态。马来亚华侨借此机会建立武术社团。20世纪30年代在光武国术团之外，据说还有中国国术社、南洋国术馆等，亦为琼籍武师所创，但后来式微，因而无法搜集更多资料。

张之江南游期间，以陈嘉庚为首的福建籍人士热烈响应，呼吁组织"中华国术馆"。该社前身为"闽南国术团"，曾与张之江国术馆南游团一同表演。据报载：

> 福建会馆执监委员，假座怡和轩，设宴招待闽南国术团……主席陈君（嘉庚）乃起言，此次吾闽南国术团承南京政府嘱命，南来提倡国术，本会馆以桑梓情谊及国民天职之所以，助成表演五晚……我国此项宝贵之卫身卫国之国术，放弃已百数十年，兹所存者仅如闽南一带，闽南一带，尤仅永春尚有些少，今日设立国术馆，无论在本坡或祖国，当如办理师范以培养师资为急务……现本会馆已决定在本坡创设国术馆，复致函厦门漳州泉州教育会，共同提供、创设，倘或经费困难，则由此间酌量补助。[①]

中华国术馆后来由武术家干德源主持，此人是在南洋活跃多时的武师，资料记载：

> 原籍福建省，永春州内八坑人氏，好习技击，从师学业有年，深得

① 《福建会馆待招闽南国术团详记》，《新国民日报》1929年11月19日第6版。

秘传，移轮接骨及踢打操作，精通医理，研究有素……斯时先生，在南洋吧双坡，继后闽南国术团，承国府命令，提倡国术，高徒宝山恭请先生，出而领导，开演国术，登高一呼，众山俱应……及到星洲，望风求学日多，遂在大坡乞纳街，开设国术馆，兼悬壶济世，教传弟子殊盛。[1]

似乎干德源也借国术南游团表演的契机得以成名。

中华国术馆所教授的武术，与中央国术馆以少林与武当拳术为主的技击有所不同，而是干德源所传播的流行于闽南地区的五祖拳。关于五祖拳，干氏表述为：

> 内中分五种拳法，（一）太祖拳，（二）罗汉拳，（三）白鹤拳，（四）猴拳，（五）玄女拳，以五种拳术，视其门徒而分授之……迨至光绪廿五年间，干德源氏，得其姑丈李俊仁先生，悉心传授，潜习数年，将五祖拳艺，存菁去芜，混合为一。[2]

除了五祖拳外，中华国术馆另一项重要的活动——舞青狮，同样是福建地区的风俗。不过由于时代久远，现时在新加坡已经式微，笔者未能亲见。

二战后马来亚可能由于政府对社团的监管有所放松，一些地区出现名为"国术馆"的组织，其实是原有会党改头换面。李亦园先生在20世纪80年代观察到麻坡有"中华国术协进社""汉中国术励进社"两家社团，从过往"苦力间"脱胎，带有私会党色彩，也参与方言群之间的冲突。会所之内奉有神座，有乩童为人治病问卜。[3]相信这种现象不独在麻坡，在马来亚多地均存在，可见"国术"话语影响之持久。不过那些战前能够注册、公开活动并见诸报端的社团当不属此类。

中国传统技击术在南洋华侨中，有深厚的群众基础，在新式学校广泛建设之时，其教学与传授有了新的面貌，成为海外表达"中国性"的方式。20

---

① 《五祖拳宗师干德源》，干湖昌主编：《星·马·婆中华国术史录》，第5页。

② 《五祖拳术简史》，干湖昌主编：《星·马·婆中华国术史录》，第6页。

③ 李亦园：《一个移殖的市镇：马来亚华人市镇生活的调查研究》，正中书局，1985年，第110页。

世纪20年代末中央国术馆南游团赴南洋活动，是在此背景下一次声势浩大的宣传，其最实质的作用是筹款回国。对比起同时期其他社团积极建立海外网络，中央国术馆对外的经济与技术输出其实相当有限。

在南京国民政府成立之初，如此代表"中央"，又有"国术"之名代表"中国"的组织，很快为海外华侨所关注。以马来亚为例，华侨通过自身力量，成立光武、闽南等国术馆组织，与南京方面遥相呼应。这些组织的建立，与本地帮群势力如福建帮、海南帮有密切关系，也是他们树立"对内部代表中国，对外部代表华侨"的威信、向国民政府争取权益的附带结果。"国术"的技术本身，很可能与马来亚秘密社会有关，既不是中央国术馆的一套，传播途径也并非单一地从中国到华侨，而是武师在东南亚各地如泰国、印尼等地游走，与各地武术家交流碰撞的结果。这显示了海外华侨吸收和再现"中国性"时，背后的成因、目的和表现形式，存在很多偶然性和复杂性。

光武成立不久就获得社团注册，成为新加坡又一家正式注册的武术社团。20世纪30年代，新加坡的体育社团尚有振武、闽南等等。30年代末星洲国术联合筹赈祖国难民游艺会举办时，参加的国术团体竟有四五十家之多。①光武之所以要郑重其事地申请注册，很可能与其支持者的国民党背景有关。殖民地政府对于辖区内活动的政治势力，一直投入巨大的精力进行调查，一方面是不希望华侨中民族主义过分膨胀，另一方面是避免自身被带入中国的政治纠纷而影响己方商业利益。但相对于强力压制已作为中国执政党的国民党在南洋的支部势力，英政府更倾向于通过社团注册加以控制。星马各地书报社均是如此，精武会与光武国术团亦如是。

光武国术团的武术与狮艺，曾经历第三地传播和再生，在新加坡"飞地式"地生存下来的。光武的最初组织者魏大乾等人，从泰国转至新加坡并定居下来，目前不清楚其原初习得的拳术和狮艺，与海南地区有何种渊源关系。但此武术与狮艺为马来亚他处所无，也无法在海南地区调查得到。是否是在泰国的环境下习得甚至创造出来？目前只能存此疑问。光武以武术及文娱活动组织起海南人，现时在光武会内仍保留海南人信奉的华光大帝的崇拜，每逢周末有海南人歌唱会，地缘色彩十分明显。

结　语

本章所涉及中西兼备的跨地域社团，起源于20世纪20—30年代，以学校、特定的社会团体为活动基础，在游艺会、运动会、筹款活动上活跃，宣扬民族主义，呈现华侨社会健康向上的形象。他们是现代国家话语下的产物，其中尤其以精武体育会和国术馆为代表。他们公开教授经过整理改良的中式传统武术，使武术进入学校教育系统和公开表演场合。他们组织各种球类活动等西式体育，网罗大量优秀运动员，在体育竞技上有不俗表现。许多还开展音乐、话剧、演讲、舞狮、旅行等活动，甚至自办学校，是综合性的文化团体。

在殖民地政府的管制下，这些社团在二战前得以公开注册，在涵盖中式传统武术的社团中是比较少见的。从其社会报道广泛、在学校开展教学游艺、公开参与比赛的做法来看，这些社团与第二章所谈的西式体育社团非常接近，能给人现代的、新式的观感。不过争取注册的过程并非一帆风顺，正如本章所指出，精武会在注册时常被殖民政府认为是私会党，经侨领多方奔走方得以成功。光武国术团注册时已是20世纪30年代，又有中央国术馆南下的契机，似乎相对而言容易一些。

虽然这些社团教学更为开放，形式也更为现代，但并不能脱离马来亚本地社会原有的秩序。当地华侨处于弱肉强食、习武者众的环境下，故这些社团虽以武术教学为主要活动，经过新式、现代化的包装，小心地与秘密社会划清界限，但会内的武师仍需要与本地武师共存，甚至接受他们的挑战。后人口述叶书田与上门寻衅者关门比试，坊间流传魏元峰为镖局出身故能震慑一方，李志羲以女流之身击退流氓，郭新、郭巨川请琼籍武师解决福建人垄断运输问题，等等，都显示这些武术教师必须应对适应环境，有真本事才能在马来亚站稳脚跟。

　　支持这些社团的侨领，许多是在跨地域的商业网络中的节点，是英殖民政府"以华治华"政策下相对稳定的阶层。他们的身份多样，有些是当地会党的领袖，如郑大平、林推迁等人。相当一部分有趋新的倾向，乐于在一个更有现代观感的社团平台拓展影响力；或是作为当地支持中国革命的领袖，对于推动华侨社会向健康积极的方向发展，有其自身的思考。他们或是在本地的商业环境下脱颖而出，或是延续家族财富的二代、三代子弟，通过捐助学校、社团实现社会财富再分配，得到威望与民众支持。虽然以个体或家族来看代有更迭，但作为一个阶层势力持续存在。这是马来亚本地社会的特点。这些社团带给侨领武力、人数上的资源，也可帮助其解决一些事情。

　　精武会与国术馆对马来亚本地社会的影响比较可观。在人员构成方面，不同于马来亚早期以海峡华人（侨生）为主的西式体育社团，亦不同于有强烈地域界限、以社会中下层劳工为主的秘密会党。它们的参与者由最初的学校学生、会员逐步扩展到社会不同层面，至少在华侨社会中具有比较强的包容性。在20世纪20年代的运动会与游艺会、30年代马来亚大型华侨体育比赛中，这些社团的专业队伍在比赛中有不俗表现，亦使中式传统武术得以与西方体育同台表演。随着这些团体的社会职能渐渐多样化，里面出现了越来越多专门化的职位，如体育教师、音乐老师、专职行政人员等。这些社团以各种措施适应环境的变化，实现在地化，也有一些行之有效的维系社团精神的元素。精武会的跨地域网络，更增加了他们拓展经济收入、抗衡风险的能力，使之在二战后乃至今天，仍维持相当的社会影响力。

　　广东籍华侨在这些社团中扮演重要角色。马来亚精武会网络的建立高度依赖广东籍侨领，其中既有广帮（如吉隆坡、新加坡），也有客家帮（如北马地区）。后来精武会派遣武术教师的活动范围，也大多在广东人所建的学校和相关社团，教学过程中，即使有些武师自中国北方南下，亦用广府话以适应本地需要。中央国术馆南下宣传，则是海南人承其势头，建立光武国术团，也保留了特殊的海南武术舞狮文化。相对而言，国术馆组织的方言群色彩更浓厚一些，原因在于他们更多是本地人自发建立，而非对外输出的结果。

第四章　新马广东华侨龙狮运动

　　以龙狮运动为代表的拟兽舞在中国有非常悠久的历史。据学者考证，狮子作为外来物种，其传入中国与中外交流、宗教流播均有关系。① 中国汉代关于"百戏"的记载已有对狮子舞的描写，到唐代更出现不少胡人引狮、五方狮子的文字记录。② 反映狮子崇拜的文物如壁画、石刻等亦于唐宋已经十分常见，可见狮文化在中国的重要意义。过去学者亦注意到舞狮在地域上与风格上的区别，并加以总结。③ 在南狮的运动技术上，从基本步法到器物配合，以及狮头狮尾的关系，均有所总结。④ 龙并非非真实存在的动物，但相关的图腾崇拜历史悠久，又与王权、农业生产紧密相关。⑤ 晚清的画报上，已大量出现舞龙舞狮的图画。在海外华侨社会，龙狮活动广泛存在，并作为维护群体认同的方式。⑥ 与前人研究相比，本书注重实地调查与访问，以求更加贴合新马具体的生活场景，也能更多还原当地华人在龙狮运动上的继承与再创造。

　　龙狮运动有明显的身体训练的特征。无论在村落、社团还是在现时的

---

① 欧阳予倩：《狮子舞》，《一得余抄》，作家出版社，1959年，第388页。
② 赵长松：《四川狮灯艺术》，四川人民出版社，2015年，第44—75页。
③ 施德华：《中国狮舞之艺术》，"国家"出版社，2009年，第105页。
④ 陈耀佳，林友标编著：《南狮》，广东科技出版社，2007年，第58—259页。
⑤ 龚耘、魏明、杨玉荣、梁东兴、张远波编著：《龙狮文化与龙狮运动》，湖北人民出版社，2010年，第67—123页。
⑥ 林友标、章舜娇编著：《舞龙》，暨南大学出版社，2013年，第1—24页。

学校环境，从事龙狮运动都需要一个循序渐进的训练过程，也需要专人传授技术。这些技术训练，主要是为了加强体力与肌肉性能，积累器械运用及程式表演的技巧，以应付拟兽式表演。舞狮与麒麟较为注重兽的情绪与舞的过程，舞龙相对偏向于阵式以及喜庆的效果。

龙狮运动在华侨社会中联结了复杂的社会关系，也有其存在的功能。在中国国内特别是广东地区，舞龙舞狮可以作为村庄、团体之间联络感情的方式，在新中国成立前也可以是武馆展示技艺、划分势力范围的手段。大约20世纪50年代开始，龙狮运动作为民俗文化的意义日益彰显。有不少从事该活动的团体被纳入体育系统的调查与管理。20世纪80年代则出现体育、武术、龙狮协会等不同名称的团体，对辖区内组织社团并运作相应的比赛、巡游，司以专门职事。

而在马来亚，从英属殖民地时期到国家独立，龙狮活动曾因涉及社团势力和种族问题被限制，但作为华族文化的代表性符号，也渐渐参与到文化建构活动之中。与社会知识与制度的转化并存的，又是马来亚龙狮运动中仍然隐晦存在的旧有的规矩。历史上马来亚华侨龙狮运动，包括舞麒麟等兽舞，由于本地以闽粤华侨构成的特点，技艺亦主要来源于中国南方地区。这些活动有大量粤籍华侨参与其中，广东狮在狮舞中亦处于绝对优势地位。舞龙、舞麒麟等活动中，广东华侨亦独树一帜。对广大华人群体而言，龙狮运动是在海外维系文化认同和社会关系的重要事务。

本章内容与第二章的华侨中式武术关系较密切，因为龙狮运动的组织，其生发之初往往依赖于传统武术社团，很少单纯分离出来。这是由于操作相关器具需要一定的武术基础与体力训练，武术社团的经济状况亦与龙狮活动的收入紧密关联。龙狮活动的水平高低，亦影响社团在业内的地位。

不过龙狮活动亦有其相对的独立性。随着社团组织复杂化，龙狮团或舞狮队也可细分为社团中相对独立的部门。并且因应技术的发展，坊间出现越来越多独立的龙狮运动团体。田野调查中发现，龙狮运动中体现的技术、活动场景，以及社团之间的交往方式，有非常丰富的历史内涵。一些关于舞狮的普遍规律，以及行内交往的内容，不便在第二章置于特定社团下指名道姓，宜放在更大的历史时空下予以客观描述。部分在第二章未能涉及或展开的龙狮活动团体，亦在此加以补充。因此把龙狮运动独立为一章，试以历史记载结合田野调查，对新马地区广东人的龙狮活动加以讨论。

第一节　马来亚早期龙狮活动

由于早期马来亚华侨龙狮运动与武术社团有着千丝万缕的关系，而后者又往往与秘密社会有关，因而公开见诸文字材料的非常少。不过由于龙狮活动频繁地出现在华人迎神赛会、婚丧嫁娶、年节游行之中，在闽粤籍华侨社区中有相当的社会基础，我们可以从一些间接资料中略窥端倪。

现时保留下的较为全面的英殖民政府档案，例如《危险社团法令》，已详前文，其实与此同时，也有关于华人如何游行的讨论规定，极有可能与龙狮运动有关。在1867年，恰逢秘密会社法案开始筹备的关键时期，几个华商领导人向殖民政府提请节日游行申请。宋旺相对此记载曰：

> 几个华商的领导人在会议室等候总督，以听取他对他们所呈送的关于准许举行通常的"妆艺"节日庆祝队伍游行的请愿书的答复。总督通知他们说，经过同有关当局共同商量考虑之后，并鉴于他们的请求是由海峡殖民地一些主要的商人所建议的，所以他决定予以赐允。但是唯一的明确条件是他们要保证在举行节日庆祝时不得妨碍地方的治安。而且亦通知他们说，他们不要把当今所赐与的允许认为是永久性的，而政府对以后每年同样节日的庆祝游行的批准完全取决于华社每年所表现的行为而定……十天之后，举行了这个节日的游行。游行队伍经过由警察总监规定的市区和郊外的路线，这是公众人士所曾看过的一次最大规模的节日游行。[1]

这不但说明节日游行活动在华侨社区存在已久，亦似乎可猜测，过去的游行是发生过冲突的，因此殖民政府才反复强调"不得妨碍地方治安"。政府警察对游行的路线与申请，有管理的责任。在今天关于新加坡狮团的田野调查

---

① 宋旺相著，叶书德译：《新加坡华人百年史》，新加坡中华总商会，1993年，第121—122页。

中，参与游行的双方发生打斗的往事时为业内人士津津乐道，亦可与历史记载相互参照。

另一则殖民政府法令则更明显表现出龙狮活动的关联。1896年政府宪报刊登殖民政府对于游行的最新管制规例，对此《叻报》翻译条例并刊出：

> 叻地遐有迎神赛会以及丧葬婚姻之举，须用多人在路中来往者，例须请给凭照始能举办。兹悉发凭之例刻已略有变更，如在路上迎神等一切礼教之事，其人数在五百名以上者，若有鼓乐则出凭之费五十元，无鼓乐者凭费二十元。其人在一百名以上至五百名以下者，若有鼓乐则出凭之费二十元，无鼓乐则凭费十元。至于婚娶一项，则统计所办各事共出一凭。其在工部局界内者若有鼓乐则凭费五元，无鼓乐则凭费一元。工部局界外则无论鼓乐一律收凭费五角云云。以上新章已见于二十三日所出之宪报中，现特译登以供众临览。[1]

从这一条例以五百、一百为管理梯度，可看出当时华人参与神诞与婚丧活动的人数规模。其中涉及"鼓乐"者，除了单纯随行的乐队，也极有可能为龙狮活动所伴奏之鼓乐。有鼓乐喧嚣者，相关的管理费用亦有提高。

早期记载神诞、迎神赛会等活动的资料，亦常与龙狮运动有关。今天极为有名的柔佛新山游神活动，在19世纪末的报纸中有所记载：

> 柔佛地方所有旅处之华人，向章历年均于正月二十日举行赛神之举，现在业已届期，故于是日赛会一天，并于晚间巡游两夜。□定戏剧，往为开演，而本坡庆百年班，业经定往。一时叻地诸人往为观玩者亦不乏人，是亦可见一时之盛也。[2]

由此可见，此时游神有白天一天的赛会、两夜巡游，还订了"庆百年班"，

---

① 《凭费新章》，《叻报》1896年7月7日第2版。
② 《柔佛赛会》，《叻报》1890年2月13日第2版。

很可能是粤剧戏班。这些巡游，极可能有龙狮活动参与其中。

20世纪20年代另一次关于柔佛赛会的记载则更加明显有舞狮运动参与其间。报载：

> 柔佛一埠，于二月二十七八、三月一日，连日赛会，拾古庙之木偶数个，游行市上，一般愚民趋之若鹜，较去年为尤甚。更可笑者，人蒙狮皮，随乐跳跃，江西歌妓，高唱京腔，潮州戏班，搭台大演，种种无益之举动，不特为外人所窃笑，即有识者亦均嗤之以鼻。查此次赛会计费银数千元之巨，提倡最力者为某某号。赏标签巨者，为某俱乐部云。[①]

以上因是《新国民日报》所载，故对民间游神持贬斥的态度，不过从这些记载可以知道这时古庙赛会有大量戏班搭台唱戏，与今天极为相似。"人蒙狮皮，随乐跳跃"之类的情形，明显指舞狮活动，亦是今天游神中常见。而且游神活动背后，均有社会组织提供金钱上的支持，所费巨大。

今天新山古庙游神在出行、行宫之夜及正日回銮之时，动员全马近五十余个龙狮团体参与，[②]为新马地区龙狮团体大动员，亦可与历史资料相佐证。在2018年3月柔佛古庙游神中可见，龙狮作为带有神性的瑞兽，表达着人们对神的尊敬与祈祷，其出游亦增加了游行队伍的威势与热闹气氛。不少团体通过龙狮游行展示自身器物之新奇、人员之充足，是社团实力的重要体现。在游神前一天，五帮神祇置于行宫之中，由不同社团的龙、狮前来拜会，持续整整一晚。第二天傍晚开始正式游神。队列中可以见到新加坡、马来西亚一带颇受欢迎的夜光龙、夜光狮，造型与同时期的龙狮无异，但布料与油漆运用夜光材料，附以电灯配件。全身以玻璃扎起的龙，晶莹剔透，亦十分沉重。亦有社团并不单纯把游行当作祭祀活动，而是尽力搜罗在中国和新马出现的各种拟兽舞道具并展示出来，以起到传播华人文化的作用。以2018年在新山白鹤派的观察来看，该社团组建一座山林造型的花车，上面摆放了广东

---

① 《柔佛赛会的情形》，《新国民日报》1921年3月17日第9版。
② 据2018年3月柔佛新山五帮游神田野调查所得。

醒狮、麒麟、客家狮等不同器物。摆在花车开头的则有带大刀獠牙的醒狮，以显威势。此狮并不用于真正舞动，而更着意于展示华人文化。[①]

新加坡现时以潮州人主事的粤海清庙，亦时见神诞庆祝活动。报载：

> 本坡粤商年例冬间奉神出游，然必于十月十五日各值事处集庙中，求神杯卜，以定旬宣。昨届杯卜之期，以故各值循例咸赴粤海庙中，竭虔祈福。闻神已定于本月三十日出巡，十二月十九日回銮。[②]

当时粤海清庙游神的参与者是否与今天一样以潮州人为主，暂不可知，但既有"出巡""回銮"的步骤，有舞狮参与其中的可能性很大。

舞狮之于白事，较少见于报端，但在田野调查之中亦有所听闻。新加坡华人聚居区牛车水硕莪街，亦有"死人街"之称，中有娱乐堂所谓"喜庆狮"，是为做白事、做阴事而出的狮，配合缓慢哀伤的"白鼓"和相应舞法，坊间称为"番薯狮"（因死尸多讳称"番薯"）。此类狮子不用于喜庆场合，直到20世纪70年代尚存，但现在随着牛车水一带殡葬业的衰落，已经无从得见。在马来西亚北部怡保旧街场，当地殡葬业主要由广府人经营，亦有关于白事狮的传闻，但未可亲眼见之。

尽管早期资料缺失，无法了解19世纪马来亚龙狮活动的具体情况，但从以上间接资料以及后来田野调查情况可推测，华人立足马来亚不久，即有龙狮活动，成为他们神诞、游行、红白事的重要环节。因马来亚不同类型的龙狮运动各有其技术特点、参与群体与传承模式，以下试以种类分而述之。

第二节　南狮

今天新马舞狮活动之中，广东狮占有最重要的地位。作为广府人传统技艺，广东狮亦有"南狮""醒狮"之类的称谓。据社团人员所言，南狮的

---

① 据2018年3月柔佛新山五帮游神田野调查所得。
② 《赛神定期》，《叻报》1887年12月1日第5版。

最大特点就是头上有角（狮子本来无角，而南狮狮头却一定有角，此为区分南北狮的最大特点），有天灵盖，狮头以绒球做装饰，大体有佛山狮、鹤山狮、周家狮、佛鹤狮等几种，眼耳口鼻和配色各不相同。南狮中几个大类，如佛山狮据说来自中国佛山，狮头内垄呈方形，较为沉重，舞动较慢而形态威武。佛山狮分为"刘、关、张"三种，狮头狮被颜色、舞动风格又略有区别。通常来说，刘备狮以黄色为主，动作较为沉稳；关羽狮红面，较为威武；张飞狮绿面黑须，比较活泼。鹤山狮据说为鹤山舞狮专家冯庚长所制，正宗者只有一种黄面青眼的颜色，狮头呈长方形而略扁，动作据说模仿猫的轻快灵活。佛鹤狮则是两者综合而成，本地武术社团以舞此类狮为多，颜色花纹已是随喜好定制，渐无特别规范。周家狮狮团多附设于周家拳馆，狮被以五彩，动作以"跳扎"为特色，鼓点也与别处不同。在这些社团之中，对于何为正宗的佛山狮、鹤山狮，有非常多争议龃龉之处。这与他们传承、变异与正统之争大有关系，不可一一而足。南狮形态与舞法不一，但其出现的场合和组织的方式大致相似，故下文以新马田野调查所见（如无明确注释，则均为2012—2019年田野调查观察所得），大致总结南狮的情况。

一、出狮的场合与经过

现时新马南狮出狮表演的场合大体可分为以下几种：春节为商铺或私人庆祝，社团清明春祭及重阳秋祭，商铺开张等各类庆典。以下试分而述之。

（一）春节

春节期间出狮，是商家或个人祈求来年顺遂，希望改变运势而邀请，也是狮团赚取经费的好机会。

出狮日在馆中准备，须将一应器具收拾好，包括锣、鼓、镲等乐器，以及接好狮被的狮头、表演用兵器、鼓车、旗帜等物。此时乐器不可乱动，以免发出声响，对神不敬。正式开始时通常由狮团负责人宣布"起鼓"，即由团中最好的鼓手开始打鼓，负责舞狮的两位先行礼（类似洪拳开拳礼），并钻入狮被之内。

首先狮要对馆中主神行礼，以三鞠躬配合拜神鼓。然后则以同样的礼向馆中四面朝拜，四个方向中门正对的方向代表"天"，背后代表"地"，右边代表"祖宗师傅"，左边代表"师兄弟"。此为"拜四门"仪式，据馆内武师言，这是为了祈求神明以及师傅师兄弟保佑今天出狮顺利，不要出意外。因以往不论是出狮途中遇上打斗，还是舞狮采青时失手，都有一定危险性，也容易影响馆口声誉。从起鼓到拜四门完成期间，大门不可随便出入。狮团老前辈谈到他们年轻时（大约20世纪90年代），拜四门做完全套动作，包括惊狮、醉狮、擦须等等，大约要半小时到四十分钟，且凡是与拜神有关的活动，舞狮两人是不可以替换的。现在因为年轻人体力不足，简化到剩下十来分钟而已。如果馆口由于场地限制无法"拜四门"，也会恭敬地拜完馆中所有神位才出狮。

"拜四门"结束后，狮从大门中出来，经过几番"惊""探"后，必须象征式地咬大门两边和门槛后才可以出来。只有这样才算做足对狮子的模仿，算是"知规矩"。狮子出大门后，通常也要对门外的天神、土地行礼，才算完成，此时大门才可以让人进出。拜门外的神不同馆口也有特定的忌讳，比如要烧金银帛、插上神台的蜡烛不可拨去竹芯连着的尾梢，等等。否则会很"邪"，狮子舞动时可能不受控制，有种种意外发生。待拜神仪式完成，鼓手作结束的"收鼓"，众人开始把器材装上小货车。据说20世纪70年代时舞狮还可以在街上巡游，但现时规定收紧，只能用车直接运送到邀请方场地才开始舞。

新年期间，每天以货车（新加坡人称"罗厘车"，为英文lorry音译）送狮团成员到每个事主处。运载狮头的货车通常两边都要饰以馆口的旗帜，参与出狮者都穿该馆口的制服环坐车内。据在新加坡观察所见，多的馆口可达百余人，两至三台车。车中除鼓车需要固定，其余人或坐条凳，或席地而坐。如因条件所限鼓车或鼓手容易移动，则旁边的人需加以搀扶。车刚开出、行进到中段，以及即将到达目的地时，都要打一段鼓以显示馆口的声势，车内其他人则通常拿镲配合鼓手的鼓点。车辆行进时每经过寺庙、神坛（不论是否为华人所建）以及其他馆所在处，鼓手都要转打"行礼鼓"的鼓点，以示尊敬。

请狮队来舞狮的人往往称为"事主"。事主可能是"住家"（私人住

图4-1 1945年马来亚北部霹雳州端洛广东社团南狮

资料来源：刘〇燊先生藏，廖小菁翻拍于2016年9月2日。

宅），也可能是商户（可能是大商场，也可以是"巴刹"里的小商铺）。每个事主对狮的只数和具体要求都不同，也可能要求增加舞龙、财神等服务，需要在过年前与所请馆口协商登记。狮团在约定时间到达后，可稍作休息，或把带来的狮头整理好放出来展示。事主则以饮料、水果、点心等招待之。新年时期常见的食物有班兰娘惹糕、伽椰角等，有些还砌成宝塔状，图个吉利。有些事主在巴刹中经营饮食，亦会以店中食物招待狮团。

正式开始舞狮时，鼓点一定要配合，先打一段表示"起鼓"的鼓点后，人钻进狮被之内。无鼓声则不算正式开始。起鼓时通常打一个称为"菊花头"的鼓花，也称"跳鼓"或"转花"，然后进入平鼓和密点，到后面则有一系列变化。狮子则需要做出出洞、玩耍，发现"青"时的惊、疑、探、试，表现狮子的喜怒哀乐。狮子吃青后则有"醉青"，如喝醉酒一般坐在摆青的盘子上。此后有数分钟的时间，狮子呈半睡半醒状，配以"雷鼓"。此时负责狮尾者则在狮被内摆青，直到青成型，同时把摆青产生的碎果皮、生菜叶交给舞狮头者，从狮口中喷出，称为"喷青"。凡是从狮口喷出来的东西，均有吉祥的意味，故此商家店主、围观者都乐于围上去接。大约两三次喷青后，狮子开始擦须、眼和耳，表现从醉青至转醒阶段。转醒后狮子慢慢站起，再把摆好的青用嘴衔出，或由"大头佛"拿给事主。事主则恭敬接过青盘以供奉神明，或在事后把青中水果等食物分发给人食用，认为能带来好运。如果青比较大，则狮子直接站起，在狮身之下露出最后摆青的结果，留在地上供围观者欣赏。舞狮者则在起鼓的节奏中重新以最精神的状态给礼，而后收鼓。至此完成一次采青。

狮团随身带印有社团标志及吉利语的小旗，作为狮团间友好交往，以及事主请来采青后留下的纪念品。新年出狮路上两家狮团相遇作友好会狮后，一般互赠小旗。在每位事主处采青结束，狮团亦会随青赠送小旗，以示对事主来年好运的祝福。新年期间多数商户、住家请一队舞狮已经足够，但有些事主本是狮界中人，为了增进与各社团的联络，会请多个狮团前来舞狮。当地曾见有一事主商铺新年期间热闹不绝，挂有二十余面小旗堆叠起来，此为特例。

（二）春秋二祭

新马有不少宗乡会馆购置的公冢山坟，如新加坡碧山亭、吉隆坡广东公冢，都属于广东人汇集的坟山，其中包括不少地缘、业缘团体的祖坟。华人社团亦多组织清明、重阳春秋二祭，以示慎终追远、敬畏祖先之意。其中春祭较为盛大，亦较多见舞狮出现。社团总坟是该社团附设的狮队需要祭拜的地方。

以新加坡收藏广惠肇三属人士骨殖的碧山亭为例，广惠肇碧山亭原址在新加坡东北部，19世纪70年代建立后逐步扩展，[①]20世纪80年代被政府征用前约有324英亩土地，跨越现时碧山、大巴窑，直到宏茂桥一带。"广惠肇"顾名思义指在清代建置下的广州府、惠州

图4-2　1952年雪隆冈州会馆总坟落成秋祭大典

资料来源：《移山图鉴：雪隆华族历史图片集》（中册），华社研究中心，2013年，第88页。

---

① 见《劝捐碧山亭小引》一碑："丁鹤归来，莫问九原之骨；杜鹃啼处，难返故土之魂。此所以有劝捐义地者也。兹我广惠肇三府所置之碧山亭，地方非不广阔，今将芳名勒石……"该碑立于光绪十六年（1890），然在此前已经有募捐活动。亦见《战后碧山亭》，第51页。

府、肇庆府三属范围。碧山亭最初的功能，即为新加坡来自三属的乡人提供坟地殓葬。①后来坟山之中还发展出乡村、学校、茶亭，以及为当地人而建的小市集。该地被政府征用后，碧山亭公所只争取到6英亩土地，安置火化后的先人遗骨。现时碧山亭所有建筑均是搬迁后重建的，尚可见灵塔之上广惠肇三属十六会馆各自的总坟，及私人所购的骨灰位。目的，碧山亭可算是新加坡少数尚存的实体坟场。②

春祭的拜祭过程大体为：由社团举行出门仪式，由货车运送到上山地点。在未搬迁之时山下有大庙，先作一番舞狮，再行上山。其间社团领导人会捧着拜祭品如乳猪、烧肉，以及点燃了的香烛，祭拜公所里的福德正神，以及土地等的神位，舞狮者和鼓车尾随其后，每到一处即打拜神鼓拜神。最后到达社团总坟之处拜祭。除了清理总坟，摆上祭品外，狮子亦跟着拜祭总坟。舞完狮后所有人现场分发烧肉，再下山。碧山亭于20世纪80年代搬迁，原有土葬坟墓改为牌位塔，狮子则在狭窄的走廊完成拜总坟的程序，并在外面空地处表演。馆中年轻人还会表演武术，以洪拳为多。会众回到会馆后再行分食祭品。

春祭舞狮较能反映方言群内部的矛盾。由于广东社群中狮队众多，春祭的时间又集中在清明一月之内，狮队相遇产生摩擦的情况相当多。多个社团提到，春祭会派出最有实力的师傅负责，下面年资尚轻的学徒只能跟着，"连打镲都轮不到"。在碧山亭入口处的"大庙"，狮队要拜祭一番，才可上山至总坟处。因而早来的狮团往往使出浑身解数，用最繁复的程序舞一个多小时，让迟来的狮队等在外面。到了上面一层碧山亭公所，则有一较为开阔的场地，狮队在此展示舞狮与武术，向围观的人显示自己的实力。最后才至总坟拜祭。在这一段路上如果碰上其他狮队，都会相互戒备，甚至通过舞狮的动作向对方示威，呈剑拔弩张的局面。稍有口角推搡，则一场打斗不可避免。春祭舞狮亦发生过不少有趣的事情。据说曾有两队素持敌对态度的狮

---

① 韩山元专访《守住最后一片乡土：暮色中的旧碧山》，见《新加坡广惠肇碧山亭庆祝第一一八周年纪念特刊》，1988年，原书无页码。

② 参看曾玲、庄英章：《新加坡华人的祖先崇拜与宗乡社群整合：以战后三十年广惠肇碧山亭为例》，唐山出版社，2000年。

队在碧山亭相遇，两只狮子正小心虎视，起大锣大鼓之时，一方攀着另一方的狮头看，从狮口里发现对方舞狮的是自己的好朋友，于是立即由"斗狮"转为"会狮"，和气收场。

春祭祭祀舞狮活动中，类似的打斗冲突太多，容易引起政府对这些传统活动的注意，所以社团之间渐渐形成默契，尤其在历史上敌对的社团，分开在不同时间祭祀。现时碧山亭已形成此种习惯，很大程度避免了狮队之间的打斗。类似做法在一些历史文献中，还能找到相关记载。在槟城广东暨汀州义山，存咸丰十年（1860）《新建福德祠并义冢凉亭碑》，其中谈到：

> 咸丰庚申，倡捐再建，上下略相连，更于其间立一大伯公庙，历壬戌岁告成，设司祝，奉明禋，俾看守山坟有专任，意至深且远也。而从此肆筵设几，酣饮合欢，绰有余地，易此谓可以酬酢，可以佑神者，此特此志也。爰立祭扫定期，以敦和睦。每逢清明之日，则义兴馆；前期一日或二日，则海山馆；前期三日或四日，则宁阳馆。凡各府州县及各族姓，便随订期，同祭分祭，总不离清明前十日之后十日者。……当其祭扫出行，远十有余里，而仪仗灿著，陈设炜煌，钟鼓喧天，较省垣摆游，有过之而无不及者。[1]

文中所说的义兴馆、海山馆、宁阳馆，代表着当地势力最大、夹杂着方言群划分与私会党色彩的帮派，而槟城与新加坡均是开埠最早，有广东与客属人士共同建立公冢的传统。且此碑立后二十余年，正是槟城会党械斗最严重的时期，可见帮派之间的矛盾加深，所以清明祭祀时分期处理。虽然此碑没有明确说到有舞狮活动，但已提及祭祀时出行仪仗极为辉煌，故或有狮队在其中亦未可知。

（三）商铺开张

庆祝商铺开张，出狮可能会省略一些出门的步骤，其余流程大致相同。

---

[1] 《新建福德祠并义冢凉亭碑》，陈铁凡、傅吾康合编：《马来西亚华文铭刻萃编（第二卷）》，马来亚大学出版部，1982年，第692页。

狮队到达目的地后，参与者帮助搬器具至场地中，有时也会先把狮头放在地上，供人观赏。如果邀请商家要求进行开光点睛仪式，则狮头的眼睛、耳朵，以及称为"天灵盖"的前额镜片会被红布遮盖。直到道士开坛，行礼如仪后，红布才会除去，由邀请方代表以红笔象征式点狮子的眼耳口鼻、天灵盖以及手足。新加坡的狮子点睛仪式十分讲究，往往由俗称"喃无佬"的道士完成商家要求的开市、祈祷仪式后才主持点睛。点睛需要念一套特殊的咒语，方能完成。

点睛对舞狮非常重要。如果新买的狮头没有经过点睛，则易招来"舞盲狮"之讥。几家老馆的人都表示，纸扎的狮头在户外，由日光照在天灵盖上，以红笔一点，方能赋予其灵性与神性，同时也能镇住狮头，避免舞动时受某些力量左右，超过舞狮者控制。不过据实际观察，即使已在使用的狮头，也可因应商家需要再次点睛。点睛仪式一般在平日商家特地邀请时才会举行，在新年期间则比较少见，因为此时狮团一天拜访多处，时间紧迫，除非狮头从第一家开始时开光，否则无点睛的必要。

（四）参与神诞等活动

新马华人社会中神明极多，由此而生的各类神诞亦十分丰富，几可全年不绝。舞狮参与到神诞之中，起到愉神、敬神的作用。这种场合下，舞狮通常要配合主办者（可能是某神坛、法会之类）所制定的流程，亦作采青之举。

据2013年笔者在新加坡莲花坛神诞所观察，神坛连续设席一周，其中一天请狮馆前来舞狮。当天先由神诞主事者开始一系列拜神仪式，然后请两位乩童"跳童"（当地民间宗教常见的请神明附体的仪式）。巡游之时，乩童一位请的是孙悟空，一位请哪吒三太子，二人在神坛所辖范围内走，前面有开路人，每到一个路口都往四方甩鞭子，以示镇压邪气。乩童亦在路上做出各种与附体神明特征相符的动作，比如孙悟空附身者会爬树、哪吒附身者会使缨枪，在每个路口亦有祈福的动作。神坛工作人员则在后面拿水桶、抹面巾之类用品，为乩童抹面。此时舞狮队在队伍最后，狮为瑞兽，所巡游范围表示受到该神坛的庇护。巡游完毕后，舞狮者会表演采青。这时通常由神坛与狮馆协商好青的摆法再摆，以娱神为目的。此次采青以沙盘埋青，连上成串彩旗构成青阵。狮队则先处理周边之物，最后用脚拨开沙盘，找到里面的蔬果并摆青，完成全过程。

二、采青之法

采青是南狮舞狮程式中最为核心的环节，也是新马南狮活动极具本地特色的部分。所谓"青"，在国内多是扎有红纸的生菜，再复杂也只分作摆在二三层高处的"高青"或是摆在水池中的"水青"，在港澳地区也看到水果盘做青的，作为青的水果需剥皮或切块，这都远不如新马地区的青来得复杂。有可能是马来亚历史上会党长期活动又受到政府管制，以至于舞狮采青上发展出行内一套自身的话语体系。曾经有一位新加坡舞佛山狮的新加坡师傅表示，他的师傅本不会舞狮，但他自己在本地观察采青的规矩，积累有年。后来有香港的师傅来教舞狮，他就把香港师傅所教的技术与自己平日对采青的观察加以整合，自此在社团中传下适应于本地的狮艺。所谓"舞狮容易采青难"，说明了采青在本地狮艺中占据极其重要的地位。

据2013年春节的观察，新马地区有生肖青（该年为蛇年，因而多是蛇青）、传统青（比较普通的有五福临门、六六大顺、八仙过海，看水果的碟数而定）、洪门青（对洪门青的定义和描述相当复杂，详见下文）等等。采青时狮子

图4-3　鸿胜馆国术醒狮研究社狮队采北斗七星阵青

资料来源：《新加坡蔡李佛鸿胜馆国术醒狮研究社册封第五传掌门大典暨成立十四周年纪念特刊》，1979年，原书无页码。

要表达初见青时的"惊""疑""探"等神情，然后必有"试青"，即把青中一小部分菜果吞入。部分狮队也会表演"抛接青"等技巧。此时舞狮头的人会把已经接入的水果交给做狮尾的人，后者把这些放入衣服内层，以备之后摆青用。继而狮子表演"醉狮"，坐倒在青盘之上，控制狮头作昏睡状。扮狮尾者则在狮被覆盖下快速摆青。鼓手以雄壮的"雷鼓"配合之，锣镲全部停止。待青盘摆好，狮会慢慢从昏睡转醒，表演洗脸、擦须等技巧，然后跳起，露出身下的青盘，配合狮鼓重新起狮，完成一次采青。

有时对于较为复杂的青，狮队会派出"大头佛"引逗狮子踏步游转于青阵之中，协助拆解，最后由"大头佛"把采好的青盘交给事主。"大头佛"在整个过程中做出各种滑稽姿态，或将糖果散与围观的小孩，增加表演的喜庆感。据说做"大头佛"亦有很高的技巧要求，限于所见，日后再行补充。

摆青与事主的行业有很大关系。新加坡一位师父曾总结：

> 蛇青或毒蛇拦路青，多属什（杂）货行及米行摆设。蛇青是用竹蔗作蛇身，柑桔作蛇眼，这是普通舞者都会采。另一种是毒蛇拦路青，设青者是用大秤一把作蛇身，以柑桔为眼。蛇头前放上双刀一对，采青者采食青后，要表演双刀，但舞者要懂得规矩，如何取双刀来演。因为这对双刀是设青者准备赠送该狮队纪念之意……至于鱼栏或酒楼茶馆，是摆设鲤鱼青或蟹青。……至于鲁班同业所设之青则多属桥青、水中月。屠业行则设猪笼青或秤青。果栏多设高青、椰子水盘青。但俱乐部、赌馆则设青龙白虎、八卦青等，凡设青龙白虎青者，便需要大关刀一把，单鞭一条，桥凳一张，红包放在桥上，另鸭蛋四只，由舞者采取后接着表演大刀、鞭法、桥凳，后方能取去各物。[①]

摆青与事主上一年的年景也有关。如年景不佳，事主可能会摆"毒蛇拦路"青，待舞狮时把象征毒蛇的甘蔗或其他条形物截断，表示斩了毒蛇，霉

---

① 关文经：《舞狮始源与其艺术》，《鸿胜馆国术醒狮研究社第一周年纪念特刊》，1966年，第29页。此文为少数现时可见的关于新加坡舞狮艺术的文字材料，其所述与五十年后田野调查所见又有区别。

图4-4　蟹青（左）、毒蛇拦路青（右）

资料来源：吉隆坡联胜国术团保存。

运也得以去除。但如在蛇年新年，且经算命先生算过是好年，则不可摆"毒蛇拦路"，改为"灵蛇献宝"，采完后狮子吐青，仍然要保留完整的蛇形。

"蟹青"有时只是用箩筐等摆成象征蟹的图形，但有时也会用活蟹。对付活蟹做狮尾的人要有特别的技巧，或是从旁边捉其壳，或是用牙签刺进蟹钳的缝隙处制服之，直到摆青完成，蟹还是活的。如果摆出来蟹已经死了，则馆口声誉颇受影响。卖蟹的事主往往又不摆蟹青，因为靠蟹谋生，若采青时不慎致蟹死亡则对事主不利。

每种青都有相应的采法，调查中狮界前辈所言采青的法则和禁忌，牵涉到颇多秘密社会的暗语和规矩。采青体现了狮界行内的秩序，以及对师承的重视。真正"学满师"的狮队——不论是直接继承师傅的堂口，还是另起炉灶，都应有过人的体力和技术，更要对各种青的采法深入了解。

摆青，对于懂行的熟知过去秘密社会规矩的事主来说，可以单独完成，甚至是他们考验狮团是否专业的方式。据某团体回忆，20世纪50年代曾在新加坡牛车水连破"有心人士"两大青阵，一青名为"后花园种竹"，另一青为"佛门阵"，为粤剧名伶李元亨设计摆下，以考验该狮团。结果狮团不但成功破青，连摆青设下的兵器也被狮团取去。最后狮团教练主张把兵器交回对方，以求和气。时至今日，华人聚居区还偶尔可见"有心人士"所摆青阵，"知规矩"的狮团小心应对，舞上一个半小时甚至更久，方能采下。如果馆口把高难度的青成功采下，则该馆口能在狮界打出名堂。

不过在今天，很多事主只求新年好运，并不知道青该如何摆放。此时

事主会事先与馆口协商如何摆青，或请他们协助。对于狮团而言，自行摆青又自己去采是最为保险的做法，但若事主没有事先通知，馆口则要"睇送食饭"（看菜吃饭），随机应变。不少老前辈感叹，现在会摆青的人已经越来越少，他们采青的技巧和程式得不到充分的展示和欣赏。

如果青没有恰当地采得，则狮团会遭到排挤。据行内人称，20世纪80年代舞狮还可以沿街巡游的时候，有些事主直接把青摆在路边。不懂采法的狮团经过，给个礼就走了。如果贸然去采但方法不当，事主可能挑走狮头，没收锣鼓镲等物，并且对该狮队说"叫你师傅来见我"。师傅如是德高望重，对各堂口的规矩都了解，则向事主赔礼，教训一下自己的徒弟，就拿东西回去了；如果该狮队的师傅名气不响，或是根本没有师傅，则东西被收也没有办法。这很可能是传统社会中狮界内部维持秩序的方式。然而政府主导的管理机构——武术协会开始对狮团进行管理后，则只需登记人员、配备教练和相应物资即可入行。对此老馆口经常说，很多狮团都是"没师傅"的，照样出来"揾食"（谋生）。

出狮采青过程中出现意外，是许多舞狮人非常忌讳的事情。比如出狮遇到敌对团体寻衅，狮队队员出现意外事故，采高青时失手坠落，把本来不应折断的物品折断，或者采井青时把红纸踩烂，这对事主来说不吉利，亦会影响馆口声誉。所以舞狮者一定要做足出狮的仪式，拜神、求门内前辈庇佑，以免"撞邪"。

新马狮团春节采青亦常见摆出"马标"，特别是在新年期间。早年是舞狮者将"生意兴隆""一帆风顺"等四字吉祥标语在舞狮结束后送给事主，围观者按其笔画数购买彩票。后来则演变成在摆青时利用水果瓣等物料摆出阿拉伯数字的造型，视为该社团出的马标。为此有负责摆青的舞狮尾者表示，摆出来的数字是依照神明的指示，在摆青过程中自然而得，并非事先想好或刻意为之。舞狮者站起后，周边大量围观者争相去看，并把数字记下来。若该组数字真的中彩，则视为该社团的荣誉。新年狮团之间亦多有传闻，说哪家狮馆所给的马标很准，依此购买者中了大奖，狮团亦因此在业内得到好的名声。

三、舞狮的器具、舞法、音乐与练习

（一）器具

舞狮最重要的器具为狮头、狮被。还有舞狮者穿着的行头，如制服、狮裤（通常与狮被花纹一致）、腰带、狮鞋。音乐部分则主要为锣、鼓、镲，以及配套的鼓车。其余则是狮队的各种杂物，比如旗帜、哨子、装饰大旗、作为互赠礼物的小锦旗等。

狮头是舞狮时最受注视的中心，对舞狮技术的发挥影响很大，特别是狮头的重量和形状，都有相应的讲究。狮头重则意味着舞狮人的弓马和腰力都要经过长期训练，有相当的武术基础，才能舞动较长时间，舞狮时多以南拳的硬桥硬马配合，动作缓慢简单，但也因为沉重而更具有威势。相应的鼓点变化也较少，节奏较今天慢。相应地，如果狮头轻，则可以有更多腾跃、上脚、上膀的动作。

南狮在20世纪30年代已大量使用竹篾扎的内拢，外糊上纸并上漆，把手处副以木制手柄。现时狮头以绒球装饰，在眼睑、嘴周粘上羊毛，蓬松绵密者为佳。现时可见新加坡尚有一两位狮头扎作艺人，吉隆坡亦有大型狮头作坊。不过由于新马地区人工费较高，且原材料经常依赖进口，社团所需狮头仍多数到中国国内特别是广州订造。

狮被扣接于狮头之下，南狮狮被常见的花纹呈波浪状，配色根据狮头的配色而定，有黑白、红黑、金黄等多种。田野所见周家狮还用上五彩的狮被。花纹部分则以染色毛料钉缝增加立体感。从旧照中看，20世纪50年代吉隆坡一广东狮狮被很长，有三四米，对于采高青比较理想。但现在为了增加灵活性，狮被普遍越来越短。据新加坡一狮被制作人称，为了进一步减轻重量，会想出很多办法，比如把装饰用的羊毛下面的皮垫偷薄，把布料换成更为轻薄的面料，整张下来就会轻便很多，节省舞狮人的体力。[①]

狮裤、狮鞋等配具，亦是舞狮团队的重要财产。狮裤如讲究一些，是与狮被同色、带有水波纹样的灯笼裤，平常则穿着该馆统一的练功裤即可。传

---

① 新加坡狮头制作人黄弘强先生口述，2013年5月。

统狮裤裤头很宽，需要包折后翻下来，以布带扎实。布带环绕腰间"命门"穴，并遵从"文左武右"的原则，把结绑在右边。这种传统扎布带的方法，能帮助舞狮者提气，并起到保护腰肌的作用，在武术中应用亦多。但如果穿者不熟悉，绑得不到位，则出狮中途如厕十分不便，且会在行进时掉裤子，贻笑大方。据2013年农历新年的观察，此种传统练功裤仍占主流，相比之下，中国国内已有许多舞狮者改穿松紧带运动裤了。狮鞋可用平常习武所穿"唐鞋"，如讲究一些，则订造类似戏班小武所穿的带装饰纹样的毡靴。这方面自由度比较大，可由馆内的人根据经济情况和喜好自行决定。

目前在新马地区，受到高桩狮及各类狮艺比赛的影响，狮头狮被整体都向着更为轻便灵活的方向发展，配色也越来越鲜艳，用荧光、夜光、闪片等材料装饰亦十分常见。不过一些历史悠久的狮馆，则更希望保持传统的样式，认为这样才能更好地展示其传统、底蕴和实力。有师傅认为，舞惯了传统狮，若换上一套轻巧的狮具，"没有手感"，根本没法舞。

有舞狮必有锣、鼓、镲伴奏，其中鼓是舞狮时音乐的主导者，也是最重要的音乐器具。南狮所用狮鼓比较大，外出用鼓从18—24寸不等，因新马本地缺乏原料和制作技术，故全由中国进口。新马本地人通常以"粒"为鼓的单位，如为社团捐一个鼓称为"报效一粒鼓"。鼓的好坏体现在声音，声音则取决于所用牛皮在牛身上的部位，以及鼓皮绷紧的程度，还有鼓胆的制作工艺。据马六甲专营狮具的戴佛钢先生解释，鼓有分金声、银声、虎声和肚皮声。牛肚皮很薄，做出来的鼓声音单薄沉闷，只可作庵堂鼓而不可作狮鼓。有的鼓在室内打声音较大，到室外却会输给其他鼓。因而选鼓是很难量化，全凭经验，要依据购买者表演的场合而定。[①]通常来说大鼓因为鼓皮面积大，敲打时振动幅度大，声音会更为低沉浑厚，鼓手也需要更用力打才能打得出雄壮的味道，特别是事主所在的场地较大的情况下。出狮时通常用鼓车装上，鼓车以不锈钢条焊成，会根据社团狮队的需要，在稳妥放入狮鼓的同时在旁边做锣架，以便出入。鼓槌用各种硬木车成，有些圆头，有些两头尖。因应打鼓的效果及鼓手本人的习惯，会选择不同重量和形状的鼓槌。近

---

① 根据马六甲友利行戴佛钢先生口述，2013年4月。

年市面还出现用沉水铁木、鸡翅木甚至阿富汗玉做的鼓槌，一些鼓手出席重要场合会带上自己专用的槌，用起来最为顺手。

锣和镲是鼓的配合乐器。新马舞南狮所用为黄铜高边锣。据狮行中人说，锣在乐器之中也是很重要的，因其声音辽远，如果两队狮队其他器具都差不多，一队有锣而另一队没有，则有锣的一队声音肯定会盖过没有的一队。锣在出狮时有些挂在鼓车旁边，有些则有单独的架子。击锣有专用的锣槌，约一臂长，槌头略呈钩状，通常以密度较高的石榴木制作，如槌头正好是木的结节处（广东话称为"列"）则最佳，因其结实耐用。镲在中国国内亦称钹，在新加坡所见狮团多采用12寸黄铜镲，亦有用潮州乐班所用大镲。镲的损耗比较快，特别是手势不对、方法不正确，导致打裂打爆，亦是常见的。

据田野调查所知，新马狮团的锣、鼓、镲均从中国进口，本地并没有相应的技术和原料可以制造。当地有一些商店专门经营舞狮乐具进口生意。20世纪90年代以后新马与中国往来越来越多，狮团直接到中国订货的亦复不少，最常到的地方是广州大新路。

（二）舞法

舞狮通常两人出场，一人负责狮头，一人负责狮尾，各自有不同分工。狮头与狮尾配合得好，则看起来是一体的，如同一只有生命的狮子。如果舞狮者修为不够，不能形象地模仿狮的神态，则被讥为"舞大头狗"。舞狮头者是整场舞狮的主导者，要求基本功过硬，熟习全部的程式和鼓点。舞动过程中既要顾及狮头的眼、耳等机关，通过舞动表现狮的形态与情绪，又要对采青的步骤了然于胸，能够逐层拆解。在此过程中，还要适时给出接下来的动作信号给狮尾和鼓手，让他们配合。据狮艺前辈所言，在熟习上述技术知识之外，最高的境界是要想象自己就是一头狮，是一头兽，就会自然舞出它的神态。

狮尾是为配合狮头，对身体素质要求相对较低，在新马地区有时可见体型较胖的人做狮尾。狮尾多数时候需低头弯腰紧跟在狮头之后，扬动狮被表现狮的呼吸，在狮头要跳动或站高时给予支持。如果狮尾不能很好配合，总是牵扯狮被，也会影响狮头的表现。狮子醉青时摆青是狮尾的重要工作，要又快又好，并且躲在狮被下不能被围观观众看到。遇到个别难处理的青，狮团中的前辈可能在旁边牵开狮被望一下，给予指导意见，但一般不会下手帮忙。如果摆青摆得很乱，或者该过程中需要掀开狮被请求帮助，都会被认为技术不够，场面不雅观。一些特殊的动作比如翻滚，需要彼此约定信号，狮头狮尾同时向同一方向翻滚。

有时一场舞狮的时间较长，两个人无法一直坚持，可以在舞动过程中换人。这时狮头狮尾都要举着狮具，在不影响狮的形态前提下，由另一队人迅速切入。舞狮锣鼓也可在一场舞狮中途换人，但要在不影响音乐行进的前提下进行。

新马有不少南狮的狮队，为了在竞争中脱颖而出，舞狮时往往练就一些特殊的技能，以提高自身的名气与辨识度。在20世纪80年代以前，参与狮队的有很多社会底层的苦力。长期的体力劳动让他们锻炼出结实的肌肉，由于肩膀宽阔，腰马功底好，可以做出上膀等多种技术动作。据前辈介绍，以往在新加坡牛车水，可以叠三人采高青。还有舞狮头者跳起坐落在狮尾者的肩膀上。不过由于现在年轻一代身体素质与前不同，不适合重复过去苦力所做的动作，故改以平地灵巧的动作为主。一些狮团练习"踩砂煲"绝技，将多个砂煲摆作一定形状，舞狮者踩上去做出各种有难度的动作。此法的困难之处在于砂煲极脆，受力不均的话容易爆裂，即使一人踩上也需提气缓步而上，舞狮时加上狮具的重量，还需狮头狮尾相配合，更困难得多。在调查过程中所见，亦有把砂煲漆成荧光颜色的，观感上更加夺目。亦有狮团努力练习抛接水果，即舞狮头者用双脚夹住摆青时放在地下的橘子之类，然后跳起抛高水果，打开狮口把水果接住。抛接水果有一定失败概率，一旦成功接住，鼓手即大打一轮鼓花，以示庆贺。

由于传统南狮主要在平地中进行，不似下文所谈高桩狮之类对腾跃要求这么高，因而对参与者年龄与身体的限制相对宽松。在调查期间可看到十四五岁的孩子上场舞狮，四五十岁的可作主力，甚至六七十岁的社团元老即兴上场亦可。社团中彼此多是朋友，出于兴趣爱好参加，所以有老人家舞狮，是社团的福气，大家都会很开心。

（三）音乐

舞南狮的音乐，主要由鼓、锣、镲构成。狮团出狮时，乐手多数并非专职者，而是舞狮者年龄渐大，改作乐手。他们很多也不止打一种乐器。如在舞狮领域浸淫时间长，身体素质与领悟力高，可成为多面手，在传统狮团中非常多见。

鼓手对于出狮十分重要。狮鼓的鼓面虽然很大，但一定要打在正中心约三厘米直径范围内才有最好的声音，超出这个范围，行家不用看听都听得出来。一般一粒新鼓购回来，需要由有经验的鼓手去"开鼓"，有他打过的痕迹，后来人就会知道应该打哪里才是中心。鼓手需要有很好的力量和技巧，准确打正鼓心。打鼓时亦需放松手腕，利用腕力使鼓槌在接触鼓面的一刹那着力并迅速离开，这样才能使敲击鼓面时产生的振动更为充分，发挥出鼓的声音。若鼓槌敲击后没有即时离开，则会把鼓皮的振动压下去，声音也会闷住不好听。在狮队的所有乐器中，鼓声应是最大的，占有主导地位。曾有一社团出狮时其他人嫌鼓手打得不够力，没有神气，于是拿过大镲一阵猛打，倒逼得鼓手用力跟上，打得满头大汗。不过社团中大家都是朋友，以此开个玩笑，舞完又是一团和气，也只有行内人知道奥妙所在。

鼓手在整场舞狮中责任重大，他需要对舞狮的程式非常熟悉，知道在什么节点用怎样的鼓点，并在改变鼓点时及时给锣手和镲手发出信号。信号可以通过特定的节奏表达，比如敲击鼓边，通过按压鼓皮、车鼓槌发出特定的声音，也可以通过手势、挥舞鼓槌等个人习惯动作。无论通过什么方法，都需要在约定俗成的程式之中，锣手和镲手即使不看狮的情况只看鼓手，也能跟着打下去。但如果鼓手给出的信号不明确，或者打的方式与约定俗成的不同，下面的锣镲就会乱成一团，这在出狮中是极为严重的失误。

每位鼓手所擅长的技术不一，比如舞狮醉青时所打的"雷鼓"，需要鼓手以非常密的节奏和较大的力度制造如雷声阵阵的效果，中途不能换人，这对鼓手的体力和技术要求很高。有些鼓手特别擅长雷鼓，就可等到这一段才换上去。一些鼓手还有个人苦练出来的特技，比如单独表演打鼓时打三通鼓、配合舞狮时通过单脚踩上鼓车，或者在一些关键节点上喊叫与挥舞鼓棒，增加舞狮时的威势。许多历史悠久的狮团，对史上著名的鼓手津津乐道。

锣手也需要非常熟悉鼓点，才不会打错。有经验的锣镲手即使背对着鼓手，光靠听觉也能掌握到变化，这需要很好的经验。锣手要求打出很稳定的节奏，推动舞狮音乐的行进。打锣同样要求用手腕击打锣的正中心，声音才会悠扬悦耳。不过因锣不及狮鼓重，锣手出狮时走动相对灵活。锣有时甚至是辨别狮团素质的依据。不少老馆的前辈谈及，那些没有师承出来"搵食"的狮团，器具很不齐备，一个鼓、两副镲，"连锣都没有"，就敢出来"搵食"，是没规矩的。

镲手相对自由一些，巡游时通常跟在鼓车后面，或在表演场地排开。通常一队传统狮队配四至六个镲手。打镲较为灵活且人数较多，多一下少一下，也不会打乱舞狮音乐整体节奏。所以，打镲亦多为初学者入行门径。打镲需要两手手腕放松，接触面略为倾斜而非垂直地面，每打一下都及时松开。如习者紧张而没有松开让镲面充分振动，则容易"焗镲"，不但声音沉闷传不出去，也容易使镲面爆裂。

遇到有空间狭窄，鼓车无法与狮同步进出的情况，狮团中往往通过手势传递信号给鼓手。比如狮要到楼房第三层去拜神，而鼓车无法跟上，则社团中人从神台、楼梯转角到鼓车之间，在视线所及的每一个节点安排人员，狮准备拜神时，由这些人前臂向下垂示意狮子将要低头下拜，下一节点的人看到亦重复相同动作，如此通过连续传递到鼓手处，鼓手即起拜神鼓，连续三次。之后鼓手可根据程式继续打，舞狮亦可继续下去，直到停止。

常见的佛山狮鼓法包括行鼓、压鼓、菊花头鼓、笑佛鼓、醉狮鼓、小田鼓、逍遥鼓法、旱天雷鼓、拳花鼓、添丁发财鼓、白鼓、雷鼓、退堂鼓、金鸡独立、大剪、小剪、探鼓、散鼓。[1]

鹤山狮鼓点则有举花头、密点、疏点、探步、中展、半展、下展、直展、上展、擦身、察洞、登山、照水影、下平阳、七节、花鼓、麒麟展、梅花展等等。[2]这些鼓点都对应舞狮特定的程式，如密点、疏点为行进时候用

---

① 马六甲友利行戴佛钢先生提供，2013年4月。
② 《鹤山沙坪狮艺源流鼓谱总编》，内部出版物。

鼓，可以用于持续行进、巡游、表演时的过渡等。由疏点转换至密点则可以接常见的中展、下展等动作程式，这些是舞狮时候的一些花式，持续时间较短，重复三次时长亦只在半分钟左右。更长的程式如登山、照水影，则带有一定的故事性，描写狮子在特定情景中的表现，也是传统舞狮乃至今天比赛和新编狮剧中常见的套路。在实地观察中发现，狮鼓打法多数是在熟知狮舞流程的基础上，根据当时狮的表演而改变的。比如密点向中展的转换，是在狮做出第一个交叉步后，鼓手知道要转换，及时释放信号给锣镲手，才得以实现，之后则连续重复三次。

今天由于高桩舞狮及公开比赛以鹤山狮较为流行，因而在本地一些教学公开化、标准化的社团，会看到写成鼓谱的鹤山狮鼓点。尽管这些鼓谱或打法亦时常掺杂"正宗"与否的议论，成为不同社团之间相争相持的论题之一，但各社团间对比，乃至与珠三角周边的鹤山狮鼓对比，虽有鼓点数目的出入，实质上结构大致相同。而且鼓谱的出现，更有利于行外的研究者或爱好者了解与流传，只要稍有音乐基础，多少可以脱离口耳相传的环境，重现狮鼓的面貌。相较之下，佛山狮的鼓点[①]截至2019年调查，尚未见整理成鼓谱。

（四）练习

传统馆口以口耳相传教学狮艺，并且从扎马开始，通过严格训练，给舞狮者打下武术基础。不过由于此种教学趣味性较差，不易吸引年轻人，所以现时狮团教法很多已经改变。比如让一些只对舞狮感兴趣的年轻人跳过武术基础部分，直接训练狮艺。

教学器具的改进，也为舞狮传承带来新做法。比如练习舞狮头时用一根棍子代替，模仿狮头的举止；又比如专门定做只有竹框没有盖纸壳的狮头，让初学者可以看到外界的情况，又可以感受狮头重量和内部机关。

狮艺的传承与武术有相似之处，传统的馆非常看重师承，亦存在门户之

---

① 佛山狮的鼓点有称之为"三星鼓"者，结构上与称为"七星鼓"的鹤山狮有较大差别，笼统而言，前者更慢，更强调狮的威势，而鹤山狮更灵活一些。不过"三星""七星"的说法更多见于港澳及珠三角一带，在新马较少见此称呼。

见。在敌对的社团之间，舞狮技艺即使有相似或相承之处，也会故意改造技术，或使用不一样的名目，以相互区别。狮团在社团"办大日子"时表演，其他社团前来观摩时，亦会评头论足。

由于现时社团相较以往更加开放，有一些对舞狮或武术感兴趣者，可能求教于多个社团。这种情况虽然少见但亦存在，至于是否得到狮团内部尤其是老一辈较为传统的主事者认可，则看此人为人，以及他对于社团的贡献。亦有社团表示，对这种几头跑的人，并不会教他真正核心的技术，恐防他学会了又去服务其他馆，或者泄露了技术的要旨。

四、舞狮禁忌

与其他传统技艺一样，舞狮也有相当多的禁忌。除了上文所谈及的，出狮前要敬神，不可随便摆弄乐器，不可乱穿制服之外，狮界前辈指出，经过其他馆口不打行礼鼓，狮队路上相遇不作"会狮"，或是特意在对方馆口前大锣大鼓、高声喧哗，都是极不礼貌的挑衅行为，以往很可能引起打斗。

"会狮"是两队属于不同团体的狮，或在街上相遇，或相互配合同台献技时，表示相互交往的方法，一般来说彼此客客气气对舞一阵，最后互赠锦旗，比较和气。会狮忌讳比较多，比如靠近对方时不可"起飞脚"（用高踢腿），不可一直起大鼓在气势上压迫对方。假如不停在对方尾部做出拱、嗅的动作，也是极不礼貌的，因为南狮默认都是公狮，如果在对方尾部嗅则似作兽类交配的动作，相当于讥讽对方"舞狮𡤤"（舞母狮），是侮辱性的行为。

有师傅谈及如何进入狮头狮被开始舞狮，以及中途换人，亦有一番讲究。起狮前狮具平放于地面，舞狮头者站于狮头右边，舞狮尾者站于狮尾左边，击鼓后预备，两人需分别跳至另一边，方可进入狮具。至于换人入狮头，"必须由狮头的左颈项后侧，等狮头高举时进入接替。昔日舞狮闹出踢盘等事情，据传均由正面或右边进入夺去狮头。故此这种一向视为不尊敬或者认为是不速之客"①。

---

① 《舞醒狮的程序》，《雪隆联胜国术团七十周年纪念特刊暨关圣帝君千秋宝诞志庆》，2000年，第79页。

舞狮的禁忌对于事主同样存在。一位狮团负责人提及，曾有事主需要扭转霉运，请狮团前来舞狮，他则告知一请需要连续请三年。该事主请人舞狮后第一年即生意好转，之后不想再花钱，便不听师傅之劝告，没有继续邀请，结果当年即遭遇车祸。这反映出事主即使不在行内，也需要遵守规矩，否则亦为人所诟病。

不独在新马，在广东、香港乃至广大华人南狮文化圈都有类似禁忌，不过新马本地狮队比较特别的一点，在于很多传统狮馆非常强调他们的技艺传承自中国，似乎比较能代表他们历史悠久、技艺正宗，甚至比经历过政治运动的中国保留了更多传统。因而他们十分排斥中国的同行称他们所舞的是"马拉（来）狮"。对于本地的狮馆，斥其他同行为"马拉狮"，相当于指责对方没有传统传承，不够正宗，只是自己发明的东西。

从社团旧照以及口述中了解到，过去舞狮默认是男性的领域，从下场舞狮者到乐手，清一色是男性。因过去舞狮对体力要求甚大，应付打斗的情况亦多。而社团中的女性，出狮时可能从事周边工作，比如负责茶果酒水、参与扶乩之类。不过由于新马地区积极推广狮艺公开化，许多还进入学校展开教学，现时狮团已普遍不限制女性参与舞狮。就笔者2013年所见，有些社团中有女性担任乐手甚至是鼓手者。一些室内庆典中还出现从乐手到舞狮者全为女性的狮团，因其技巧过人，能生动模仿狮的形态得到赞许。

五、狮团的组织管理与相互交往

出狮对成员体力消耗很大，处理的器具亦多，这要求狮队有足够的人手。大的狮团一天出狮可有五六十人，小的狮团如只有二三十人则只可出半天。老馆一般给予参与出狮的人（他们称有穿制服的人）少量的交通补助，并购买保险，采青收入归于馆中应付日常开支。以笔者2013年新加坡所见为例，最简单的住家舞狮老馆开价约三百新加坡元，大型商户可到上千元。如此一天安排六至八场已是非常紧张，可能从早上八点舞到晚上六点才可完成。中间也会接受事主提供的茶水食品。对于一些馆口，新年期间出狮六七天，已经可以应付社团全年所需。一些"专门搵食赚钱"的狮团当天赚到的当天分成，许多老馆认为这是很不对的。

　　狮团如为独立社团，其收入主要来自采青及赞助人，管理也相对单一。但如作为会馆或武馆的一部分，与社团整体的关系有多种模式。有一些馆人数比较少，由同一个人负责武术教学与出狮，出狮所得费用，作为社团日常经费。不过也有一些狮团，在会馆各部中相对独立，负责人为"狮团团长"或"主任"，老一辈可充任技术顾问。这一类狮团可能把出狮所得与"大会"（即称所属社团）按比例分成，也有极个别狮团是独立使用经费，不交予大会。狮团内亦有专职，负责管理出狮所用衣服、乐器、狮头与其他各类用品，每次外出登记回收。①狮团的领导者，也受大会的选举和制约。

　　狮队所属社团的赞助人，往往以"理事""会董"等名衔出现，亦乐于赞助狮团活动。赞助的方式有多种，比如捐助器物，往往在狮团订货时把捐赠者名号写在物品上，在社团中多称这种捐赠为"报效"，即赞助者报效"阿公"（社团）之意，捐赠狮头、狮鼓、鼓车、锦旗、制服等各种均可。另外还有直接请狮队为自己的商铺或家庭舞狮的，因社团赞助人多从事商业，其子女亦在社团中活动，以求相互关照，并提高自身威信。

　　因牵涉到社团人际关系、经济问题等种种，狮团内部发生分裂与重组，在田野调查中非常多见。社团之中不同派别者，部分离开另立门户，这在有些社团名号上还可看出痕迹，如新社团中沿用原来社团名字中的一个字。也有连狮艺、来源等各种名目都要另起新章者。自立门户的社团和原来社团的关系是多样的。可能因为矛盾双方还在而老死不相往来，可能因为同门之谊而相互帮助出狮，也可能在春秋二祭时新社团到原来社团处拜祖师。里面复杂的人事、辈分关系，取决于社团中个体的人脉及师承。有迹象表明，因为人事矛盾而另立新馆的，或在当时老死不相往来，但当老一辈矛盾双方过世后，年轻一代有可能变得友好，重建同门之谊，甚至回到原来的社团去活动。不过即便回到原馆，也要非常小心避免触犯原有的人事关系。有些在名号上看不出师承关系的，却可能是老馆中的某个前辈跳出来后所创，舞法与原本的馆口相同甚至更为传统。有个别是师傅教下了许多徒弟，而徒弟在外开了分馆，师傅成立总馆反在其后，于是做"大日子"时会出现大批同源的

---

① 据2018年3月田野调查所见，在新山广肇会馆及其他一些机构，可找到早期狮团物品登记簿册。

狮队回到总馆拜祖师撑场的局面。

　　狮团之间相互帮忙，为对方出狮出人出力，是常见的行为。由于狮团出狮需要大量人力，有时人手不够，所以需要找其他团体帮忙。这些前来协助者往往是出自同门或交往友好者，舞狮的方式方法相似，否则鼓点和套路不一致，无法一起出狮。前来协助者往往穿上邀请方的服装，即认作此馆的人。有时会出现同一队人一天内穿不同制服代表不同馆表演的情况，不过这对于历史上素来敌对，或是舞狮狮路不一的团体来说，是很少存在的。

六、舞狮中秘密社会的遗留信息

　　在新马地区，舞狮包含大量秘密社会的遗留信息。在一些历史悠久的馆口尤其明显，即使今天改头换面，仍能隐约观察到这些影响。这是本地历史上会党发达的体现，也是新马地区华人舞狮的重要特点。

　　秘密社会的信息可以表现在舞狮器具上。新加坡近年由于经济发展，人力成本高，狮头扎作工艺已日渐式微，狮团多转向中国国内订货。仅有一两个扎作师傅，仍以作坊式手工扎作狮头，兼营狮头翻新等业务。其中黄师傅已从事此行二十余年。他谈到狮头的样式时提及，有洪门背景的狮头往往保留一些特征，比如眼睛下有一块小钢片，眼皮会加上一抹青色，意为"反清"。一些文章也谈到，像福建青狮口中有廿一颗牙，"廿一"是洪门中有含义的数字。在新加坡以及马来西亚柔佛州新山、北部槟城地区，都有社团提到狮头为应付舞狮期间可能出现的打斗，有特殊的设计，比如扎双重竹篾。有会党背景的人观察狮头大约可以了解对方的来路，包括狮头的配色、花纹和标识等。

　　除了狮头的设计外，狮头、狮被和所用旗帜的颜色，也表示着该狮团所属的堂口。据一些"老馆"的人说，凡是有"传统"、有"背景"的馆口，颜色都是固定的，不可变更，比如黄配白、红配黑。如果狮队有多种颜色的制服，经常互换，则该队应是没有背景。制服在出狮时起重要的识别作用。狮队为参加出狮的人员开"车马费"、购买保险，范围都以穿制服划定。而在秘密社会尚活跃的20世纪七八十年代，狮队之间一旦打斗，则不论两方之间的队员私底下有何交情，一律"认衫不认人"，只要穿对方制服的就打。

所以在"约架"之前，属敌对阵营但私交友好的人之间会通风报信，告诉对方明天不要穿制服出现。平日除非是关系相当友好的馆口，否则穿他馆制服进入某馆，是不礼貌的行为，严重的甚至会视为挑衅。这些以制服、颜色作识别的传统，尚广泛存在于现时新加坡、马来西亚的狮队、武馆之中。不过，若追查这些老馆在20世纪七八十年代的彩色照片，会发现其衣服的颜色与今天的可能不一样，而且这些差别通常得不到现时馆员正面的解释。各馆口声称不可改变的制服配色，实际上却一直变异，可能反映早期秘密社会社团之间相互交织、技艺屡经变化融合的情况。

舞狮的动作和程式，也传递着大量秘密社会的信息。但这方面的信息毕竟不像旗号、颜色这般明显，需要狮队内部"懂行"的人才能辨别。一位在吉隆坡的前辈提及，舞狮行礼跑上前四步、后退四步（用虾步），左右"筛"（摇摆）狮头又退四步，再"筛"狮头左、右、中、前四步，象征"四海之内皆兄弟"，只要是江湖中人，便一望而知是当时十分活跃的秘密社会"华记"的狮。一位新加坡前辈亦曾谈到，约20世纪60年代他的师父教导说，舞狮开始时左进一步、右进一步、退一步再上前，谓之"踏中宫，入洪门"，是"华记"的标志。据称舞狮时个别的动作，比如坐马时左脚点地还是右脚点地，顺时针还是逆时针转，以及随着鼓点中的"菊花头"多少而转跳，都能向摆青的事主、看狮的观众传递出自己所属派别和师承的信息。与动作配合的狮鼓节奏，更能把秘密社会的信息通过声音远远传递。其中最为明显的特征，就是起鼓时"菊花头"的个数。打不同数目菊花头的狮队本就相互敌视，彼此是属于完全不同的系统，即使其他节奏相似也有可能势不两立。

正如前文所言，采青时青的摆法与相应的采法，都可帮助社团传递秘密社会的信息，并以之相互联络。不论是英殖民政府还是独立后的新加坡政府，都一直采取监视甚至压制的态度。直到现时，新加坡过年采青仍有便衣警察在旁拍照，一旦发现狮队采"洪门青"，搞秘密社会的一套，则该馆会面临三年不得采青的惩罚禁令，且该处罚只需警察单方认定，狮团并无申诉机会。这对于以采青作为重要收入来源的狮队来说影响非常大。因此许多老馆对此十分谨慎。一些老前辈表示，他们并非不会采"洪门青"，但因为有警察监督，故采取另一种办法，把原本的步骤完全倒过来。比如本应把青阵中左边的杯子盖在右边的杯子上，他们则把右边的盖在左边，既能向事主表明他们是懂行之人，又避免警察处罚。据说当下新加坡"洪门青"已经少见，只限于牛车水等个别地方，或在新加坡每年的舞狮比赛中出现改头换面的"洪门青"。

对于何为"洪门青"，新马地区许多狮团的表达都相当含糊，并没有准确的定义。一方面，熟知不同青的采法，是狮团师承正宗、真正入行的标志，是在业内身份地位的象征，特别对于历史悠久积累深厚的社团。所以业内人士要表示自己或所属社团"懂行"，"会采青"是一条非常重要的标准。但在另一方面，搞"洪门青"会惹来警察的注意，带来许多危险和麻烦，所以亦有不少人即使明白，也要坚决表示自己不搞这些。而且同样一个青，用普通的采法或者带秘密社会色彩的采法，也可表达不同的意义，视乎行内约定俗成与舞狮者临场的发挥。因而即使拍摄青阵的图片，亦无法指认出这是否就是"洪门青"。

除了采青之外，狮队所依附的武馆、社团，往往以许多辅助的方式去显示自己的传承关系，这也与秘密社会有很大的关系。不少老馆在祖师牌位旁边放置对联，这些对联据说是徒弟学成以后，由师傅传下来的。师傅给不同分支的徒弟附以不同的对联，联中暗含该馆的所属的支流与辈分。这一对联专属于武馆，哪怕武馆仅是社团中的一部分。没有对联的馆口，会被其他馆口讥以"没有师承"。

七、舞狮与民间宗教

舞狮与民间宗教有千丝万缕的关系。祈求神明保佑出狮顺利，尤其为一些传统老馆所信奉。对他们来说，狮具存在两面性，从器物层面，狮头是纸扎品，会腐败虫蚀，要好好保养；但在神的层面，狮具每样都是神圣的，传达了神力与人沟通，所以不可轻慢不可乱动。

狮馆或狮团所属武术社团，常设置师傅的神主牌、馆口所拜的主神，这些实体的摆设对馆中人来说都有重要的精神含义，意味着他们在师承的一环之中，受到同门和神的庇护，也是他们自身的荣誉。曾有舞狮人谈到，新加坡一家教会学校建立狮队，请他前往教授，但因学校有教会背景，不希望狮队中摆设这些神像，他感到不安，因而拒绝前往。

他们认为，神力可能在舞狮时带来一些神秘的影响。曾有一狮界前辈谈到，有一次上台准备表演，他突然手上抽筋，架着的狮头几乎掉下，自己感觉坚持不了，于是大叫"抽筋"。但此时其他人却听成了"开灯"，于是打开了舞台灯光。光线照到狮头上，好像有一股神秘力量带动他舞狮，手脚亦自动进入状态。结果不但成功撑完表演，还较平日更加出彩。

新加坡舞狮界直到20世纪80年代，还经常出现"跳童"，即在神灵附体后舞狮。而相关的仪式和法术，很可能来自于秘密社会、茅山道术等民间文化的传承。对此亲身经历者表示，神灵附体以后根本不知道自己做什么，所有意识和思想都交给神。也有一些老馆中人表示以往见过不少，但将信将疑。据他们所描述，完全不懂舞狮的人可能在"跳童"时变得会舞，有些本来有舞狮功底的人被附体后会舞出与原来所学截然不同的舞法。

狮被赋予的神圣性，以及舞狮由神保佑，能沟通人神的说法，不可以"迷信"一语概括之，特别在东南亚华人社会，保留了非常多民间宗教的环境中，民间信仰对日常生活各方面都有影响。狮艺之所以被社会需要，以民间社团的方式自主运作，并保持着旺盛的生命力，与民间宗教的因素以及各类经济活动有密切的关系。

八、南狮对其他领域的影响

舞狮活动在新马地区高度发展，延伸出一些独立的表演项目，影响到其他领域，也不乏对中国国内的反向文化输入。

在音乐方面，有将狮鼓独立出来的"得胜鼓"。业内人士解释为"旗开得胜"之意，但起源于何时暂未能明确。"得胜鼓"在新马多地可见，主要是作为社团庆典的节目在剧场之类相对封闭的环境表演。田野调查中常见的"得胜鼓"是三通鼓连起来打，通过节奏、叫喊等方式来表现威势，非常强调男性阳刚雄壮的一面。鼓手也是全场的焦点，可能因为这个表演的性质，多由狮团中青壮年男性负责担任。虽然今天新马地区狮团出狮偶然可见女性鼓手，但女性打"得胜鼓"很少见。

另一种是"二十四节令鼓"，以中国书法、舞蹈等元素加以编排，而在器具、音效、节奏、击打方式上主要继承借鉴了广东狮鼓，为马来西亚华人陈再藩、陈徽崇联合创作。1988年于新山成立第一队鼓队。创始人陈再藩原籍广东潮州，生于柔佛新山，是宽柔中学和南洋大学校友，长年致力于文化工作。陈徽崇（1947—2008），生于海南岛琼东县（今琼海市），后随母居于马来西亚安顺，是当地作曲家、教育家。二人合作创编出表现传统中国文化又具有现代意识的"二十四节令鼓"。该表演创编之初包含二十四面鼓，每一面代表不同节令，表达春耕、秋收等情形，队形变化繁复，节奏快慢有致。由于该表演有很多发挥的空间，可由表演者因地制宜、不断创作，因而容受度很高，男女老少均可参与。该表演后来经过不断推广与改进，广受华人社会欢迎。今天已成为马来西亚非物质文化遗产之一，全国有三百余支"节令鼓"队。中国国内也在厦门、天津、上海多地成立鼓队。陈再藩先生表示，"二十四节令鼓"所用的一直是广州生产的单皮鼓，广东也是南方狮艺的原乡，因此广州是"节令鼓"的"鼓乡"。2015年广州成立首支"二十四节令鼓"队，是马来西亚华人文化寻根、回流中国的崭新尝试。[①]

由于新马地区狮艺高度发达，亦是狮具、乐具消费的一大市场，所以他们的喜好与潮流，对于狮具制作方——特别是广州一带，带来不少的影响。曾有一位新加坡狮头扎作人谈及，20世纪90年代以前狮头以本地扎作为多，此后则从中国国内进口渐多，本国经销中国狮的有十余人，其技术和款式要求使中国国内制作水平提高，而且更加符合潮流。与舞狮密切相关的戏班服具、传统乐器等，集中在广州大新路一带销售。各类舞狮用品，如狮裤、狮鞋（新马人常以"尸骸"戏谑之）、兵器，除广州本地厂家外，亦有江西等地承造戏剧服具的工厂在此办门市接单。狮团交流、比赛常用的锦旗、奖杯、服装等物，又是在广州起义路订货。许多与舞狮采青相关的工艺品，比如小型南狮玩偶、摆设之类，亦大量从中国出口到新马，是狮艺大众化的载体。不过由于研究精力所限，以及个别商家保守行内秘密不肯告知，这一部分调查尚有待深化。

---

① 《广州成立首支二十四节令鼓队 传承狮鼓原乡文化》，人民网，http://culture.people.com.cn/n/2015/0612/c172318-27147509.html，最后访问日期2021年8月2日。

九、新马部分南狮狮团简介

（一）槟城鲁班行醒狮团

鲁班行是新马华人社会中从事木工、家具制作的行业公会，因该行中多为广府人，所以也带有浓重的广府地缘色彩。其中尤其以槟城鲁班庙历史悠久，据称该组织在1801年已经存在。而现时位于槟城爱情巷中的古庙建筑，据庙内碑刻介绍，"我鲁班庙之创建也，实始于咸丰六年（1856）"[1]，距今已有一百六十多年。行内分为北城行（东家）及鲁北行（西家）。[2]由于资料缺失损毁，鲁班庙早期的历史尚有许多难以考据处。不过从庙内的照片、神位和其他文物，可以了解到他们有过非常丰富的武术和舞狮活动。

在鲁班庙的神位处，上写"灵威"二字，下面有对联一副；"拳出全凭身着力；棍来须用眼精神"，横批"武艺超群"。该对联在国内为蔡李佛名师陈享所撰。相传陈享（1806—1875）在19世纪中期参与太平天国起义，失败后曾在南洋一带暂避，是否因此机缘待考。神位上有倒"火"字，与吉隆坡联胜体育会咏春拳师所拜的相类。在舞狮活动之中，间杂武术表演也有不少。

鲁班行瑞狮团，照片的题记显示成立于1956年，一周年时已有三十余人。所舞之狮是典型的佛山狮，而且为20世纪50年代的形制，狮头较大，装饰极其繁缛，狮被也较现在通用的长三分之一。1958年新加坡尚未独立之时，在槟城市议会欢迎星洲市长暨议员游艺大会中，鲁班行瑞狮团表演以双狮出行，大幅旗幡为背景，前有"大头佛"引导，围观者众，场面十分热闹。至1967年鲁班先师宝诞时，该团合影中已有近六十人，绝大部分也是二三十岁的青壮年，全为男性，此时鼓、镲等器物也有增加。该团舞狮出巡的照片亦复不少，上面可见舞狮者多扎四平大马，明显有武术功底。狮团外出采青，有以板凳辅助、以"大头佛"引导，也有个别有道士参与，或用全套狮头狮被参与祭祀，在宗教性仪式中有重要作用。其余如踩高跷、采高青之类的也有不少。

---

① 《重修鲁班庙记》，2013年4月于鲁班庙内所见。
② 《鲁班行》，《槟州武术龙狮总会40周年（1977—2017）纪念特刊》，2017年，第96页。

图4-5　槟城鲁班行出狮

资料来源：该馆保存。

除了鲁班行外，槟城姑苏行亦是广府人较为聚集的行业公会，历史上也曾经有狮团，只是因年代久远，现时无从得见。

（二）槟城广东同乡组织狮团

槟城广东会馆历史上亦有自身的狮团。根据曾在广东会馆练习舞狮的师傅口述，1962年广东会馆经常有武术与舞狮活动，每周有三天晚上舞狮，周六日练拳。当时的师傅叫冯树宝，六十多岁，舞洪家狮，亦练习洪拳，穿着白衫黑裤。[1]

除了广东会馆外，槟城顺德会馆亦有南狮狮团，是槟城广府人的文化民俗。据载槟城顺德会馆成立于1838年，1885年奉安关公圣像。因二战战火摧毁相关文件资料，其时是否有武术醒狮活动尚待考证。1946年会馆复兴，狮团开放门户让各界参加，不限于本乡。当时狮团组织尚少，顺德会馆参与华校或慈善公益机构筹款、救灾济难，每以义务采青报效。出狮游行时人数达

上百人，擎举帅旗、七星旗、标旗、各式兵器等物。在槟城市政厅庆祝百年游行中，曾经与其他社团发生暴力冲突，导致当局一度禁止舞狮，后来经过华人同胞力争，方始恢复。会内教授狮艺、武术者众，黄应梓、田致安、卢振威、黎振华、伍少雄等名师均在会中任教席。[①]

（三）槟城义兴龙狮体育会

槟城义兴龙狮体育会，是义兴公司的外围组织。由于现在义兴公司的师傅多习周家拳，舞狮方面也接近周家狮的技法。狮团在每年社团四个"大日子"中出狮，分别是：清明节、五月十三（拜关帝）、七月廿五（拜五祖，是火烧少林那天），九月初九（拜道宗和尚。这是大哥过世的忌日。道宗和尚即万云龙，据说在长林寺发起洪门）。狮团主要为配合，但在舞狮过后，还要在内室另做一套仪式，后者并非人人参与。

狮艺的教学与传承，在今天并非一定要入会，因为社团已经开放，习者亦不局限于一定籍贯的华人，而是开放给不同族群。

（四）新山广肇会馆国术醒狮团

新山位于马来西亚柔佛州南部，与新加坡仅一河之隔，是历史上各类会馆、秘密社会、武术体育组织活跃之地。广肇会馆是其中历史悠久的一间，也是重要的文化活动团体。据载新山广肇会馆成立于1878年。目前该馆已建立文物馆，收藏并展示馆内珍贵文献及各种文物。

会馆中的武术醒狮团，正式成立于1955年。[②]从该年《睡狮醒矣》一照片中可见，该团所舞的是鹤山狮，当时使用的狮头较大，眼眶很高，具有鲜明的50年代特点。不过在文物馆中所见，内部存有狮团在1923年的名录，应在二战前已经有活动。会中更收藏"广肇会馆醒狮团家私物件部"一册，为我们提供了狮队出狮时所用物品的很多细节，为他处少见。其中提到"两码三须长裤、两码半、毛巾、笠衫、腰带、狮裙、狮被、七星旗、师（狮）旗、会图旗、交通旗、和尚袍、大头佛、大鼓、狮头、大锣、大钹"，其中"笠

---

① 《槟城顺德会馆醒狮团简史》，《第五届全槟武术南狮锦标赛》，1991年，第114页。
② 新山广肇会馆：《新山广肇会馆国术醒狮团游艺会》，1955年，该会藏。

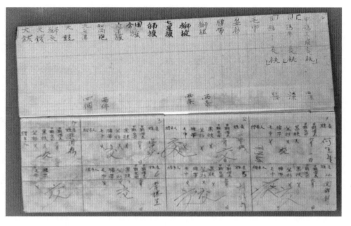

图4-6　广肇会馆醒狮团家私物件部（其中列明狮旗、七星旗、狮被、狮裙、腰带、笠衫等物）

资料来源：新山广肇会馆保存。

衫"是广府话，指棉质上衣，"狮裙"应为舞狮者下装，与狮被搭配。一些旗帜裙袍，在一队狮团之中只有少量。后附的一般成员登记，就只有"衫、裤、带、巾"四样。20世纪50年代舞狮表演也有不少使用背景布置，如"立体山景、桥梁、洞形、棚"[①]等物。

吕荣添师傅是该馆二战后重要的拳术与狮艺教练，他本为新加坡鹤山会馆教练，后来也在新山教学。其门徒在马来西亚南部的多个会馆、狮团任教练。会馆内的春祭、采青、关帝诞等活动常有武术、舞狮表演。参与游艺活动亦复不少，在新马尚未分家之时，团员多次往新加坡表演。

该馆的武术活动，以南派功夫特别是洪拳为主。练武厅中有关公神像，两旁设兵器架。演试者穿黑衣黑裤，上衣有平扣和滚边。使用的武器有匕首、钢叉、藤牌、单刀对枪、六点半棍。身体姿态上，是四平马、弓步、虚步、锁步，重心较低，手形多虎爪、桥手，有显著的南派风格。对此吕师傅作了相关总结：

　　　　打洪拳是不可以快的，除了连环用的招式须快之外，其他手法应以慢和力为主，由于这样，所消耗的体力也更大，气力要求也较高……

―――――――――

① 据新山广肇会馆内收藏狮团成立会议记录记载。

其实，洪拳固然讲求硬桥硬马，但也有刚柔并济的手法，只是说洪拳比较偏刚而已。再者，打洪拳要求配合声音，一来增加声势，二来惊吓敌人，使之措手不及，失去防卫。如果声音配合好，喊得宏亮，可使整套拳生色不少，真可谓声势俱备，扣人心弦。是故出台表演满头还讲究配鼓……腰和桥，在洪拳中的重要性实不亚于马步，所以腰桥马在洪拳中是合起来讲的……如果腰无力，则影响了马步的稳健，发拳也一定没有劲力。[①]

（五）新加坡鹤山会馆醒狮团

鹤山会馆为新加坡一历史悠久的会馆，也是牛车水今天可见的又一重要武术龙狮团体，尤其以鹤山狮著名。鹤山人移民新加坡，集中于本地印刷、洗衣、杂货等行业。他们从何时开始建立同乡组织，暂无原始文献可供考证。据馆内前辈追述，应自1939年由张子方、任兆林、源冠曹、温茂之等人倡建同乡会始。该组织在鹤山同乡众多的香港街活动，后来迁往尼律。每年清明与重阳组织春秋二祭，往广肇惠碧山亭总坟扫墓。[②]经历二战后重组，1952年更名为鹤山会馆。从2013年及2018年对新加坡鹤山会馆的田野调查可见，会馆所授拳术以洪拳为主，亦包括洪家大耙、枪、棍等兵器在内。习武训练学员的身体灵活性，也使他们腰马有力，利于舞狮动作的发挥。

鹤山会馆狮团活动据称较同乡组织更早出现，约在1884年已有鹤邑怡怡堂的组织，并已经有舞狮活动；1919年有鹤山同乡于均昌隆栈房工余玩狮练拳，随之组织怡怡堂瑞狮团，由李怡生师傅教授。李怡生据传为鹤山狮艺名家冯庚长高徒。后来怡怡堂瑞狮团改为鹤山同乡会国术醒狮团。会馆组织则在1939年成立，狮团亦因而改名为"鹤山同乡会国术醒狮团"。乡人吕新耀、何顺、施春、易容、李忠、李权等十余人亦习得狮艺。

据会中人所说，鹤山狮艺成熟于有"狮王"之称的鹤山人冯庚长

---

① 《洪拳》，新山广肇会馆：《庆祝武术醒狮团成立卅一周年暨吕荣添师傅七秩晋一寿辰纪念特辑》，原书无页码。

② 李顺森：《新加坡鹤山会馆简介》，《新加坡鹤山会馆国术醒狮团港台文化访问团纪念特刊》，1982年，第18页。

图4-7　2013年新加坡鹤山会馆出狮

资料来源：拍摄于2013年2月11日。

图4-8　鹤山会馆出狮采四层高青

资料来源：该会馆保存。

（1852—1907）。冯庚长创"猫形狮"，以狮子模仿猫的形态举止，表演狮子喜、怒、惊、乐、疑、醉、睡、醒八种情态；以狮子出洞、登山、落平阳、戏球、采青等情景，展现舞狮艺术。狮头嘴呈椭圆扁状，狮头呈长方形偏扁，区别于佛山狮嘴形呈波浪状且狮头呈方形偏圆。馆中鹤山狮几乎全是黄、绿为主的传统配色。据说会中还藏有早期用于打架的狮头，有双层竹篾，非常结实，重达十余公斤。该狮头从20世纪20年代一直使用至70年代才退休。[1]

在抗战胜利后，约1945年社团聘请鹤山师傅吕新尧前来教习，并培养了何启成、李文忠、吕耀斌、梁肇富、李锡泉、梁亚细、李炳鸿等人。[2]其时庆祝胜利游行，鹤山会馆出动百余名同乡出狮，其中不少苦力出身，身强力壮，能采叠三四层的高青，展示出过人的技术。他们与马来西亚广肇会馆、

①　《历史悠久的鹤山狮王》，《新加坡鹤山会馆成立56周年醒狮团成立75周年会馆重建落成典礼三庆特刊》，1996年，第153页。
②　《新加坡鹤山会馆与醒狮》，《星马鹤邑联谊会3周年、新加坡鹤山会馆66周年、醒狮团86周年、妇女组创办纪念特刊》，2006年，第22—23页。

柔佛多地鹤山会馆均有交流，传授舞狮与拳术。

鹤山会馆对于狮艺有各种改良的探索。狮头方面，由李洪沛督导，在眼、额、舌头方面作大改良，白眉白须配以传统黄色，以"王"字上烫金箔。狮头和狮身减轻一半，缩狮被成丈二长，配以橡皮筋带作脊，加强灵活性。狮被由大块布匹缝制的"被"改为"身"，装上尾巴和狮爪。狮头和尾均装上如狮身一样的装饰衣料，使整体更加美观。舞法上，由见到狮头面孔的"战斗式"改为酷似真狮子的步法，更加注意狮头和狮尾舞者的搭配。[1]这些都反过来影响了中国香港与内地的鹤山狮舞狮形态。

图4-9　相传为鹤山会馆"鼓王"梁肇富表演
资料来源：该会馆保存。

据传冯氏还创造了与鹤山狮相应的鹤山鼓点。据会中人总结，有拜四门、参神、行街、七星、会狮、斗狮、采青、阴阳鼓法等等，包含上剪、中剪、下剪的鼓点。[2]此外更创造了"十八连环三通鼓"，使狮鼓可以独立表演，展示出雄壮并且扣人心弦的节奏感。会馆历史上曾出现多位"鼓王"，其中梁肇富在20世纪70年代击鼓大会串、东南亚击鼓大会上表演，极具震撼力。

此外鹤山会馆亦编排狮剧，庆祝成立十周年时即在新世界游艺场作公开表演。该夜共演出狮剧六幕：一，醒狮回头望；二，登山遇青；三，双狮会；四，樵夫遇难；五，少侠战双狮救樵夫；六，少侠伏双狮回山。另有"蛮狮炼丹遇师""大展神威"等，20世纪于50、60年代广受欢迎。

---

① 何沛安：《本会狮团简史》，《新加坡鹤山会馆国术醒狮团港台文化访问团纪念特刊》，1982年，第19页。

② 何启成：《舞狮古今谈》，《新加坡鹤山会馆国术醒狮团港台文化访问团纪念特刊》，1982年，第20页。

　　据传鹤山会馆曾于20世纪60—70年代与同处牛车水的精武体育会狮团关系密切。现时精武体育会双狮团所舞除了该会所特有的北狮外，南狮即以鹤山狮为主，据传是由鹤山会馆师傅何顺教习传承。由于是同一个师傅，当时两个社团之间可以穿自身制服相互来往进入对方的馆内。2016年精武体育会双狮团主任受邀前往西安中学校进行舞狮教学，在新加坡流传的鹤山狮艺随之传入中国内地，是为海外华人文化反过来影响国内的生动例子。

（六）新加坡冈州会馆醒狮团

　　新加坡冈州会馆约在1939年成立的国术醒狮团，是本地历史悠久的南狮狮团。会内教习多种南派武术，亦有粤剧、杂技、舞龙等活动，凝聚了不同年龄层次的同乡。其中狮团活动十分活跃，至今保持每周训练，到者十余人，出狮时可达上百人。

　　早期冈州会馆的舞狮为杂货行醒狮队帮助带起。之前提及"七家头"本为杂货商人，而杂货行醒狮队又有大量新会同乡，所以把道具送与冈州会馆，1939年才真正从佛山采购道具运抵南洋。早期馆内并无外出采青，只有春秋二祭。会馆内现时以佛山狮为主，历史上亦有鹤山狮、佛鹤狮等技艺，

图4-10　新加坡冈州会馆醒狮团新年采青

资料来源：拍摄于2013年2月。

人才辈出。如谭俊文师傅，熟习洪家拳之内家虎爪功，有过人臂力与指力，为冈州会馆二战后狮团第一任主任。会内至今保存有"天河新溪联义堂瑞狮团获赠"字样的照片，为赠送狮鼓及一头鹤庄狮给谭师傅的留影。萧锦泉师傅，精南派技击，尤其擅长舞称为"龙锤"的大铜锤，于舞狮鼓法亦有研究，为会内公认"鼓王"。据说萧锦泉结拜兄弟吴南顺是南派武术名家凌云楷的徒弟，二人经常切磋。此外又有梁础良师傅，擅瑶家大耙。[1]这些均是会内狮艺名家，亦在南拳、中医等多方面有独特的研究。

冈州会馆历史上于佛山狮、鹤山狮、佛鹤狮均有表演，舞狮技艺呈现一定的混合性。狮头的形状多样，在2013年会馆三层所建的"狮头博物馆"，收藏有20世纪五六十年代至今的不同类型狮子。出狮时所用鼓点，亦有佛山狮、鹤山狮、周家狮等等的桥段在内。

与很多二战后复兴的国术醒狮团一样，冈州会馆在新马独立运动中，参与了许多公开表演：1951年新加坡升格日，醒狮团参加龙狮大会串。1959年自治博览会在劳动公园举行，醒狮团也出队庆贺，并得到伊丽莎白女王夫婿爱丁堡公爵赐赠"南方之强"大锦旗留念[2]。

（七）新加坡三水会馆醒狮团

新加坡三水会馆，据会内资料显示，成立于1886年。最初组织名为"肆江别墅"，地址在广合源街，后搬至豆腐街，才改名"三水会馆"。1903年自建会所于海山街三十五号，后因该地被政府征用，于20世纪70年代末前购买芽笼会所。

该会醒狮团成立于1965年，发起人亦是狮团第一任主任胡桂森。

图4-11　新加坡三水会馆狮团参与妆艺游行

资料来源：《新加坡三水会馆庆祝第125周年纪念特刊》，2011年，第137页。

---

① 《回顾冈州国术醒狮团》，《新加坡冈州国术纱龙醒狮团纪念特刊》，2009年，第53—54页。
② 《冈州会馆一百七十周年纪念特刊》，2010年，第24页。

他出生于新加坡，少年时回乡即爱好舞狮艺术，精于洪拳，尤其擅长刀棍和软鞭。醒狮团成立吸引大量青年会员，使会馆生气勃勃。[①]目前会馆于农历新年、春秋二祭等时段出狮，是本地传统会馆狮团之一。

（八）小结

新加坡、马来西亚狮团在每个城市、商埠均大量存在，数不胜数。在本书第二章"中式武术"部分提及的团体亦有附设的狮团，在此不一一重复。

另外需要强调，新加坡和马来西亚在历史上虽为一体，但各自建国之后对华人文化与社团活动政策不一，导致舞狮文化有所区别。马来西亚今天幅员广阔，各地的风土人情亦有差异。而舞狮活动仅集中于农历新年、春祭这些特定的时间，其他时候可遇而不可求。本书因研究者目力所限，对新马南狮技艺的观察，更多集中在新加坡。其他地区如槟城、吉隆坡、新山，则较多来源于神诞以及访问口述。业内对于新马两地狮艺，特别是采青一项，是有所区分的，大体新加坡更为复杂。不过限于研究条件，无法再加细化，唯有留待日后再补充。

第三节　北狮

马来亚流行中国北方的舞狮艺术，与本地以闽粤人为主的华侨群体构成呈现鲜明对比，其成因与作用都值得深究。北狮传入本地与精武体育会的活动有非常紧密的联系。精武体育会在国内活动之时，因其创始人霍元甲来自北方，早期上海总会亦吸纳大量北方南下的拳师，因此此会支持者与常年活跃会员虽然以各埠广东人为主，但会内却崇尚北方文化。[②]这一特点在舞狮方面有明显表现。1922年广东精武三周年纪念大会，秩序册中即有"北方双狮"一项。[③]1923年3月3日，广东精武连开两日乐舞大会，即有记载："北方狮子，教员吴德新、刘清桂合舞，惟妙惟肖"[④]。1926年3月佛山精武会赴梧

---

① 《醒狮团的话》，《新加坡三水会馆庆祝成立一百周年纪念特刊》，1986年，第72页。

② 精武会以霍元甲为宗师，故会内特别是与武术有关的活动中推崇北方文化，参见拙文《从武师到民族英雄：霍元甲形象在二十世纪初的演变》，《文化遗产》2015年第5期。

③ 《七十二行商报精武特刊》，《七十二行商报》1922年4月22日第10版。

④ 沈季修：《广东精武大事纪盛》，《中央》1923年第19期，第41—42页。

州表演，游艺活动也包括北狮表演在内。①时为佛山精武美术教师的黄少强，为此绘制《北方狮舞》画作。②香港精武会四周年纪念，也出现"双狮既出，灵动如生，俯仰搏攫，曲尽其妙，持绣球及舞大刀者，先后引狮，亦娴熟有法"③的记录。

值得注意的是，20世纪20年代初在广东表演的北狮，很可能并未落地生根。1926年香港精武会记载：

> 精武体育会，于新历本月廿晚廿一晚两夕，假座太平戏院，举行游艺大会……殿以北方双狮，此种狮子，为集合北方各种拳术手法而编演，在中国南部，除精武在本港于去年表演一次外，未得曾有。即精武亦只每年一度。因须上海及北方各处精武会派人来此，方能演奏也云。④

又称：

> 精武会在太平戏院游艺之北方狮子，前由上海乘林肯总统轮船来港，由九龙登岸时，精武会同人鹄立欢迎……闻该狮头全具约重四十余斤，其身则以麻绳组成者云。⑤

这些记录表明，此时的北方狮子，狮头器具非常沉重，狮身以麻织成，舞法带有北方拳术的特点，而且只有在上海等地派人（很可能是北方籍教员）南下支援，才有机会演出，所费不菲，在广东也是比较少见的。

但是在马来亚发展出精武会后，由于路途遥远，运费昂贵，引进北狮作临时演出相对困难。因而在马来亚购入北狮器具，并由本地自主演出，成为当地精武会新的目标。

---

① 《黄少强旅程写生记》，《佛山精武月刊》1926年第1卷第7期。
② 《少强个人画展纪盛》，《佛山精武月刊》1926年第1卷第9期，第84页。
③ 《本会四周纪念会详记》，《香港精武杂志》1925年第8期，第5页。
④ 《精武游艺会第一晚秩序预记》，《香港精武杂志》1926年第12期，第8页。
⑤ 《精武游艺之北方狮》，《香港精武杂志》1926年第12期，第9页。

一、北狮引入马来亚

马来亚精武会经历草创期，在吉隆坡、怡保、新加坡、槟城等地开始具备根基，也着手购入北狮器具。最初致力购入北狮者，为精武武师叶书田及其亲眷。其后人及弟子回忆称，叶氏原本家中务农为生，于农闲时习武。叶书香太太外家在保定府扎狮子售卖，即请扎了一对狮子，1935年由家人从河北托运了这对北方狮子南来。①叶氏所购的狮头样式，后来被称为"保定款"，在吉隆坡、怡保等地尚有保存。

由于叶氏到达马来亚后，先后在怡保、吉隆坡、新加坡等地任教，今天仅靠会内人回忆，很难确知北狮最早引进是自何处起。不过叶氏在北狮上着力，约在20世纪30年代已经开始，这是马来亚北方狮舞的起源。

日占之后，新加坡精武由叶书田外甥魏元峰任武术教练，亦有引进北狮的举措：

> 1945年魏元峰老师从上海洽购北方双狮一对……狮头用洋灰泥作底成形，外敷裹厚纱布，糊贴绵纸，上中国漆，狮身用粗苎麻编制，染成七彩，重量达四十余斤（狮头狮身）。②

由此可见，当时的北狮用泥灰制作，非常沉重，狮身为七彩麻所做，与香港精武的记载十分相似。但是这些最初运抵马来亚的泥塑狮头过于笨重，而且在南洋多雨的天气中极易为雨水侵蚀，并没有长期使用下去。新加坡精武载：

> 狮身笨重，舞动时显得呆板、僵硬泥滞……重量达四十余斤（狮头狮身），嫌有些俗气，应用数次感觉无法施展舞狮技艺，遂放弃不用。赠予我国高等学府（南洋大学）作为历史陈列品。③

---

① 《先太老师叶公书田事迹记闻》，《饮水思源，缅怀先师：暨陈耀明老师百岁冥诞》，怡保中国精武体育会，2002年，第12页。
② 《新加坡精武体育会八十五周年纪念刊》，2006年，第46页。
③ 《新加坡精武体育会八十五周年纪念刊》，2006年，第46页。

图4-12　疑为叶书田早期购入雪兰莪精武会的北狮，为泥塑保定型狮头

资料来源：叶振华先生提供，2018年3月。

这一赠物现已不存，但新加坡精武会一直称他们所引进的为"河北沧州型"舞狮，[①]最初应来源于此。

20世纪30年代至40年代，以叶书田、魏元峰等精武武师经常游走马来亚各埠推测，应不止一处引进北狮。不过种种迹象表明，当时精武武师并不通晓北狮舞法，本地武师亦不知舞法和相应的配乐。如希望北狮能在此生根，即需改良北狮的器具使之更为轻便，并以本地武师熟悉的方式舞动，使北狮具备可操作性。

二、北狮在新马的在地化试验：技艺与器具

马来亚精武会聚集了大量广东籍武师，[②]一些本来熟知南狮狮艺的教师，开始以南狮的鼓点与音乐舞北狮，是为"北狮南鼓""北狮南舞"。比如怡保精武会武师陈耀明（1902—1977），广东南海西樵人，因在国内卷入命案南下马来亚，带艺投身精武。会中记载：

先师（陈耀明）用广东狮鼓的鼓法配搭叶太老师的北方狮子舞，搭

---

① 《新加坡精武体育会赴沪、天津演出，上海精武体育会百年大庆、天津精武体育会纪念霍元甲，暨"世界精武英雄会"》，2010年，原书无页码。

② 关于精武会集合了大量广东人之事，可从二战前芙蓉精武请求上海精武派遣懂粤语的拳师南下、新加坡精武教师魏元峰在教学之中学会粤语等方面了解。亦有记录表明战前精武武师实以广东人为多，参看《本会历年武术教练简介》，《新加坡精武体育会七十五周年纪念刊》，1997年，第64—71页。

图4-13　"保定款"纸扎北狮狮头，左为土黄色，中与右为同一只，呈深绿色

资料来源：2019年10月拍摄于怡保精武会。

配得非常成功。这种北狮南鼓的搭配，使原来活泼的北方狮子舞更添增
了气势。[①]

这种南北狮技术的嫁接，初步使北狮具备可操作性。

狮具的改进，也是北狮本地化迈出的重要一步，由于泥塑狮子在本地无
人会做，亦十分沉重，新马华人武师开始用南狮的纸扎工艺扎制北狮狮头。
现时早期的泥塑北狮头实物已经无法找到，但纸扎的仿制北狮还在个别分会
保存下来。[②]

图4-13为怡保精武会藏二战前以南狮纸扎工艺仿北狮所造狮头，为本地
制作。该狮头会中人称为"保定款"。[③]内部为竹篾框，外皮为纸糊，施漆，
一黄一蓝，纹理相近，带有天灵盖。后脑处有漩涡状纹路，称为"髻"。此
狮头须以南狮工艺扎制，但内框深度比佛山狮、鹤山狮都要浅，头顶也没有
南狮常见的角，从狮型到配色均模仿北狮的形态。

此狮头所配狮须与狮被，狮头下的须为了甩动起来足够长且飘逸，采
用了梳细了的尼龙，十分稠密。狮身染色麻密织呈五色样（实质以紫红、土

---

① 《先师陈公耀明小传（1902—1977）》，《饮水思源，缅怀先师：暨陈耀明老师百岁冥诞》，怡
保中国精武体育会，2002年，第33页。

② 怡保中国精武体育会黄保生先生口述，2019年10月。

③ 怡保中国精武体育会陈才英先生口述，2019年10月。

黄、蓝绿三色为主），铺满整张狮被，较为接近史料中记载的"七彩麻"。据会中师傅所言，用麻可避免狮被在翻滚行进时纠缠在一起。每次舞动前都需要"松身"，把狮身麻料梳顺，会显得饱满蓬松。亦有师傅谈及编织狮被要避免使用产自印度、柬埔寨的纤维较短的麻，初时从中国进口长麻，后来则用吕宋麻，经过翻梳、染色和扎制，形成本地独有的北狮。从20世纪30—50年代吉隆坡、新加坡、怡保等地精武会的舞狮旧照中观察到，配色与质地有很多相似之处。

这些早期的纸扎北狮，较北狮泥塑狮头为轻，也可以实现南狮的一些技法，但仍然受重量限制，较多做平地上的舞动，无法如南狮般"上脚"（即舞狮头者踩在舞狮尾者的大腿之上），亦未出现后来常见的踩球、高台表演。[①]不过随着时间推移，北狮技艺也出现了新的演变。

三、新马北狮再度向中国北方文化靠拢：音乐、套路与配色

20世纪60年代机缘之下，新马地区精武北狮从南北狮艺的嫁接，逐渐变为从舞法上、音乐上全部向北方文化靠拢。这一变化主要发生在新加坡精武会，其带动者是当时南下新加坡的京班师傅刘福山。

刘福山（1903—？），河北宝坻（今属天津）人，曾在上海赓福科班习艺，熟悉京剧文武戏，后因中国内战而下南洋谋生，[②]受喜爱平剧的新加坡精武会董李铁岑欣赏，留在该会任教。刘福山排演《三岔口》《武松打虎》等京剧，为了使以广府人为主的新加坡精武会员能够顺利演出，选择的都是以动作为主的剧目，做手身段全照京剧，念白很少，唱词几乎没有。此外还有"大旗舞"，以八位龙虎武师作京剧打扮，并以京剧的排场走动，配合中间大旗的旋转舞动打筋斗。"青蛙舞""长穗剑舞"，都是这个时期配京乐的武化舞蹈。[③]刘福山也着手对狮艺进行大幅度改进，"（刘福山）最大贡献便是整套北狮舞法的套路，包括狮子舞步法套路、敲击、音乐搭配，全由他一

---

① 《精武瑞狮》，《星洲中国精武体育会三十周年纪念刊》，1951年，第188—189页。照片可见当时北狮均在平地活动，亦与会中人士口述相应。

② 刘福山：《我一生为京剧艺术》，《新嘉坡精武体育会第16届征求会员暨联欢游艺大会》，1963年，第59页。

③ 根据精武会司理邝元亨、教练林先坤、会员梁荣基提供的照片及录影片段。

图4-14　新加坡精武会北狮新年出游

资料来源：2013年2月拍摄于新加坡。

手包办"①。经改进后的北狮配合了"急急风"等北方京剧鼓点，从原本只是外形上有北方的样式，变为音乐、舞法乃至整个套路都有显著的北方特征，形成了只在新加坡环境下产生却已"北化"的北狮艺术。

约20世纪70年代，新加坡、马来西亚逐渐恢复与中国正常交往，精武会重新在中国引进北京金狮，使新马北狮配色上发生根本的改变。原本的保定款、沧州款等等，狮头大多以油漆漆成黄色、绿色、红色，并配以相应颜色的彩球装饰，狮身则以五色麻为主。引入北京金狮后，因颜色鲜艳喜庆受到欢迎。新加坡精武即改成纸扎狮头表面用金色镭射贴纸。这种做法比上漆更加耐用而且防水，进一步减轻狮头的重量，狮身亦从原来五色麻改为单一染成橙色，使全身金光灿烂。怡保、吉隆坡等地精武亦见直接用北京进口的金狮，以致今天北狮表演，往往为金色，而非早期保定款的漆样绿、黄、红等配色。

狮头的改造工作也一直在进行。为了尽量使狮头更加轻便，工艺更加简单，20世纪50—90年代新加坡精武的方又昌、谢胜仁、何顺等几位教练（全

---

① 《新加坡精武体育会八十五周年纪念刊》，2006年，第40—41页。

为新加坡广东籍华人），不断改良北狮狮头：

> 方（又昌）老师除了武术修养好之外，对于研究北狮狮头也颇有独
> 到之处，精武会的北狮狮头早期从中国购入，早期的狮头过于笨重，摆
> 起来异常吃力。方老师细心研究，一手改良，亲自制作，在狮头的重量
> 与造型上都作了改革，出来的北狮狮头轻巧很多……①

尽量使竹篾改细改疏、用纱布代替纸糊、把披身的麻扎得更为疏落，都有助
于减轻狮头重量，简化工艺。随着中马邦交正常化，一些新马本地精武武
师，通过观看中国北狮的录影，以及双方交流时舞狮的情形，重新学习了北
京狮的舞法，并将其融入他们本来学习的狮艺之中。

四、舞狮场合的变化

从舞狮的场合看，新马本地原有狮艺以户外的传统节庆、商铺开张的采青
出狮为主，而精武北狮以室内游艺、针对节日与会员联谊的表演为主，这是新
马本地原有狮艺与精武北狮之间的重要区别。可以说，后者是精武进入马来亚
以后带来的狮艺的新变化。20世纪30年代精武体育会已立足于马来亚多个大城
市，形成自身网络，也相应地发展与本地族群狮艺所不同的舞狮体系。它们更
多是在会内节日之中的表演，或作为会员之间联谊交流的游艺。前文所述20世
纪20年代佛山、香港精武的北狮表演，乃至20世纪30年代叶书田、魏元峰等人
在马来亚所创北狮团，均属此类。

舞狮场合的变化带来的狮艺传习与技法上的区别。前文已述，传统南狮在
新马是秘密社会社团之间建立联系、表达等级秩序的方式之一，其中讲究与禁
忌甚多，习者需要学习舞狮的程式与步骤，特别是新马采青时青的摆法与相应
的解法甚是复杂，遇到困难的青甚至需要社团中的前辈指点才能拆解。②但北
狮既无采青，亦以游艺慈善表演为主，也就不需要习得此种技术。一些来自传

---

① 肖书生：《今日精武会的金狮舞》，《新加坡精武体育会六十周年会庆纪念特刊》，1981年，原
　书无页码。
② 根据2012年年末在新加坡田野调查所得。

图4-15　20世纪70年代槟城精武会北狮

资料来源：《槟城精武体育会新会所落成暨金禧纪念特刊》，1974年，第57页。

统社团的人士，就认为北狮"不采青，无狮路"，即不具备舞狮相应的程式与步骤。这也间接说明，北狮不受过去秘密社会背景的舞狮法度所影响。

　　以室内表演为主，加上器具上的革新，使北狮在踩球、过跷跷板、高台翻跃等杂技性动作上有更显著的发展。室内舞台不受天气影响，地面平整，较容易做出高难度的动作。所需道具如半人高的实心木球、板凳所搭高台，在室内也能更好地操作并保持稳定。加上精武本以修习擅长腾跃的北派武术见长，现时所见的室内北狮训练和表演，大多具备一定的杂技难度。①

　　由此可见，新马精武会在不同时段，从不同途径，引进多种来自中国北方的狮子，以达成他们心中"精武要舞北狮"的效果。20世纪30—40年代的保定款、沧州款、河北款，均从中国国内引进。引进的途径既有直接采购自中国北方，亦有自上海、香港等港口转运而来。新加坡精武受京剧影响，会内一直走自行研发的道路，其音乐与舞法又影响了新马各埠精武的做法。马来西亚因建

────────────

①　根据新加坡、怡保、吉隆坡等地精武会田野调查及周年庆典录像所得。亦有文献载："怡保精武五十周年会庆时，先师应弟子们的请求，在三德学校礼堂演出了两支北狮舞《蛮狮深山戏睡佛》。先师舞狮头，杜老师负责狮尾，全场演出半小时左右，狮头、狮尾都没有替换过人……当晚三德学校校长穆文常大加赞誉，说他人中国大陆来到马来亚，几十年来阅历见识不能说不广，却从来没有观赏过这么精彩的北狮演出。"见《马来西亚怡保中国精武体育会庆祝88周年纪念特刊》，2013年，第101页。

国后一段时间不允许舞狮，故在器物层面没有继续自主研发，而是约在20世纪70—80年代直接引进北京金狮。不过新马两地北狮都不同程度经历本地化的过程。同在新马的其他武术社团、龙狮表演团体，多称北狮为精武所独有。

精武会与许多舞南狮的团体一样，非常强调会内舞狮源自中国，是正宗的技艺。槟城精武会特刊载：

> 本会会员，向来学习北方双狮，良以本会武术教师，多系北方人，由上海中央精武委派南来。故传授的都是正宗北方双狮的技术，相传至今，方兴未艾……此次金禧纪念，新会所开幕，两重庆典，为隆重其事，特耗资托人由香港向北平，采办得金狮一对。狮头狮身，都作金黄色，较前有者，形体略小，更为精灵活泼。而狮毛不用麻线，而改用金黄色塑胶线，色泽更为鲜明，闪闪生光。[①]

此番言论，代表在精武会的文化框架里许多人的心态。正如第三章对精武会内武术教师的情况分析，来自北方的教师只是占一部分，亦大多不会舞狮。但他们强调狮舞的"正宗"，以及来自北方的特点，是为了在域外构建他们想象的"中国文化"。

新马精武努力引进北狮，使之在本土生根，同时不断努力使其在技艺、器具上呈现更明显的北方特质，究其原因，是由于精武尊崇霍元甲，而霍来自中国北方，所以北方文化（即便是海外分会自行构建的），都具有潜在优越性。精武以北狮、北派武术，以及近代社团强国保种背后的民族主义包装自身，可以与当地大量闽粤籍人士参与、有会党背景的武术龙狮团体区别开来。这一文化策略，也是精武会在东南亚的人文环境下，为了标示自身历史渊源和特殊地位而采取的。这种与私会党划清界限的身份建构是比较成功的。据田野调查所得，北狮不参与采青，与很多历史悠久的武馆并不在同一空间上谋生，彼此来往也颇有限。而精武初到南洋即相对顺利地开展学校教学，参加大量游艺会，这对有私会党背景的社团来说相对不易。

---

① 罗冠球：《北方双狮》，《槟城精武体育会新会所落成暨金禧纪念特刊》，1974年，第87页。

北狮表演也与同一场合表演的游艺活动一样，带有民族主义的气氛。在20世纪50年代以前，北狮乃至精武会武师们所营造的民族主义，与同时期很多文化艺术相类，表现了当地华人以中国为认同对象的特点。①1932年新加坡精武会举办马来亚各埠精武同人会，报载：

> 是日到会者星洲方面会员三百余众，马来亚各埠精武，亦多有派代表参加……比年以来，精武国术，吾国朝野上下，均认为今时所必需……（卢炜昌演讲）此次联合精武同志暨各埠国术专家作国术之探讨，并为国货声援，务令侨众一入大世界范围，即有祖国观念。②

游艺表演中即包括有"北方双狮，星洲怡保吉隆坡合操"③。类似的活动，在二战前的马来亚精武中实有不少。他们为自身或当地华校筹款，实现经济上的自给，而强调马来亚本土的特性并非当时迫切的追求。

大约20世纪50年代往后，马来亚走向独立，与原宗主国英国关系需要重塑，华人在当时处境复杂，如何在"中国性"与"本土性"之间寻求平衡，对于体育文化团体同样是挑战。此阶段的北狮经常参与和宗主国有关的活动。1953年英女王伊丽莎白二世携丈夫访马来亚，曾由雪兰莪精武在吉隆坡公园山顶上表演北狮作为欢迎节目。随着新加坡、马来西亚建国规划日渐明晰，"华族"概念出现，相应产生的关于"华族文化"的理念，亦成为北狮表演传达的新内容。1967年马来西亚独立十周年，吉隆坡精武会北狮、大旗、剑舞受邀代表华族文化，前往国庆日活动中表演。④

随着新加坡、马来西亚分别建国，精武会北狮在两国的发展有了不同的走向。20世纪50年代由于治安不稳，印尼、泰国多地都发生过禁止华人舞狮

---

① 早期马来亚华人二战后的民族主义取向，见于大量相关研究，如何国忠主编：《承袭与抉择：马来西亚华人历史与人物　文化篇》，马来西亚华社研究中心，2003年，第143—146页；文平强编：《马来西亚华人与国族建构：从独立前到独立后五十年》（上册），马来西亚华社研究中心，2009年，第116页。
② 《星洲精武同人大会纪》，《新国民日报》1932年9月5日第6版。
③ 《各埠精武同志演艺表（二）》，《新国民日报》1932年9月13日第7版。
④ 《雪兰莪精武体育会六十周年钻禧纪念特刊》，1981年，第822页。

事件。[①]二战后马来亚殖民政府也曾以舞狮公会管理狮团。1969年马来西亚发生马来人与华人之间的种族冲突，历史上称"五一三"事件。华人舞狮聚集人员众多，又极易发生冲突，为政府所忌，因而舞狮遭全面禁止。直到1974年马来西亚正式与中国建交，当地华人舞狮活动才渐渐松绑，允许在春节等少数节日进行。[②]此后马来西亚成立龙狮总会，舞狮活动亦因高桩舞狮高速发展、世界云顶狮王争霸赛等国际赛事带动，成为马来西亚代表性体育活动。[③]北狮在此风潮下，亦有声有色。

新加坡精武的北狮则得到政府鼓励而持续自主研发，其形态和舞法与马来西亚友会有一定差异。新加坡则在建国之初成立国术协会，发起"华族国术运动"，对北狮发展起到很大的促进作用。[④]建国之初为加强国防，又成立"人民卫国军"，在各大社团征兵。"人民卫国军"，受邀前往英国时，所有人员均以军队的名义，在皇家警卫员城堡之中居住并表演，时间长达一个月之久。所演者为北狮，数目共计八十余队合计三百余人，规模非常大。[⑤]

图4-16　1957年新加坡政府大厦广场表演侠士戏双狮

资料来源：廖德南先生提供。

随着新加坡经济腾飞，旅游业发展与国际形象的宣传，成为政府致力的重点。"狮城"一直是新加坡重要的形象宣传概念，这也成为舞狮运动推广的关键。今天新加坡舞狮团体甚多，在政府主办的民众

---

① 《华人庆祝春节，如今竟成问题》，《星洲日报》1959年2月7日第8版。
② 《曾永森宣布政府准大马各地华人于农历新年舞狮》，《星洲日报》1975年1月31日第9版。
③ 此部分内容得益于吉隆坡梁溧棠先生口述，梁氏曾任马来西亚龙狮总会副会长，2018年3月。
④ 梁君夷编著：《新加坡华族武术史话》，新加坡全国国术总会，1990年。
⑤ 新加坡精武会廖德南先生口述，2013年2月。

图4-17　新加坡精武会北狮受英女王接见

资料来源：《新加坡精武体育会六十周年会庆纪念特刊》，1981年，原书无页码。

联络所、传统会馆武馆、各类以龙狮为名的专门社团中均有活动。在新加坡旅游局等国家机构组织的"新加坡旅游节"中，北狮经常赴外演出，作为"华族文化"的代表，向世界展示新加坡的多元文化形象。据精武北狮团前辈所言，舞狮在英、法、美、比利时、澳大利亚等国的花车游行活动中均有现身，与同样带有京剧色彩的精武会大旗舞，以及马来舞蹈、印度舞蹈等同台演出，着意显示新加坡"马来族、印度族、西族、华族"四大族群的多元文化，以吸引世界各地旅游者。参加游行狮子的主要还是精武会旗下的北狮团，南狮非常少见。因南狮相对颜色暗沉，舞法与装饰都让外国人难以欣赏；北狮则全身饰以金色毛，外观十分讨喜，在海外广受欢迎，亦多次受英女王接见。[1]

　　北狮在马来西亚及新加坡独立到后来经济腾飞的过程中，大量参与接待国家元首、与原宗主国往来的活动，在国庆日、赴外旅游宣传等重要节庆上表演，塑造新加坡与马来西亚的国际形象。由此可见二战以后，北狮从原来传播华侨民族主义，转变为象征本地"华族"文化。这既是历代引进和改造北狮的武术家的努力，使北狮从器物到技艺都能适应时代而受到欢迎，亦得益于精武会坚持"北化"，与本地有会党背景的社团划清界限的文化策略。

---

① 新加坡精武会林先坤先生口述，2020年4月8日。

第四节　海南狮

如前文所述，海南社群在马来亚多称"琼侨""琼籍人"，有相对独立的同乡社团与职业倾向。他们在广东建省时参与了海南岛相关侨务工作，也在马来亚多地加入广东会馆之类的社团，故谈及广东华侨在新马的舞狮活动，亦不可遗漏海南狮。

海南狮在新马主要由新加坡光武国术团所传承，是由光武早期创会者所带来。现存光武旧照片中可见，海南狮的狮头非常庞大，据介绍上面有相当多由椰壳打造的装饰，狮口较大，狮头后面所连的狮被则较为简陋，只有一块布披下，无装饰。由于海南狮狮头沉重，其舞法也绝不同于今天新加坡常见的南狮、北狮，而是以非常缓慢的节奏步伐和鼓点进行。[①]这种海南狮，主要是在新加坡东海岸海南人社群中表演。

据光武中人回忆，海南狮分文狮与武狮两种。文狮有白、黄、红三种颜色，其中以白狮为主，特点是狮身制作精细，造型雄壮魁梧。狮身全部为白色，狮头则绘红，挂白须。表演时因时因地而配上土地公、土地婆、红孩儿、海瑞等角色。武狮则有青、黑两种，此二色威武刚健，亦有挑战的含义。武狮表演主要表现武士斗狮，武士操多种兵器，结合武斗动作，最后驯服狮子。此外还有纯黑的狮子，是出殡中用的，在灵前吊丧，出殡时还配有土地公、土地婆、判官等角色同行。[②]

光武国术团的海南狮大约在20世纪80年代逐渐失传，连个别曾经参与舞狮的前辈也无法回忆全过程。旧照中所见以椰壳做的狮头实物也在历次搬迁中遗失。据称光武国术团曾经赴海南岛努力寻找，历经数载无果。不过正如前文所述，光武国术馆建馆时的武术家，其实是由泰国南下新加坡的武师，因而海南狮也许与北狮相类，是在异地重构起来的技艺。从泰国的海南社群入手，或能找回海南狮的线索亦未可知。

由于广东狮在新加坡处于强势地位，易为其他社团所吸收，现时光武国

---

① 新加坡光武国术团王春辉先生口述，2013年3月。
② 《雄壮魁梧的海南狮》，《光武国术团75周年纪念特刊》，2011年，第19页。

图4-18　海南狮

资料来源：光武国术团提供。

图4-19　海南狮

资料来源：《雄壮魁梧的海南狮》，《光武国术团 75周年纪念特刊》，第19页。

术团亦以南狮与舞龙为新年表演的主要活动。该社团历史悠久，技艺训练严格，亦颇得社会认可。

第五节　高桩狮

高桩狮为狮艺发展的重要一环，也是马来西亚不断创新并立于世界前列的体育项目。目前所见的高桩狮以南狮狮型为主，不过其训练与演出的主要目的，已经由采青赚取出狮费用，变成参加比赛取得成绩，所以组织形式、训练方法与演出，均与传统南狮有很大的不同。

高桩狮需要在桩与桩之间跳跃，对狮艺的技术与器具都有特殊的要求。在技术方面，马步、脚步等传统武术训练要求相对降低，高桩上跳跃、跨骑等身体技能则变得重要，这些技能不但影响比赛赛果，还关系到演出者的生命安全。在器具上，高桩狮跳跃动作繁多，因此要求狮头尽量轻便，竹篾数量减少，外罩以更为轻便的材料代替纸糊。绒球等装饰为避免脱落和增加重量，会适当减少。狮被参照桩柱之间的距离，不可过长或过重，方便选手完成各类技术动作。此外桩的设计也是极其重要的一环，初段从低到高，三桩一组，以满足舞狮者单脚腾跃后双脚站立的需要。狮表演的节点（通常位于中段及尾段），则有四个或以上的桩，使狮头狮尾均可站立，做出各种高难度动作。初学者未能熟练时，大多使用较低且设厚垫的桩子。

高桩狮的教学也与传统舞狮非常不同，其突出特点，在于教习者通过整理记录，把原来口耳相传的舞狮鼓点编成教材。有此标准化的书面材料，习者更容易掌握。据高桩狮重要社团麻坡关圣宫狮团介绍，现时到该会学习狮艺的人，有一定乐器基础的，一周左右可记熟鼓点，较原来效率大为提高。具备一定身体基础的团体，一月左右已训练有成，可以出外比赛。关圣宫不断接待前来学习的狮团，逐渐安排相应的食宿等配套条件，亦不断完善教学活动的组织方法。

基于以上这些改变，高桩狮的观赏性和竞技性逐步提升，动作标准容易协调一致，使举办国际性赛事成为可能，也带来巨大的经济效益。不过一些坚持自身秉承传统狮艺的社团，对此持保留意见，认为高桩狮失却了传统，走向杂耍化。高桩狮需要时时因应比赛规则与潮流，改变狮头与狮被的材料和形制，也会被一些传统狮团认为缺乏历史依据，等等。

在马来西亚吉隆坡东北部云顶高原（已被开发为博彩与旅游观光胜地），自1994年起，由马来西亚的云顶娱乐城和雪隆龙狮联合总会联合主办云顶世界狮王争霸赛，在业内具有崇高的地位，也是高桩狮比赛的重要平台。该比赛每两年举办一次，吸引了世界范围的选手和狮团参加。据称，云顶比赛制定较为科学、客观的标准，而且很容易接纳新的技术。比赛中若有队伍做出新的动作，马上由裁判组评估其难度与分值，列入比赛标准，反映高桩狮艺界最尖端与前沿的技术尝试。与之相比，其他国家与地方同样的比赛只能依照既有的动作列表打分，无法如此及时地吸纳狮艺的新尝试。因此不少马来西亚狮团认为，云顶舞狮代表世界高桩狮比赛的最高水准，"在云顶比赛是每个舞狮人的梦想"[①]。也由于云顶特殊的机制，比赛中每次出现新的动作都会引起许多狮队紧随其后模仿或复制。这迫使关圣宫之类舞狮水平较高的队伍不能停滞，需要不断研发新的动作与技术。

---

① 关于关圣宫及云顶舞狮比赛内容，均由麻坡关圣宫教练口述及提供资料，2018年3月6日。

高桩狮比赛，特别是云顶高桩狮比赛，揭示出中国文化在海外传播与发展的另外一种可能性，即在他处经历改变后另立传统并成为高地。这可以看出新马华人二战后热衷传统舞狮的社会氛围，也可见主要参与人员的技术创新与经营手法，体现出民间团体的强大生命力。

第六节　舞龙

舞龙在中国是历史悠久的民俗活动。在新马地区，舞龙多为福建籍人士所擅长，行内有"广东狮、福建龙"一说。不过随着时间推移，舞龙亦为很多广东人社团所吸收，成为他们重要的表演活动。现时常见的龙有七节、十一节，连同引龙者及相应鼓乐手，所需人力较舞狮为多。舞龙的配乐多为龙鼓，以京锣镲配乐。

不过在调查之中也发现在一些广东人社团中，有其自身传统的舞龙活动，主要是来自古冈州地区，即今江门新会地区。

一、新加坡沙冈体育会

沙冈体育会为新加坡武术团体，位于今天新加坡芽龙沈氏通道的万山港福德祠中。万山港福德祠位于新加坡加冷河畔，为19世纪末始建。当时加冷河畔由广东台山梅氏族人捐资兴建万山港，有砖窑、机器厂、锯木厂等产业。该庙主祭土地爷，以及金花夫人、十二奶娘、华光大帝、华佗等，以广帮社群为主要服务对象。该庙战前已经组织自卫团，负责社区安全。亦组织有沙冈体育会，主要教授国术，但初时未有注册，直到新加坡独立后才注册为独立组织，其行政、财务与福德祠分开，但亦配合庙务进行神诞庆典及体育活动。

该会几乎每年都有火龙舞。从照片和相关武师的描述可知，火龙是以稻草为主要原料，扎成龙形。由于新马及周边地区所产稻草很短，无法满足扎制的需求，因而一直采用从中国广东进口的稻草扎作，耗时费力，费用不菲。而且火龙无法重复使用，唯在重大节日，如土地诞中才采用。扎作者冯景源师傅表示，制作草龙的工艺源于广东新会河塘乡，因舞动时以香枝点燃插满龙身，故称"火龙"。稻草一定要扎得很紧，插在上面的香才不会倒。但因为是天然物料，始终不是十分耐放，时间长了可能长虫和受潮，导致稻草纤维变脆断裂，插香不稳。因而火龙通常即扎即用，需要八至十天才能制作完成。①

图4-20　沙冈体育会舞火龙

资料来源：洪毅翰等：《投桃之报：万山港福德祠历史溯源》，石叻学会，2008年，第76页。

该火龙头部长嘴獠牙，骨架甚大，十分威武。龙身上有活动的草绳作联结，也有与舞者所持把手相连的固定节，上面亦密编稻草，舞动时龙头和固定节均插满香火，这样在减轻龙身重量之余也具备一定的活动性。在夜间出游时，观者能看到火星密密麻麻在龙身跃动，烟雾缭绕，别具特色。舞火龙

---

① 新加坡沙冈体育会冯景源师傅口述，2013年5月。亦得到沙冈体育会及福德祠理事们的支持与分享。部分参考洪毅翰等：《投桃之报：万山港福德祠历史溯源》，石叻学会，2008年。

不能像一般的布龙那样快，翻转的动作也极少，经常以缓慢的节奏游行。但即便是这样，落下的香灰仍时常烫到舞动者的皮肉，所以火龙是带有一定危险性的。待插在上面的香火烧尽，也会自然点燃龙身上的稻草，此时则把整条火龙解下来，一烧而尽，含有净化社区、祈求福祉的意味。

二、新加坡冈州会馆

新加坡冈州会馆亦是表演和传承新会舞龙的社团。据该社团所出刊物及部分人员口述，新会地区早期的舞龙应为草龙，即用竹、木、草、藤等天然物料扎作。在草龙的基础上插满香火则称为"火龙"或"香花龙"。从照片上看，与沙冈体育会的火龙相类。冈州会馆特刊中提及一些地方的乡例：

> 凡家中有男丁者，必须出丁入列。家中没有子嗣的，就敬备大量香烛，以作为延续火龙的后备物资，取其"香火不断，后继有人"之意，祈求早生贵子，添丁发财……在表演的高潮时，龙口喷火，气势澎

图4-21　新加坡冈州会馆1989年会庆表演纱龙

资料来源：《新加坡冈州国术纱龙醒狮团纪念特刊》，2009年，第111页。

湃……相传火龙一出，疫病即除，为当地居民带来吉祥如意、合境平安的好运。①

在民间武师的用心研发下，新会舞龙在草龙的基础上衍生出许多不同形态的龙，比如在龙身联结处改为以布连接，颜色更为明丽且经久耐用。此后会馆亦吸收了同时期流行的舞龙做法，以纱、布、夜光材料制造多彩的龙身，其长度可达数十米。

三、舞龙与舞狮的关系

在田野调查中发现，龙与狮在同一个社团中是相互配合的关系。社团视乎新年订单而出龙或狮，一些人手充足的团体，以大龙一条、五狮合汇大演一场，十分热闹，一边起龙鼓，另一边起狮鼓，最后两者配合做出各种造型，以达到喜庆的效果。

在不同社团之间，有观察者提到舞狮者过去在街上遇到舞龙队有特别的规矩：

> （狮队）带队者必先趋前递帖，然后狮鼓起大七星，狮头作鼓舞状，但不得起单脚撩须，这是祥龙会瑞狮方式。但亦常有祥龙戏瑞狮之发生（俗称龙困狮），所以舞狮者不但要在艺术上多加研究，其规矩更不可不知不学。②

关于"龙困狮"的解法，有师傅谈到"狮子如被困时必须舞向龙尾方向走去，寻求脱身之计，伺机滚地脱困或由龙身较低处跳跃出外而脱困"③。另一体育社团亦提到在南洋大学开幕时曾希望与有关当局作"五头醒狮会金龙"表演：

---

① 《新会舞龙的演变》，《新加坡冈州国术纱龙醒狮团纪念特刊》，2009年，第108页。
② 关文经：《舞狮始源与其艺术》，《鸿胜馆国术醒狮研究社第一周年纪念特刊》，1966年，第29页。
③ 《舞醒狮的程序》，《雪隆联胜国术团七十周年纪念特刊暨关圣帝君千秋宝诞志庆》，2000年，第79页。

由于金龙的龙门阵，龙腾翻波逐浪，狮子活跃在龙腾中如何破阵突围，大费周章。当时曾获香港陆智夫师伯寄来破阵示意图概要……后来当局为了避免不必要的误会产生，因而取消此节目。[①]

这些材料中所说的舞龙队究竟是广府人还是福建人，规矩又是否因籍贯而有所区别，则不得而知。

由此可见，龙与狮相会与会狮同样是武馆之间交往的一部分，需要讲究礼仪，但由于舞龙用具长、人数多，灵活性相对低，龙狮相会亦要有技巧，方可免于打斗。

第七节　舞麒麟

在过去学者的研究中，舞麒麟多为客家人所从事。如前文所言，槟城历史上有客家人聚居的社群，当地有人谈及舞麒麟在山区开光的情形。前文所及朱家拳钟清龙师傅，其师李雄彪是广东河婆客家人，南下时亦带来了客家舞麒麟的技艺。麒麟开光要在夜晚树林之中，有一整套拜祭仪式，麒麟要吸收天地精华，且周围人都不能出声，比较神秘。[②]他的说法，与香港客家麒麟相关研究中谈到的开光仪式，颇为类似。[③]

现时在新马，较多舞麒麟的社团是白鹤派体育会。由于目前麒麟舞出场的机会比较少，在现有的田野调查条件下未可亲见。不过从视频上看，舞麒麟所用器物与技艺，均有特殊之处。首先麒麟纸扎的头与身，其头部较窄，装饰繁缛，头下有五色挡布与麒麟身体相连。麒麟身体多以布幅加以装饰。表演时有以"笑佛"作引逗之用。[④]所用乐器小锣小钹，声音较狮鼓尖细。

舞麒麟对舞者的武术功底亦有相当的要求，麒麟有很多跳扎、甩头的动作，这需要有持久的耐力和较好的身体柔韧性；舞麒麟需要头立身正，舞麒

---

①　《星洲白鹤派狮团的里程》，《星洲白鹤派体育会65周年纪念特刊》，2012年，第59页。

②　根据对槟城钟清龙师傅的访问，2019年9月。

③　刘继尧、袁展聪：《武舞民间：香港客家麒麟研究》，商务印书馆（香港），2018年，第101—113页。

④　《星洲白鹤派体育会65周年纪念特刊》，2012年，第76页。

图4-22 新山游神白鹤派花车麒麟造型

资料来源：2018年3月拍摄于新山。

图4-23 新加坡白鹤派"瑞麟贺新春"

资料来源：《星洲白鹤派体育会65周年纪念特刊》，2012年，第98页。

麟尾者需与头配合并保持适当的距离，不时扬麒麟被以显示麒麟的呼吸与舞动节奏，其身姿也要保持从头到尾平顺无起伏，这要求舞者不可塌腰。凡此种种，多与华人传统武术的原则相合。

结　语

华人从事的以龙狮运动为主的各种兽舞在新马十分兴盛，除了福建青狮等少数种类以外，大部分起源、传播及发扬都与广东籍华侨有直接的关系。最常见的且在今天新马占主导地位的无疑是佛山狮、鹤山狮，以及由此延伸出来的高桩狮等，可笼统地归到"南狮"的门类之下。以精武体育会及相关机构传播的北狮艺术，以新加坡海南社群及光武国术团为传承主体的海南狮，以客家人及部分武术社团所舞的麒麟，都是由广东（包括海南）籍华侨在不同的文化传承脉络下传播并保留在新马的。舞龙虽然大部分文化资源来自福建社群，不过广东华侨尤其是新会人传播的火龙艺术亦见于新马，并且与他地舞龙文化相互融合，因而现时很多广东武术团体亦有舞龙活动。

新马的龙狮活动不可单纯地视为中国文化的外传。虽然从可考的历史时段一直到今天，新马龙狮团体高度依赖中国国内传入的器物与技术。在器物上，我们观察到狮头、狮被、龙身可以部分由本地自制，但武器、衣鞋、乐器（对龙狮活动尤为重要的锣、鼓、钹）基本都由中国进口，特别是本地在乐器制作上并没有相应的技术和物料。技术层面上，尤其是历史较长的龙狮团体，以技术传自中国、保留传统为自豪，而鄙视所谓"马拉狮"。不过在实践上我们可以发现，本地华人用很多方法改造、再阐释龙狮活动，满足华人社会的需要和人际交往，使本地与中国国内在龙狮技艺上呈现复杂的相互交缠的关系。

虽然本章大量内容为当代田野调查所得，但其实不同种类的龙狮活动深刻反映的是本地华人社会的历史特点。从南狮上，我们可以看到由于本地华人社会长期受会党组织控制这一历史根源，龙狮运动特别是舞狮，掺杂了大量会党所使用的话语与交往模式，并且在殖民政府乃至独立后的政府对会党活动进行限制和控制的情况下，不少信息仍然通过这些运动隐约地传递着。所以舞狮的步法和采青，较他处远为复杂。由南狮延伸出的节令鼓、狮鼓表演，以及其他对中国原乡的反向影响，亦可看出新马华侨对中国文化的继承与创新。北狮则以精武体育会为代表，是以广东社群为主的一部分人，有意区别于秘密社会的舞狮传统而再创造的中国北方文化，在这个过程中一直对音乐、器物与舞狮套路等进行创新。海南狮是特殊的异地传播的结果，反映海南人依水而居的特点。本研究所涉及的舞火龙，为广东新会籍华侨所特有，存在于多个武术社团。舞麒麟在客家人中较为多见，除了作为华人传统文化参与今天的文化展示活动，也在个别社群保留传统而神秘的相关仪式。

总体而言，新马华人社会长久盛行的宗教、游神活动给予龙狮活动极大的生存空间，在日常生活如宗乡会馆等社团活动、商铺开张、春秋祭祀等，龙狮活动也扮演重要的角色，这都意味着它们在民间有持续的生命力。新马华人通过龙狮运动建立自身的文化认同，在本地不但可以看到来源于不同地域、群体的龙狮活动，还可以看到高桩狮等特殊的技艺，是广东华侨作为传播主体，深刻作用于本地文化的表现。

结 论

　　本书从西式体育、华侨中式武术与体育、中西兼备的跨地域社团、龙狮运动四个方面，讨论了新马粤侨武术与体育运动的发展。之所以把上述内容都列入研究视野，是基于以下考虑：一方面，上述活动都以身体训练为主要内容和目标，有一定的规范和传承模式，其呈现方式也是人的肢体活动，这在原理上大致符合今人对体育武术活动的理解；另一方面，尽管有一些活动如武术、龙狮，由于在马来亚历史上多与秘密社会关联，在文字记载上不多见，且当时与西式体育运动并不在同一个场合出现，但在二战后出于对这些社团和人员的监管和统治需要，马来西亚和新加坡都逐渐建立龙狮协会、国术协会，促使这些社团注册并接受相关规例的约束，也使他们慢慢有了官方承认的社会地位。总体而言，书中所涉及的多种活动，渐渐被纳入现代国家话语下"体育"的框架并加以制度化，达至部分融合，这一过程主要是发生在马来西亚及新加坡建国后直到今天。因而本书的内容范围适用于所讨论的时段，亦具备当下现实的依据。

　　本书着意呈现体育活动与社会环境变化及华侨身份认同的关系。在英国殖民时期，从现有的史料观察，如华侨秘密社会的打斗过于激烈，民族主义情绪过分泛滥影响殖民者的经济利益，殖民政府会以严厉的手段镇压或驱逐相关人士，但除此以外对于华侨社会的活动，即使存在注册和活动登记等规例，整体上并不过于干涉，亦不会主动促进与提倡。华侨在宗主国相关的节庆上也有通过体育比赛或游艺活动举行庆祝仪式表达他们的忠诚。不过对华侨群体来说，更主要的是跟随中国国内社会近代转型的步伐，通过提倡体育娱乐改造社会，宣扬健康的生活方式，也把体育锻炼和华侨民族主义联系起来。20世纪30年代体育在马来亚已非常流行，通过各层级的运动会和单项比赛，马来亚与同时期东南亚多个地区紧密联结。在抗战时期，华侨因捐助中国或组织居留地抗日活动，民族主义达到顶峰，体育活动、体育社团在其中的组织推动作用亦非常明显。二战后，伴随着东南亚国家从殖民体系中独立及国族建构，一些体育活动成了华族文化的象征之一，甚至出现了本地标志性的体育项目，显示华侨体育界新的协调和整合。这是新马的历史因素以及战后独立过程中的机缘使然，也体现本地华侨面对复杂的社会形势变化而作出的努力。

本书既指出很多体育活动及其组织模式是自外输入，但亦鲜明地点出华侨在新马本地环境下对这些技艺的再创造与发扬。马来亚长期处于西方国家——特别是英国的殖民统治之下，华人内部有土生华人与新客之分，又有方言群的壁垒与彼此纷争，处于社会上层的侨领掌握着巨大的社会财富。这种社会结构在体育武术界有很显著的反映，表现为上层华人赞助体育团体以及学校开展体育活动，吸收并培养了不同背景与方言群的体育武术专家，浸透人们的日常生活。在当地华人会党势力持续影响下，武术龙狮活动十分兴盛，也发展出各种与会党活动相适应的技艺与运作模式，部分保留至今。华人在东南亚及马来亚内部的流动，使多个方言群的武术体育家共存，在交流切磋之中提升了技艺的水平。新马华人体育主事者亦自主发展出各种经济手段，使组织团体得以存续。他们的实践经验和器物需求，甚至反过来影响中国国内的体育潮流。在不同的历史时期，当地华人因地制宜，在复杂的民族关系与政治环境下保留传统，吸纳中西以及本地的技艺与组织方法，加以运用以应对挑战，这是他们智慧与勇气的表现。

本书特别强调广东华侨在新马体育发展中的特殊贡献。马来亚华侨社会本就是以闽粤人为主，20世纪初重要商埠如新加坡、槟城、马六甲等地均有同乡会馆、医院等大量广东人的组织，吉隆坡、芙蓉、怡保、金宝等地更是广东人密集聚居之地。他们赞助并参与体育活动，特别是作为精武体育会、国术馆的主要组织者。今天新马所见的华侨传统武术与龙狮活动——亦为本地体育强项，大多数得益于广东人南下传播或出于特定文化策略建构的传统。武术龙狮界至今仍有大量术语、招式名称是以广东方言——特别是广府话表达的，浸透了广东人独特的精神气质。虽然以书面文字未可原汁原味呈现，但本书写作仍尽量顾及，阅者或能有所感受，通过其他途径加以了解。

当然，正如书中所呈现的一样，新马广东华侨并非铁板一块，内部存在很多细分，呈现叠床架屋的形态，彼此纷争亦多。这在"文无第一，武无第二"的武术龙狮界，表现尤为明显。其背后有很复杂的历史与现实原因，无法以团结与否一言蔽之。不过广东社群内部资料流失、文化不彰、研究不显、归属感匮乏，多多少少是受此影响，亦需更多有识之士身体力行去扭转。当然这些问题并非广东华侨所独有，如在海外华人社会浸淫一段时间，会对其中的复杂性有很真实的体会。

同时本书希望研究意义不限于特定的方言群，而是能帮助我们更好地认识海外华人社会。正如本书指出，地域、方言的壁垒并非在所有生活层面都是均一的，方言群内部的问题也并非独此一家。跨越地缘关系、进一步统合华侨社会，是许多体育社团在不同时期的努力目标。即便在比较保守的武术领域，我们也看到个人突破方言群局限的例子间亦有之。时至今天，新马地区华人不少已延绵多代，熟稔华语乃至多种语言，参与各类体育活动都可从兴趣出发，少受方言壁垒的限制。可以说，广东华侨在历史上构筑并改变了新马的体育界的面貌，他们留下的各种资源——包括技艺、风俗、社团组织实体和模式等等，亦早已融汇为当地文化的一部分。

虽然本研究暂未涉及太多历史上华人华侨在马来亚与马来人、印度人交往共存、文化上相互影响的情形，以及华侨在当地的政治处境在体育活动上的反映，不过这可能是新马华侨社会与中国国内乃至东南亚其他地区的重要差异，值得华侨社会文化史研究者注意。

由于篇幅所限，本书尚未能把更多二战以后至新加坡、马来西亚独立期间的资料和相关讨论包括在内。这一阶段体育武术龙狮界发生很多变化，突出表现为新马乃至东南亚各国走向民族独立时现代国家观念和制度强有力的干预与渗透，也表现在当地多民族环境下华侨对自身处境的思考与应变。

新加坡20世纪50年代开始建立民众联络所，现时已达百余间，遍布本地各社区，是龙狮运动开展的重要场所。新加坡独立前后，以李光耀为首的人民行动党经常视察体育社团活动，通过这些组织加强对民众的动员。此后政府组织国术协会，倡导"华族武术运动"，有意扶植一些武术社团，主办各种大型的武术表演及擂台赛，背后都有许多政治用意。马来西亚建国过程亦多曲折，二战后马政府对华人有颇多打压措施，20世纪70年代曾有一段时间禁止舞狮，但在与中国建交后又慢慢放宽限制，甚至使龙狮武术运动成为华族文化代表。所以此阶段华人体育武术龙狮活动与新马两国独立和国族建构等政治因素密切相关，较英国殖民时代政府有限监管，更多放任其自生自灭的状态有所不同。新、马两国不同的民族构成和政治取向，也造成了彼此在处理华人体育事务上的差异，而不像20世纪50年代之前马来亚基本还是一个利益共同体。此时不独是新马华人体育走向与中国国内不同的路径，也是新、马两国之间走向分离但又相互影响的阶段。因而这一段历史是很值得继续深化研究的。

体育武术龙狮运动，体现了海外华侨社会极为旺盛的生命力与文化自觉。正如马来亚多地精武会创办人黄强亚所言，"历年倡办，艰苦备尝"。早期体育活动从极个别上层华人拓展到广大华侨群体都可参与，是许多有识之士苦心经营的结果。不论拳种、舞狮技艺本身，还是从事相关活动的社团，能从二战前成立而保存至今，除了初创时筚路蓝缕的艰辛外，应付政府法规、管理财务资产、满足日常教学等方面，无不充满挑战。华人社团圈子本身的复杂性，亦在不同时期给这些团体带来存续的危机。今天田野调查所见，新马华人体育武术龙狮团体保有了源于民间、服务民间的特点，呈现出亲切有礼、生机勃勃的面貌。这不独是社团个别经营者、从业员的努力使然，更是海外华人社会对于自身文化的坚持与执着带来的。

东南亚各国华人在许多文化层面向中国国内寻求承认，同时与中国国内加强往来，寻求合作，可能是未来长时间的趋势。毕竟中国是华人文化的起源地，经济发达、人口众多，在武术体育方面以举国体制支撑，有相当庞大的体量，具备许多东南亚国家华人体育界无法比拟的条件。自20世纪80年代，中国走向改革开放，与东南亚国家的交流增加，由体育武术龙狮运动带来的联结被重新建立或建构：一些国内著名武师南下寻找新的发展机会；民间龙狮社团由于采购器物、演出交流等往来中国与东南亚；同一门派、同一脉络下的社团出于各种原因重新建立联系；海外华人学习中国国内制定的长拳、南拳套路，研究如何参与武术段位考核，主动融入新的游戏规则，期望能带来更好的发展机会。这些联结带来的成果固然可观，十分喜人，但是有时亦非一帆风顺。国内某些体育机构或个人自矜身处文化中心，以官僚化、行政化的思维和做法粗暴处理对外事务，不但没有很好地运用体育武术这个有力的纽带，反而使许多抱有热忱的华人团体寒心。如果中国国内更多体育工作者、侨务工作者，能从历史中观照借鉴，了解彼此曾经密不可分、相互支持的过往，对海外华人在体育武术发展上独自走过的探索之路抱有理解之同情，感受许多民间社团在复杂的政治、种族环境下的自我坚持，相信能以更平等、开放、包容的心态建立彼此良好的互动，亦能从他们的过去或当下的尝试中找到可以吸收的经验与教训。

参考文献

报纸

《叻报》

《总汇新报》

《新国民日报》

《槟城新报》

《南洋商报》

《星洲日报》

The Straits Settlement（《海峡时报》，日占时期名为《昭南日报》［*Syonan Shimbun*］）

Straits Settlements Government Gazette（《海峡殖民地政府公报》）

《七十二行商报》

档案

新加坡国家档案馆藏《新嘉坡中华总商会档案》，编号NA7

口述史

新加坡国家档案馆，胡云华口述历史、陈炜轩口述历史

特刊

《槟城阅书报社廿四周年纪念特刊》，1931年

《槟城阅书报社卅周年纪念特刊》，1938年

《槟城女子精武体育会四十周年纪念特刊》，1963年

《槟城女子精武体育会新会所落成开幕典礼暨游艺晚会纪念特刊》，1970年

《槟城精武体育会新会所落成暨金禧纪念特刊》，1974年

《槟城女子精武体育会五十周年金禧会纪念特刊》，1974年

《槟城女子精武体育会庆祝六一周年钻禧纪念暨全国精武第八届嘉年华会特刊（1924—1985）》，1985年

《槟城男女精武体育会联合庆祝九十五周年纪念》，2019年

《马来西亚槟城少林国术健身社十九周年纪念特刊》，1975年

《槟城洪家飞鸿馆2002年开幕典礼及武术观摩表演晚会特刊》，2002年

《槟城龙艺武术龙狮体育会主办国际龙艺之夜》，原书无年份

《槟州武术龙狮总会成立30周年纪念特刊（1977—2007）》，2007年

《槟州武术龙狮总会40周年（1977—2017）纪念特刊》，2017年

槟城武术龙狮总会主办：《武术村》，2007年

《第五届全槟武术南狮锦标赛》，1991年

《马来亚古冈州六邑总会特刊》，2012年

《太平北吡叻广东会馆庆祝一百周年纪念特刊》，1987年

《南洋怡保精武体育会二周年纪念特刊》，1927年

《怡保精武第六届征求特刊》，1936年

《怡保精武体育会六十周年钻禧纪念特刊》，1984年

《怡保中国精武体育会主办武术大汇演》，1991年

《怡保中国精武体育会庆祝七十周年钻禧纪念特刊》，1994年

《怡保中国精武体育会庆祝七十五周年钻禧纪念特刊》，1999年

《饮水思源，缅怀先师：暨陈耀明老师百岁冥诞》，2002年

《马来西亚怡保中国精武体育会庆祝88周年纪念特刊》，2013年

《金宝中国精武体育会庆祝九十周年纪念特刊》，2011年

《雪兰莪精武》，1928年第1期

《雪兰莪精武》，1930年第2期

《雪兰莪精武筹赈祖国难民游艺会纪念特刊》，1939年

《雪兰莪精武特刊》，1949年

《雪兰莪中国精武体育会新会所开幕纪念特刊》，1953年

《雪兰莪精武体育会六十周年钻禧纪念特刊》，1981年

《雪兰莪暨吉隆坡精武体育会七十五周年钻禧纪念特刊》，1998年

《雪兰莪精武体育会九十周年纪念特刊》，2011年

《雪隆精武体育会九十五周年纪念特刊（1921—2016）》，2016年

《雪兰莪女子精武体育会金禧纪念特刊（1921—1971）》，1971年

《雪华女子精武体育会六十周年钻禧暨全国精武第四届嘉年华会纪念特刊（1921—1981）》，1981年

《雪兰莪华人女子精武体育会钻禧纪念特刊（75）》，1996年

《马来西亚咏春武术会二十五周年银禧纪念特刊》，1985年

《雪隆联胜国术团七十周年纪念特刊暨关圣帝君千秋宝诞志庆》，2000年

《森美兰芙蓉华济公会110周年纪念特刊（1903—2013）》，2013年

《麻坡华侨义烈史》

麻坡启智书报社：《百年启智纪念特刊1910—2015》，2015年

新山广肇会馆：《庆祝武术醒狮团成立卅一周年暨吕荣添师傅七秩晋一寿辰纪念特辑》

《第二届星洲华侨运动大会秩序册》，1933年

《新加坡广惠肇碧山亭庆祝第一一八周年纪念特刊》，1988年

《新加坡广惠肇碧山亭140周年纪念特刊》，2010年

《星洲精武体育会第八届求求大会特刊》，1939年

《星洲中国精武体育会三十周年纪念刊》，1951年

《星洲中国精武体育会第十四届征求大会特刊》，1955年

《新嘉坡精武体育会第16届征求会员暨联欢游艺大会》，1963年

《新加坡精武体育会四十五周年会庆纪念刊》，1966年

《新加坡精武体育会五十周年金禧纪念特刊》，1971年

《精武活动专辑》，1980年

《新嘉坡精武体育会六十周年纪念特刊》，1981年

《新加坡精武体育会第19届征求会员大会纪念册》，1985年

《新加坡精武体育会七十周年纪念刊》，1991年

《新加坡精武体育会75周年纪念特刊》，1997年

《新加坡精武体育会八十五周年纪念刊》，2006年

《新加坡精武体育会赴沪、天津演出，上海精武体育会百年大庆、天津精武体育会纪念霍元甲暨"世界精武英雄会"纪念特刊》，2010年

《鸿胜馆国术醒狮研究社第一周年纪念特刊》，1966年

《新加坡蔡李佛鸿胜馆国术醒狮研究社册封第五传掌门大典暨成立十四周年纪念特刊》，1979年

《蔡李佛亚洲同门恳亲大会暨新加坡鸿胜馆国术醒狮研究社庆祝成立二十五周年纪念特刊》，1990年

新加坡鸿胜馆：《世界蔡李佛同门恳亲大会 暨新加坡庆祝成立三十六周年 新加坡蔡李佛国术醒狮研究社庆祝成立三周年纪念特刊》，2001年

《新加坡蔡李佛鸿胜馆掌门人谢炎顺八秩开一寿庆纪念特刊》，2006年

《星洲白鹤派体育会庆祝五十周年金禧纪念特刊》，1997年

《星洲白鹤派体育会65周年纪念特刊》，2012年

柔佛新山白鹤派武术体育会：《四十五周年限量版珍藏邮票》，2013年

《马来西亚柔佛新山白鹤派武术体育会主办二〇〇三世界白鹤派武术观摩大会暨庆祝成立三十五周年双庆》，2003年

《光武国术团六十周年纪念》，1996年

《光武国术团纪念特刊66周年》，2002年

《光武国术团75周年纪念特刊》，2011年

干湖昌主编：《星·马·婆中华国术史录》

《新加坡禅山六合体育会成立廿周年纪念特刊（1963—1983）》，1983年

《新加坡鹤山会馆国术醒狮团港台文化访问团纪念特刊》，1982年

《新加坡鹤山会馆成立56周年醒狮团成立75周年会馆重建落成典礼三庆特刊》，1996年

《星马鹤邑联谊会3周年、新加坡鹤山会馆66周年、醒狮团86周年、妇女组创办纪念特刊》，2006年

《冈州会馆一百六十五周年纪念特刊》，2005年

《冈州国术纱龙醒狮团纪念特刊》，2009年

《冈州会馆一百七十周年纪念特刊》，2010年

《新加坡三水会馆庆祝新厦落成开幕暨建馆九十三周年纪念特刊》，1979年

《新加坡三水会馆庆祝成立一百周年纪念特刊》，1986年

《新加坡三水会馆庆祝第125周年纪念特刊》，2011年

《少竹山国术体育会庆祝成立二十一周年纪念特刊（1968—1989）》，1989年

王亚雄编著：《洪拳传入新加坡史》

期刊

《中央》

《精武》

《精武画报》

《精武丛报》

《佛山精武月刊》

《香江精武月刊》（后名《香港精武杂志》）

《良友》

《勤奋体育月报》

《武坛》

《南岛画报》

《侨务月报》

著作及史料集

Andrew D Morris. *Marrow of the Nation: A History of Sport and Physical Culture in Republican China*. Berkeley and Los Angeles: University of California Press，2004

黄金麟：《历史、身体、国家：近代中国的身体形成（1895—1937）》，新星出版社，2006年

高嶋航：「帝国日本とスポーツ」，塙書房，2012年

陈公哲：《精武会50年》，春风文艺出版社，2001年

罗啸璈编著：《精武外传》，中国精武体育会，1921年

中华全国体育协进会编：《出席第十一届世界运动会中华代表团报告》，1937年

陈荆和、陈育崧编著：《新加坡华文碑铭集录》，香港中文大学出版部，1973年

陈铁凡、傅吾康合编：《马来西亚华文铭刻萃编》，马来亚大学出版部，1982年

萧一山：《近代秘密社会史料》，岳麓书社，1986年

巴素（Victor Percell）著，刘前度译：《马来亚华侨史》，光华日报有限公司，1950年

李恩涵：《东南亚华人史》，五南图书出版公司，2003年

何国忠主编：《承袭与抉择：马来西亚华人历史与人物　文化篇》，马来西亚华社研究中心，2003年

宋钻友：《广东人在上海（1843—1949年）》，上海人民出版社，2007年

文平强编：《马来西亚华人与国族建构：从独立前到独立后五十年》，马来西亚华社研究中心，2009年

黄美萍、钟伟耀、林永美编：《新加坡宗乡会馆出版书刊目录》，新加坡国家图书馆管理局，2007年

梁君夷编著：《新加坡华族武术史话》，新加坡全国国术总会，1990年

陈剑虹：《走近义兴公司》，自费出版物

谢永铭：《七星螳螂发展史》

《鹤山狮艺鼓点与鼓谱》，内部印刷品，新山广肇会馆提供

庄震辉：《岳家拳》，2010年

Cheong Cheng Leong，Donn F Draeger，*Phoenix-Eye Fist*，*A Shaolin Fighting Art of South China.* John Weatherhill, Inc. of New York and Tokyo，1977

中央国术馆史编辑委员会编：《中央国术馆史》，黄山书社，1996年

古燕秋编著：《死生契阔：吉隆坡广东义山墓碑与图文辑要》，华社研究中心、吉隆坡广东义山，2014年

《移山图鉴：雪隆华族历史图片集》（上、中、下三册），华社研究中心，2012—2014年

南洋民史纂修馆编：《南洋名人集传》，1924—1941年

宋旺相著，叶书德译：《新加坡华人百年史》，新加坡中华总商会，1993年

柯木林主编：《新华历史人物列传》，新加坡教育出版私营有限公司，1995年

李亦园：《一个移殖的市镇：马来亚华人市镇生活的调查研究》，正中书局，1985年

吴华：《新山华族人物志》，新山陶德书香楼，2006年

曾玲、庄英章：《新加坡华人的祖先崇拜与宗乡社群整合：以战后三十年广惠肇碧山亭为例》，唐山出版社，2000年

周雪香编著：《多学科视野中的客家文化》，福建人民出版社，2007年

洪毅翰等：《投桃之报：万山港福德祠历史溯源》，石叻学会，2008年

论文

程美宝著，新居洋子訳：「近代的男性性と民族主義」，辛亥革命百周年記念論集編集委員会編：「総合研究辛亥革命」，岩波書店2012年

廖小菁：《"仙居古庙镇蛮邦"：拉律战争与何仙姑信仰在英属马来亚的开展》，《"中央研究院"近代史研究所集刊》，2018年第100期

黎俊忻：《从武师到民族英雄：霍元甲形象在二十世纪初的演化》，《文化遗产》，2015年第5期

后 记

　　如果"江湖"与"庙堂"，是理解中国社会的一个维度，那么从事体育武术史研究，似乎是半只脚踏入"江湖"。"江湖"寻求着"庙堂"的承认，包容了许多不被文字记载却又渗透于生活的人文风俗；"庙堂"需要"江湖"的滋养，与之分野却又共存。彼此之间，一直处于相互流动之中。本书关于武术体育的故事之中，隐约呈现的传统与现代、中式与西式，或多或少是此类关系在近代国家与社会转型下的表现。体育武术作为史学研究对象，有其自身特点和难点，至今无法与传统积累深厚的政治史、思想史、经济史之类等量齐观。作为一个习惯在学校环境学习、长期依赖文字的研究者，着手亦有相当的难度。

　　记得刚刚入读历史学研究生，导师程美宝教授引导我阅读民国时期精武体育会文献，并留意相关的武术、体育研究。精武会有深厚的粤商背景，对于一直对广东文化感兴趣的我来说是不错的选择。只是难题也随之而来，我面对史料中纷繁复杂的民国社团常觉隔阂，无法理解里面的人的活动，或因生活经验之中缺乏这方面的直观感受所致。彼时历史系师生，常有田野调查之举，我受此熏陶，也开始在国内走访一些团体与武师，甚至自己重新学习武术，希望为研究带来助益。此过程中有愉快的经历，比如在西樵访问过几位武师、在香港随李灿窝先生考察谭公诞、与上海及佛山精武会建立联系等等；也不免会遇到拒绝与质疑。前辈师友亦有谓武家多社会人，以一女学生孤身与之打交道，恐有安全之忧。而且国内接触的社团，与史料中呈现的气质完全不同，似乎耗时费力之余，"江湖"于我仍然是渺远的存在，直如"老鼠拉龟"。

进入博士生阶段，同辈人多有出国访学，我在研读史料时注意到新加坡。新加坡是海外精武会最早建立地之一，亦有较为完善的海外华人资料收藏机制。后来得见新加坡国立大学容世诚老师，在他的鼓励以及中山大学访学基金资助下，我赴新开展为期半年的访学。到达时正临近农历新年，当地的民俗活动似甚有可观者。一天在华人聚居地牛车水，我循着舞狮的锣鼓声找到一家传统会馆，当即向里面正在练习的狮团人员询问可否新年期间跟随出狮，得到肯定答复。此后又陆续联系到五六家社团。于是整个新年期间，我穿着不同社团的制服坐在"罗厘"（lorry音译）车上到访各处，耳畔萦绕着喧闹的锣鼓声。舞狮人精妙的技艺，出狮过程所展示的互动，令我十分震撼。又得事主或社团招待，吃到娘惹糕、伽椰角、捞起鱼生等种种地道食物。在这么短时间内集中地体验当地人的生活，是非常难得的。当然这些调查对于我来说，也是不小的考验。狮团一天拜访住家或商户，多时可达十余家，即便只是帮忙搬些狮具杂物，也颇耗体力。且在生理期还要很不熟练地穿上用布带叠捆、无松紧橡皮筋的练功裤，极是不便。我更担心被人发现会如何，会不会被拒绝而中止调查？后来确实出现过因生理期被告诫远离游神队伍，此是后话。

新年过后，我在国立大学开展课业，在看文献之余，也跟随社团中人学习武术与舞狮，作为身体锻炼和业余爱好。对于社团前辈来说，新年让我随队出狮是出于对中国访学者的友好，但要传授技艺，与我透露行内秘辛、表达自己看法，又是另一层面。而且我走访不同社团，他们彼此之间历史上或有过节，不免带来诸多不便。不过值得庆幸的是，我表明了自己学术研究的中立态度，以及诚恳地希望了解历史文化的心意，这些社团前辈都慢慢接纳了我，甚至邀请我参与他们的茶话会、节日饭局。这对他们来说是很不容易的。由此我得以近距离观察华人社团的运作，接触到里面会长、理事、财政、干事、教练、会员等不同的角色，参与他们的祭祖、标会、选举等活动。在新加坡，几乎每天的报纸电视上都能看到华人社团的新闻。这些对民间社团的感受渗透于日常生活中，构成了我海外调研最初步的突破。

在新加坡朋友的介绍下，田野调查更延伸到马来西亚多地，每个地方都有其独特的文化底蕴。比起新加坡国内到处高度相似的建筑，马来西亚延绵的棕榈橡胶林、五颜六色的骑楼、凌晨五点的清真寺广播，带来很不一样的感受。与业内前辈的访谈和交流，多数在社团之内，或是称为"巴刹"的小贩中心之中进行。在南洋炎热的天气下，与他们共进清凉的甘蔗水或者南洋copi，吃着当地小吃，是很美好的记忆。即使在槟城、吉隆坡这样的大城市，业内的圈子也不大，消息也相当灵通。找到一两位人脉既广，亦热心帮忙的前辈，在很短时间内就能联系到很多人进行访谈，甚至不同地区之间也能牵线搭桥，极大地提升了工作效率。有时我的研究工作还得到当地华文报刊记者的关注。当地华人对文化的重视，以及对中国学者的热情，令我非常感念。

田野调查过程中我接触到社会上不同层面的人，虽然大多是以武术社团或宗乡会馆为线索，但这些参与者的职业五花八门，社会地位各有差别。社团中的领袖，不乏成功的商人、医师或文化人士，但对我毫无架子，尽力为我的研究提供帮助。曾拜访过一些富有的华人家庭，家人的合照、子女的毕业照，必放在家中最显眼的地方。他们曾经夜以继日奋斗的精神，与对家庭、教育的重视，深深地烙印在日常生活之中。也有一些舞狮人、打武家，在牛车水或是茨厂街某个角落里，十年如一日地卖着粥粉、小食。曾遇过一位在巴刹中收拾餐具的老伯，总是低头干活，很少与人说话，在往来人群中并不起眼。但当他站在狮鼓面前，出手利落果断，鼓声震人心魄，好像完全换了一个人，全身散发着光芒。也曾在一个非常传统的武术社团，见到一位从欧洲不远千里来向师傅求教的学员，为学艺付出十多年的时光。社团联结了各种不同的人，每个人都有自己的故事，若不是因历史、武术研究结缘，一直在校园的我可能无法接触到他们吧。

在武术龙狮界，很多知识的流传——比如对身体状态的观察、对武艺和跌打医药的掌握、养生和自我修养的功法、龙狮运动中舞者与乐手的技艺习得与配合，并不是通过书本和学校教育，而是依靠口耳相传的记忆、每日练习与观察，以及随机应变的能力。至于在华人社会中以技术谋生、运作社团，更是在江湖复杂的人事之中历练出来的本领。以我有限的学识和笔墨，实不足以呈现其中万分之一的精彩。但我仍然希望通过我的书写，使流传在武术龙狮界内部的故事，进入高度依赖文字的学术界的视野。这是件很有意思的事情。

在海外无论生活还是研究，几乎都是单打独斗的状态，遇到问题需要自己摸索解决。以有限的生活费，租到一间没有空调却还算宽敞洁净的房间——好在热带地区其实不似广州炎热。没有书架，搞回来的图书都堆在地上。在国立大学复印资料，有时只有我一个人在中文图书馆，一直做到深夜闭馆，还可以带着电脑在走廊的木椅上工作。经常一个人吃饭，叫一杯颜色诡异的ABC果汁，周围不时有松鼠和鹦哥光顾。那种安静的感觉如今记忆犹新。与我一同交换到新加坡的中山大学同学陈钰锋、马秋卓，不时相约聚餐，略解异国的寂寞。他们都帮我搬运过图书资料，在生活上相互支持。我曾经有此困扰：过去学习的调查方法多是针对乡村、庙宇，但此时我面对城市的环境，而社团是一些特定的人聚集起来的关系网，方法上有所差异。不过后来我只抓住"沉浸式"这个重点。留学期间，刘志伟老师曾停留新加坡，敦促我多注意20世纪50、60年代的事。程美宝老师也曾在学术会议之余，专门抽一天时间与我走访新加坡社团，除了点拨我提问的方法外，也让我注意殖民政府档案。不过现在回想起来，我当时还没有很好地理解他们的建议。在多年实践后，才慢慢明白他们的先见。

新马给我最深的印象，是大量民间社团所承载与表达的"社会"的蓬勃生机。在新马自身的历史环境下，华人社团经历过起起落落，至今仍保留下来。他们的行为模式，有相当传统的一面，甚至可与某些留下丰富文献的中国近代社团构成类比与参照。他们筹集资金，组织某些核心业务如教育、医疗、文化等等。身处当地多民族共存的环境，民间社团汇聚成不同形态的社会力量向政府争取权益。这样的社会格局也许不是高效的，却为各种不同的群体留下呼吸与表达的窗口，呈现矛盾存在却极具生命力的一面。

调查期间，我曾经非常密切地接触当地令人眼花缭乱的民间宗教，也为其强大的社会动员力所震撼。在我所亲历的新山游神、九皇爷诞，以及中元节歌台活动，男女老幼均无比热情地参与其中，包括各种带有神秘色彩的仪式。除了这些大型的活动外，新加坡大大小小的神诞终年不绝，有时在街上走着，一转角又见到神坛在搞"大日子"。当地不可思议地有这样的土壤和空间容纳体量巨大的宗教活动，至今仍让我惊叹。在日常生活中，民间宗教帮助人解决很多难题，比如以扶乩、占卜应对个人或组织前途的不确定，以医药与驱魔结合治疗人的身体与心理疾病，以跳童、游神达到社区的净化。这些在当地有长久广泛的实践，不能单纯以科学与否评价。

正如大量学术著作所展示，以及本书作为背景引述的材料所说明，曾作为英属海峡殖民地及马来联邦、属邦的新马地区，华人社会很长时间为会党所掌控，而且会党组织非常活跃。许多著名侨领亦同时为会党首领。这意味着一系列与会党活动相关的观念、文化符号，以及人与人交往的方式的存在。在其他的社会生活领域，或许会党的痕迹已被抹去，但在武术龙狮界，还有相当一部分的历史遗留，这已在书中有所呈现。会党痕迹的存在并不意味着落后与负面，它们是当地华人社会曾经的组织形态。不过在坊间，已听闻许多关于华人私会党因应社会环境和经济原因逐步转型的说法，了解传统的社团前辈也正逐渐老去。这些历史遗痕在时间的冲刷下不断淡化，或者被重新阐释，也是不可避免的。

而在当下，华人处于当地多元种族与文化的社会，如何在现代国家框架与本地政治逻辑之下，传承自身文化，争取资源与制度保障，也许是最迫切的问题。体育武术龙狮活动对于华人身份与文化认同的作用也一直备受重视。作为研究近代史的学者，有时情感上会不自觉地倾向于各种20世纪后出现的，标榜科学、开放、标准化的"新式"事物。但恰恰是田野调查的经历，让我从武术龙狮的角度体会与欣赏中国传统文化讲究的经验性、人与人之间配合的默契，以及长期浸淫之下许多只能意会的东西。传统社团的组织方式，比如师徒制，也有其不能替代的作用。在新马华人社会，不时会看到传统的回流，亦足以说明现代制度实有许多难以填补的空白。而所谓的"新式"，也有不少是对旧传统的利用与再阐释。这些生活在别处的经历，不一定都能上升为学术成果，但都在提醒我，华人社会其实有很多不同的形态与可能性，人的生活也不止有一种方式和价值导向。面对这些不同，是否能以平等、尊重、理解的心态去对待，吸收与发掘他人的优长？这些思考，一直贯穿在我的研究之中。

　　在新马八个月的生活，是博士期间十分重要的经历，无论对于学术还是个人的成长。回国后马不停蹄地进入论文写作、毕业、参加工作，我慢慢离开了学校的环境，开始独立地从事研究，经常遇到经费支绌、时间紧迫的窘境，也面对人文学者所必然经历的孤独与压力。在许多艰难的时刻，仍然是田野调查时遇到的人与事，一直给予我温暖与动力，并且随着时光流转，其长久的意义越发鲜明。

　　与田野调查带来的精彩和喜悦并存的，也有很多遗憾与内疚，如影随形。在刚开始进入这一领域时，我并不知道应该如何着手、如何提问，更不清楚应该如何处理我搜集的文字资料以及每天耳闻目睹的种种，浪费了许多有价值的资料。特别是在博论压力下，过分关注自己研究的题目和时段，对于其他信息不够留意。其实研究的视野和观念会不断变化、修正，一时所见所闻或许在当下很寻常，但随着时间流逝、人事变迁，不一定能再有。研究者最应该做的，是忠实地记录自己所遇到的事和感想，及时整理田野调查所得资料和访谈材料，构成真正的自我积累。此后我不断摸索、总结反思，意识到以往的许多不足，也曾努力回访。比如2014年我曾借历史人类学研修班到新马，得与萧凤霞、科大卫、陈春声、蔡志祥、郑振满几位老师一起考察。2018、2019年我都曾针对不同重点展开调研，调查笔记和资料梳理也逐渐养成适合自己的习惯。可惜过去的遗憾并不总是可以弥补的，数年之间，我所访问过的几位武术界前辈，如方再钦、叶福财、何启荣、张汉雄几位，先后驾鹤西去。他们在生命的最后几年，仍匀出宝贵时间与我分享，令我感激万分。亦有几位前辈如叶振华等，身体已不如前。廖德南先生在我只身在新加坡时给予我很多照顾与关怀，只可惜他未能看到小书出版，这成了我难以释怀的遗憾。凡此种种都提醒着我搜集与研究工作的迫切性，鞭策我克服自己的惰性，硬着头皮继续下去。往者不谏，来者可追，我始终坚信这些工作有其意义所在。

　　本书承"广东华侨史"项目组资助，负责老师组织各种研讨会及审阅工作，让我有机会与相关学者交流，汲取许多有益的建议。项目结项成果经匿名评审委员审查，得到"优秀"等级，是对我研究工作莫大的肯定。本书出版经逐层审订，均有不同专家返回意见，对本书修改有很重要的帮助，虽然仍有部分问题由于个人水平与研究思路，未可完全解决。

业师程美宝教授，在我求学之初引导我关注精武体育会的活动，是她的不断鼓励、费心指导，让我接受历史学严谨的训练，也慢慢找到研究的乐趣与方向。刘志伟、郑振满、曾玲、刘晓春、董上德几位老师一直关心我的研究，给予许多宝贵的建议与帮助。在新加坡留学期间，新加坡国立大学中文系容世诚、黄贤强、李焯然、李志贤、金进老师，曾经让我旁听他们的课，惠赠予我图书，使我短时间里得以了解华人研究的许多知识和前沿问题。国立大学图书馆多位老师，给予我研究的便利。华社研究中心是我每次到吉隆坡必定拜访的，詹缘端主任及多位学者、工作人员于我助益尤多。此外马来亚大学林德顺、拉曼大学黄文斌、南方大学安焕然等几位老师，亦提供不少研究线索。

在新马调研期间得遇许多本地学者。他们的职业可能是记者、教师、商人、社团工作人员等等，用业余时间研究地方文史，为社团组织编写刊物，自费出版图书，坚持中文写作。这在东南亚社会殊为不易。本书许多相关内容与资料，得益于他们宝贵的工作，以及由此带来的线索。特别感谢陈剑虹、吴华、彭西康、丘思东、林志强、洪毅翰、吴天赐等几位，对于我了解本地的历史文化帮助很大。

本研究得到新马多地精武体育会及广东同乡组织大力支持并慷慨提供资料。接受访问的团体包括新加坡、槟城、太平、怡保、和丰、金宝、安顺、雪兰莪（吉隆坡）、森美兰（芙蓉）、马六甲等地精武会。同乡组织包括而不限于槟城宁阳会馆、海南会馆、鲁班行、怡保霹雳番禺会馆、顺德会馆，太平北吡叻广东会馆，安顺市霹雳南番顺会馆、广东会馆，吉隆坡陈氏书院、雪隆广肇会馆，麻坡海南会馆，新山广肇会馆、客家公会，新加坡冈州会馆、鹤山会馆、番禺会馆、中山会馆、广东会馆、碧山亭。此外还有麻坡启智书报社、漳泉会馆等。特别感谢林廷亮、区育恩、黄保生、余涌强、萧斐弘、卢水清、梁美蕙、黄文汉、谭笑连、廖德南、邝元亨、黄志明、陈耀基、陈德祥、林先坤、萧开富几位，在田野调查期间助我与武术龙狮界建立良好的联系。除以上提到之外，还有许多当地华人武术龙狮社团、宗乡会馆及个人给予过帮助，挂一漏万，谨此表达对他们诚挚的感谢。其余受访及提供资料的个人或团体，在书中以注释标记，请恕不再重复。

在突如其来的新冠疫情之下，海外田野调查被迫终止，一些不确定的问题在短时间无法再去查证核对。此时新马大量公开于网络的资料帮助了我，使我得以把本书中关于二战前的史实——特别是西式体育的部分补充完整，使整体历史过程得以呈现。当然，史料的发掘是无穷无尽的，特别是许多英文文献尚未加以利用，是本书一个不小的遗憾。相信现阶段的成果，仍有很多继续深化、修正的可能，亦期待更多同好能够参与。

我于近代武术与龙狮活动，很长时间都是从史料中间接观察，"纸上谈兵"，对于行内人士来说我更是一个外来的观察者。当地许多前辈无私分享，诚心相待，才令我多了一些皮毛的了解。我既得诸田野，亦还诸田野，以我所擅长的文字书写，为这些人和事留下一些记录，尽管我并不确定这是否他们所期望的。书中部分口述内容没有单独出注释，是出于对受访者的尊重与保护。也希望读者明确，书中的事例并非针对个别人或者团体，而是以普遍性、学术性的角度，加深学界对海外华人社会的理解，切勿想象揣测、对号入座。

本书所涉及区域范围既广，华人历史资料散落各地，体育武术龙狮运动涉及人与事亦多，以一海外研究者个人之力，远远无法穷尽。阅者若有更多线索或材料，亦期慷慨分享，作本书修订之用，感激不尽。

在研究的过程中，我不断遇到志同道合的同辈学者，与他们相互勉励，这让我收获了宝贵的学术友谊。陆美婷、廖小菁，都与我无偿地分享过资料。杨培娜、郑莉不时与我讨论研究方法与经验。在此要特别感谢区缵同学。此番有幸邀请区同学为课题组成员，共赴新马作田野调查，他不但主动负担起拍摄、搬运图书等粗重工作，更从他人类学专业的角度，给予我很多重要的建议。

感谢广东人民出版社王俊辉主任、李展鹏编辑。李编辑以专业、认真的工作态度，帮助订正本书不少错误。

感谢《广州大典》研究中心领导陈建华主任、刘平清常务副主任、席涛副主任，广州图书馆方家忠馆长等多位领导，以及《大典》中心与广州图书馆中许多同事。是他们营造了良好的氛围，在不影响正常工作的情况下给予学术研究所需的便利，本书才能面世。

最后深深感谢我的家人。父母自小敦促我努力学习，照顾我生活起居。衣食汤水，经年如是。在我最困难的求学阶段，父母力排众议倾囊资助，更压制着内心的担忧，允许独生女儿远赴海外调研。正因为他们了不起的远见与魄力，才有了今天书中生动的故事。在书稿修改的关键时刻，他们完全承担起照料刚出生的小孙女的繁重任务。至于为子女计深远的种种自我牺牲，更举不胜举。他们一直是我最坚强的后盾。感谢我的先生，本书写作和修改正好是我怀孕生育之时，面对巨大的挑战，先生承担了大量家务，时刻勉励我坚持下去，也第一时间分享研究带来的喜悦。小女纯熙与此书书稿几乎同时诞生，她活泼可爱，为一家带来无尽欢乐。学者生活清苦，时有忧愤于心，亦难如周围人一般常常陪伴。是家人们的付出与体谅，包容了这些缺陷。谨以此书献给他们，余生尚长，陪伴有时，未来可期。

回顾过去并不算长的学者生涯，我没有像一些优秀的同行那样，一开始就有明确的方向和规划，反而在很多重要的节点，都仅凭直觉，隐隐约约地认为应该往某个方向走。此间不免有种种艰辛和挫折，但现在看来，结果还算不错。至少我真正爱上自己的研究对象，并愿意为之付出。自己学养有限、生性疏懒，种种缺点，在研究过程中悉数浮现。只是在此年纪，能做到什么程度，自己的身体能承受怎样强度的工作，好像已日渐清晰。读者可能会察觉书中的许多不足，比如是否应在新马建国后文献上多下功夫，是否能把书中一些观点与已有研究更好地结合。只是把眼下无法达到的目标寄望于将来，似乎对未知的人生缺乏敬畏。不过，我也相信每个人自有机缘，研究边缘学问的学者，也会有自己的收获。

在新马华人社会，以武术龙狮为切入点，实现对中华文化某种意义的寻源，于我而言，既属意料之外，又在情理之中。相比之下，西式体育动作直观、易于量化、娱乐性强，是很大的优势，因而20世纪在世界上快速普及。现在学校的体育教学基本上是西方思维，不单在运动项目选择上，机制上亦以划一标准要求每一个个体。回想近代中国，有不少体育与武术名家提倡发扬"中国固有之体育"，这既是对文化消亡的忧心，又有保存国粹的锐志。究竟前辈们的努力，在今天能留下多少影响？随着年龄渐长，我慢慢理解，华人文化所涵盖的运动，并不只是有形的外在的"动"。脏腑、气血、经络、筋骨、呼吸、精神等等的运作，都是运动。哪怕站桩、静坐，都能"静中求动"，通过吞气吐纳、意念所指，达到练功的效果。至于中国武学对人体的研究与理解，亦是奥妙无穷。以我所见，拳师指导人举哑铃练力气的极少，反而要求放松、用劲、用意而不用力，以关节控制、身体开合施展技击术。若以文字表述，似乎流于抽象，但若沉浸其中，以"拳不离手，曲不离口"的原则日复一日地实践，人的意识或可能重新建立与身体的联结，养成更多肢体反应与记忆。这些内在的感受会因应每个个体的悟性、人生阶段的变化，不断呈现出新的、更深层的东西。这对于今天习惯现代学习体系的人来说，反而是不容易体会的。在新马地区，政府对华人文化支持有限，武术界人士各凭本事立足社会，似乎更多机会接触到通才式的人物。他们向我呈现的，是在史料与已有记述以外，极为广阔的世界。把这些与平日的阅读写作相互对照，只觉中华文化浩浩汤汤，前人智慧深邃，竟不知道边界在哪里。

我的本职工作写作，是极为艰苦与孤独的自我修行，而且会伴随学者的一生。当我冲破了许多关口，完成一部作品，只想起苏轼的词："回首向来萧瑟处，归去，也无风雨也无晴。"似乎所到之处、所历人事、舟车劳顿，都自然而然构成了人生的一部分，并没有特别的欣喜或者感伤。疫情三年，一些访问过的前辈离开了，社会环境也有所变化，这些情况在将来也会越来越多，与青春消逝一样不可避免。若不趁年轻时为自己的生命留下痕迹，往后各种重担加身，更难实现。自赴新留学伊始，至今已有十年，以此小书作一纪念，不枉我与新马华人研究的不解之缘。

最后需要声明，本书存在的一切错误，由我本人完全承担。我并不奢求本书能成为一本优秀的史学著作，但若能在文字之中多少呈现一点"江湖"气，已是我的荣幸。

黎俊忻

2022年12月于广州